老年体育与健康管理

伊向仁　著

山东大学出版社

图书在版编目(CIP)数据

老年体育与健康管理 / 伊向仁著. —济南 ：山东大学出版社，2016.8
ISBN 978-7-5607-5612-7

Ⅰ. ①老…　Ⅱ. ①伊…　Ⅲ. ①老年人—体育理论 ②老年人—保健　Ⅳ. ①G812.48 ②R161.7

中国版本图书馆 CIP 数据核字(2016)第 220042 号

责任策划　郑琳琳
责任编辑　王文珺
封面设计　张　荔

出版发行：山东大学出版社
社　址　山东省济南市山大南路 20 号
邮　编　250100
电　话　市场部(0531)88364466
经　销：山东省新华书店
印　刷：山东省英华印刷厂
规　格：720 毫米×1000 毫米　1/16
16 印张　290 千字
版　次：2016 年 8 月第 1 版
印　次：2016 年 8 月第 1 次印刷
定　价：26.00 元

序　言

目前，我国正面临着人口老龄化的挑战。随着我国老龄化问题的日益加剧，老年研究人才的培养已提高到国家战略的高度。老龄化问题是人口年龄结构老化与经济、社会、文化、政治发展所产生矛盾的总和，涉及经济、社会、文化和政治的各个领域，把老龄问题定位在任何一个领域都不能透彻地认清其本质。人口老龄化对社会和经济发展会产生深远影响，特别是健康消费、劳动力资源、社会保障、产业结构等方面。解决老龄问题需要综合整治，不仅需要对人口老龄化过程本身进行干预和治理，还需要针对人口老龄化对国家经济、社会、文化、政治领域发展所产生的各种后果进行干预与治理。

建立老年研究学科体系，对体育学科本科生和研究生的创新创业具有重要的实践价值，然而体育学研究领域对老年体育与健康管理的内容涉及甚少。我对老年体育与健康管理的研究开始于2009年教育部经费支持的山东大学交叉学科培育项目，作为课题负责人，我联合了公共卫生、医学院和体育学院的十几位教授与副教授，组成了研发团队。通过团队长期合作，我认识到了体育学科研究与其他学科存在的差距，逐渐萌发了建立老年体育与健康管理课程的想法，开始编写课程提纲，并开发了老年体育与健康管理课程。通过综合教学经验和科研成果，我编写了体育与健康管理的专著，涵盖十四个章节，主要回答体育与健康管理需要做什么的问题，结合国内外老年体育与健康管理的现实，采用国际最前沿的知识与研究成果，构建老年体育与健康管理体系，为我国老年体育与健康管理研究奠定了坚实基础。

本书比较系统地介绍了老年体育与健康管理的概念、理论方法以及老年体育所涉及的知识，围绕服务、产业、健康、人力、设施、信息、环境、消费、政策等因素，涵盖社区养老、体育与健康市场、老龄产业、老年人力资源开发、老年社会保障、老龄化的政策与法规、老年健康财经、老年健康监护网络平台、老年体育组织的发展、社区体育设施、老龄化体育与健康管理评价、老年体育与健康管理发展态势等方面的内容，为本科生、研究生学习知识及科技人员的研究提供了重要素材。

本书由山东大学、北京大学、浙江大学、复旦大学、广东医学院、上海第二军医大学附属医院、中国人民解放军空军总医院的专家学者共同支持完成，由科技基础性工作重点专项经费“老年人健康评估工具与参数规范研制”支持，为未来老年学科发展研究和人才培养提供了参考依据。

伊向仁

2015 年 11 月

目 录

第1章　老龄化体育与健康管理的发展

人口老龄化是指老年人口数量在社会总人口中所占比例不断上升的过程。世界卫生组织将65岁以上的人群定义为老年人，而按照联合国制定的标准，一个国家或地区如果年满65岁的老年人占总人口数的7%以上，或年满60岁的老年人占总人口数的10%以上，即为老年型社会，而这种现象则被称为“社会老龄化”。1982年，中华医学会老年学会根据我国实际情况，把年龄60岁以上的人界定为老年人。2000年11月底，我国第五次人口普查结果显示，我国60岁以上的老年人口达1.3亿，占总人口10.2%，按照联合国公布的标准，我国已在2000年进入老龄化社会。

近年来，我国老龄人口数量急剧上升，规模巨大。2006年，全国老龄工作委员会办公室发布的《中国人口老龄化发展趋势预测研究报告》指出，2001～2020年是我国的快速老龄化阶段，2020年，我国老年人口将达到2.48亿，老龄化水平达17.17%；到2030年，老年人口的比例将达到21.93%；2050年，我国老年人口总量将超过4亿，老龄化水平大于30%；到2051年，我国老年人口将达到峰值4.37亿。2013年，中国科学院发布的《中国老龄事业发展报告(2013)》显示，2012年，我国老年人口约为1.9亿；2013年，该数量突破2亿大关，达到2.02亿，老龄化水平达到14.8%；预计到2025年，我国老年人口将增至2.84亿，占总人口数的19.3%。

同时，我国劳动年龄人口数目进入负增长阶段。少儿人口抚养比从2012年的23.96%提高到2013年的24.36%，老年抚养比从2012的20.66%上升到2013年的21.58%，这也推动社会总抚养比从2012年的44.62%上升到2013年的45.94%。综观中国人口老龄化趋势，可以得出四点主要结论：第一，人口老龄化状态将贯穿21世纪；第二，2030年到2050年是中国人口老龄化问题最严峻的时期；第三，重度人口老龄化和高龄化问题将日益突出；第四，中国将面临人口老龄化和人口总量过多的双重压力。

1.1 老龄化体育与健康管理的发展前景

1.1.1 老年人罹患疾病产生的经济负担

人口老龄化不仅是人口年龄结构的变动问题,更是一个涉及社会、经济各领域的复杂而重大的问题。根据1993年、1998年、2003年和2008年的四次国家卫生服务调查(National Health Services Survey, NHSS)及2011年的卫生部医改监测专题调查,从中国60岁以上老年人因病就诊、住院、自我医疗、残障照顾四个方面测算,中国的老年人口疾病经济负担从1993年的775亿元增加至2011年的14283亿元,年均增长17.6%,消费价格指数调整后年均增长12.9%,占GDP的比例从2.1%增加至3.3%,其中疾病治疗的相关费用(直接和间接)从542亿元增加至9127亿元,年均增长17.0%,消费价格指数调整后年均增长12.3%。可见,总的疾病经济负担和疾病治疗相关费用均增长迅速,超过了我国以不变价计算的同期GDP的年均增长速度(10.1%),也超过了居民年人均收入的增长速度(城市8.1%、农村5.2%)(钱军程、陈育德、孟群,2012)。目前,发达国家的医疗卫生开支占政府财政总支出的比重平均超10%,其中美国、德国、法国、英国等都已达到16%以上,而我国却一直在4.5%左右徘徊,政府财政总支出的压力巨大。

慢性病防治费用在老年人的疾病经济负担中占有相当大的比重。慢性病是长期发展演变的疾病,病程漫长。有些慢性病虽然在人年轻时就已经开始罹患,但往往到中老年才日渐显现。研究发现,我国每年有将近380万名65岁以上的老年人死于脑血管疾病、恶性肿瘤、心脏病、糖尿病、高血压和呼吸系统疾病等老年人常见慢性病,占65岁以上老年人总死亡人数的83.40%。《中国人口老龄化发展趋势预测研究报告(2006)》预测,慢性病人数将从2010年的1亿左右,增加至2050年的5亿左右。人口老龄化伴随的慢性疾病患病人数快速增加问题,将给我国社会经济的可持续发展带来沉重的负担。政府必须科学应对,在老年人疾病预防、治疗、失能康复等方面投入更多的人力与物力,并研究能充分利用成本效果和成本效益的政策措施,以确保社会经济的可持续发展。

1.1.2 健康老龄化和积极老龄化需求

健康老龄化和积极老龄化是我国应对老龄化挑战的必然选择。健康老龄化是指一个国家或地区在成为老年型社会以后,健康老年人、健康高龄老人和健康百岁老人在老年人群体中的比重日益上升，而病残和生活不能自理的老年人比重逐步下降这样一个过程或一种状态。健康老龄化的内涵涉及社会、经济、教育、文化、医疗、体育、社会福利等因素，它不仅体现老年人个体生活和生命质量，而且反映一个国家与地区的政治、经济和文化状况。就个体而言，健康老龄化是指人进入老年之后在身体、心理、智力、社会和生活等五个方面能保持该生命阶段应具备的正常状态，这样的状态能够推迟各种功能障碍在老年人生命中出现的时间，使老年人能更多地参与有价值的社会活动。就群体而言，健康老龄化应该是大部分老年人健康长寿，达到身体、心理和社会功能的完美状态。某些学者提出了健康老龄化目标：①生活独立；②精神愉快；③有一定的社会交往；④有一定的社会贡献。Vaillant 和 Mukamal(2001)认为健康老龄化或成功老龄化的特征是：①罹患疾病或产生与疾病相关残疾的概率低；② 有较高的认知功能和躯体功能；③积极参与生活(如人际交往和生产活动)。评估内容由客观身体伤残、主观身体健康、伤残生命的长度、客观精神健康、社会参与、主观生活满意度等因素组成。因此，健康老龄化就是提倡在人生命的全过程中尽量避免或减少危险因素，大力减少老年人发病概率或延后发病、减少失能，使老年人健康和独立生活的时间更长、生命质量更高。中国应尽早制定健康老龄化国家战略，确保相关制度实施，并结合医改政策在国家层面提出重大干预行动计划，在借鉴国际经验的同时有所创新，走一条有中国特色的老年人“疾病有所医，残障有所护”之路。

积极老龄化是指人在老年时为了提高生活质量，尽可能获得健康、参与和保障的最佳机会的过程。积极老龄化的目的在于使所有年龄组的人们，包括那些体弱者、残疾和需要照料者，延长健康预期寿命和提高生活质量。“积极”强调的是继续参与社会、经济、文化和公共事务，而不仅仅是参加体育活动或劳动。退休老年人和那些患病或有残疾的人，仍然是他们的亲属、朋友、社区和国家组织的活动的积极参与者。积极老龄化的政策框架要求在“健康”“参与”和“保障”三个基本方面采取行动。尽管当人们进入老年时，人体功能的衰退和慢性疾病的到来不可避免，但是如果在人们进入老年之前，避免或减少有害于人体健康的消极因素，增加健康的保护因素，就会大大推迟人体功能衰退和慢性疾病到来的时间。世界卫生组织指出，当慢性病和机能下降的风险因素(包括环境和行为)降低而保障因素提高时，人们将享受时间更长、质量更高的生活。进入老年后，大部分老年人仍然能够保持健康和生活自理，少部分老年人需要昂贵的医疗和照料服务，这就需要社会开展持续的健康教育，让人们养成健康的生活方式，建立医疗保险制度和提高医疗服务水平。同时，研究积极老龄化有利于走出“需求定位”的误区。过去人们把老年人的需求简单地认为是物质需求，认为只要吃饱、穿暖就算满足了老年人的需求。积极老龄化政策则表明养老不仅仅包括保障老年人的物质性需求，还包括生存需求、健康需求、感情需求、发展需求、价值需求和归属需求。面对老龄化困境，健全和完善已有社会保障，尤其是社会养老保险、医疗保险，建立起长期照料护理服务体系，改革现有计划生育政策，推行延长退休年龄的政策等，都是应对的具体举措。但是，与这些治标性的手段不同，实施积极老龄化政策才是我国应对老龄化问题的根本性出路。

1.2 管理范畴

健康管理是指对个人或人群的健康危险因素进行全面检测、分析、评估以及预测和预防的全过程，其宗旨是强调个人及集体的积极性，有效地利用有限的资源来实现最大的健康改善效果。作为一种服务，其具体做法是对个人健康状况的动态变化信息进行评价和为个人提供有针对性的健康干预指导，让大众有条件和机会采取科学行动来改善自己的健康状况。老年体育与健康管理属于健康管理的范畴，是健康管理的重要组成部分。我们建立的老年体育与健康管理闭环指导管理体系由个人身体机能指标检测、多指标个体健康状况、多渠道亚健康干预指导、干预工程监控、身体机能指标的再检测等组成，他们构成了老年体育与健康管理的功能内涵。

1.2.1 健康评估档案

老年人记忆力衰退，表达、认知能力也有不同程度的下降，医生问的许多问题都难以准确回答，这就给医生诊治带来了很大麻烦。此时，一个详细的健康档案就可以解决这些问题，它可以让医生更仔细、全面、准确地了解老人的身体状况，从而更有效地诊断治疗或者指导老年人自我保健康复。健康评估档案记录一个人生命体征的变化以及自身所从事过的与健康相关的一切行为与事件，具体内容主要包括个人的生活习惯、过敏史、既往病史、诊断治疗情况、家庭病史及历次体检结果等。它是一个动态连续且全面的记录过程，通过其中详细完整的记录，为每个人提供全方位的健康服务。

1.2.2 健康机能指标检验

健康机能指标检验可以解决个体运动能力指标和生物物理指标的快速、动态、廉价测试问题，实现对个体机能指标体系中各参量的变化量的监测和分析管理。身体机能测试系统可检测五大指标体系（身体形态、肌肉力量、心血管代谢、身体灵敏与协调控制、运动心理），其中身体形态包括身高、体重、骨密度、人体成分精细分析等指标；肌肉力量包括特定肌肉(肌肉群)的爆发力和持久力等指标；身体灵敏性与协调控制包括静止平衡力、动态平衡力、身体柔韧性(坐位体前屈)、神经反应时、动作完成时等指标。

1.2.3　体育指导服务管理

体育指导服务管理是提高老年体育健身活动科学性的保证。社区与农村老年体育事业要顺利发展，需要有大批掌握社会体育工作和知识技能的人才(社会体育指导员)在社区进行指导服务工作。这一群体是社区与农村体育服务的主要力量，从事健身指导、健身咨询和运动处方等工作，对提高社区老年体育健身活动的科学性具有重要作用。

1.2.4　心理与精神健康管理

老年心理健康是指个体内部心理过程和谐一致以及与外部环境适应良好的心理状态。具体表现在五个方面：认知功能正常、情绪积极稳定、自我评价恰当、人际交往和谐、适应能力良好。老年人群中广泛出现的"离退休综合征""空巢综合征"等都是由于老人心理自调不足、家庭温暖不够、心理健康问题得不到重视，最终引发的心理疾病。中国科学院老年心理研究中心的研究显示，老年人心理健康与其身体健康、居住环境、社会参与度、社会文化氛围和养老保障情况密切相关，还与其所在地区的经济发展水平相关。研究表明，社区给予一定的支持、护理和心理干预，可以有效地提高老年人的心理健康水平。

1.2.5　生活方式管理

生活方式管理是通过健康促进技术，比如行为纠正和健康教育，来保护人们远离不良行为，减少健康危险因素对健康的损害，预防疾病，改善健康。生活方式与人们的健康情况息息相关，良好的生活方式可以消除或减少健康危险因素，从而减少许多疾病的患病风险。"大庆糖尿病 20 年长期跟踪随访研究"项目的研究发现，经过 6 年饮食和运动生活方式干预，对糖尿病实现了预防或推迟发生长达 14 年。在实践中，可以运用健康教育、激励、训练和推广健康行为等方式来促进人们改变生活方式。

1.2.6　慢性病管理

老年慢性病的管理包括疾病预防、治疗、护理的全部过程。据研究显示，影响老年人慢性病患病率的因素有年龄、吸烟情况、体重指数、精神状况、体育锻炼情况等，干预或控制这些因素可以有效地预防慢性病的发生、发展。许多研究表明，社区卫生服务对于慢性病的防治具有重要作用，例如社区健康教育、社区家庭访视护理、社区医生随访监测等，都能够有效地降低中老年人的慢性病患病率。目前，也有许多疾病管理研究项目，如糖尿病管理、心脏病管理等，已经制订了相应疾病的综合防治策略。社区卫生服务机构应建立专业的慢性病防治护理小组，根据这些慢性病的管理规范，为慢性病患者提供服务。

1.2.7 多途径健康干预方案

干预的目的是纠正老年人有害的生活方式；干预的方法是要找出适合个体特征的健康生活方式，并寻找可监控干预执行过程的技术方法，建立干预效果的量化评价体系，从而形成包含测试、评价、干预过程监测、再测试、干预方案优化的循环系统。我们需要针对个体呈现的不同健康状况特征，从体能锻炼、营养均衡、康复治疗、心理调节和社会行为纠正等方面，研究对症下药的健康干预方法；我们需要从动态的个体身体机能测试参数中，抽象出反映运动不足、膳食营养结构不合理、社会行为异常、心理状态异常等亚健康身体状态的特征体系，并综合应用运动医学、营养学、社会学、运动心理学等学科的理论和技术方法。

1.2.8 健康信息平台

健康管理信息平台可以通过因特网在手机上使用，健康信息可以实时共享、随时查询。信息平台的功能包括：①健康体检预约登记；②健康档案查询；③生活习惯调查和评估；④保健计划查询；⑤随访干预指导；⑥网上咨询。目前，有一些新的信息技术可以引进到健康管理信息化平台的建设中，如蓝牙生命信息监测器，它可以随身携带，主要被用来监测血压、脉搏等生命信息，监测的结果可以传递到手机的自助健康管理平台中。该平台进行健康信息的采集、健康科普知识的查询并开展自助健康管理，通过网络同健康档案存储平台进行双向、即时的数据传输，从而实现手机携带者同健康管理师的实时通信。

1.3 管理内容

1.3.1 服务

根据美国心理学家马斯洛的需要层次理论，人在生理、安全、社交、尊重及自我实现五个方面都存在不同程度的需求。发展老年服务业的首要前提就是做到全面有效地满足老年群体的五种需要，具体做法包括：①组建社区养老院、敬老院、托老所、老人村等社会福利机构；②设立社区老年活动中心，保证老年人的身心健康；③建立老年人物质服务中心，使老年人能够及时买到生活所需的物品；④普及法律知识，为老年人提供专门的维权服务；⑤设立老年结伴、交流、婚介等情感服务场所；⑥完善社区医疗保健，为老年人提供定向服务；⑦设立志愿服务中心，开展一帮一活动。

1.3.2　产业

随着老年人特殊需求的迅速增长，满足老年人特殊需求的养老服务设施、日常生活社区服务、娱乐业等纷纷涌现，业内统称其为“银色产业”或“银发产业”。该类产业包括传统老年产业如服装、食品、特殊商品、交通、保健、老年福利设施以及现代老年产业如娱乐、旅游、住宅、社区服务业、老年教育等。

1.3.3　健康

老年健康管理包含对老年人个人或老年人群的健康危险因素进行全面检测、分析、评估以及预测和预防的全过程，它可以对存在的健康危险因素进行全面管理，制定针对性的健康计划，并协助实施一系列健康提升过程。老年健康管理能及时了解老年人的健康状况，随时掌握他们的医疗信息，控制疾病危险因素并及早预防或在发病前进行有效干预；可以有效地减少疾病发生的几率，改善老年人的健康状况，提高他们的生命质量。及时选择适当的、切实可行的预防和干预措施，对于慢性非传染性疾病的控制具有举足轻重的作用。

1.3.4　人力

人力管理针对有劳动意愿与劳动能力的老年人，主要包括四类老年人：①从事有报酬的生产与社会劳动的老年人；②从事无报酬劳动、半劳动或辅助劳动的老年人；③从事一切有利于社会和家庭活动的老年人；④尚未从事任何经济社会活动但有意参与其中的老年人。前三类是实际已投入使用的老年人力资源，第四部分则是潜在的老年人力资源。

1.3.5　设施

老年服务设施专为老年人服务的居住建筑和公共建筑，主要是针对老人的公共服务设施，包含公共医疗卫生机构、体育健身设施、老年福利服务设施、老年文体活动中心等。各国的老年服务设施可归纳为日常照顾型、文体康乐型、健康护理型。

1.3.6 组织

老年组织是指依法设立的以老年工作为主要内容，以满足老年人的需求为主要活动目的，以老年人为参与主体的、非政府性的社会组织，如老年人协会、老科技工作者协会、老教授协会、中国老龄事业发展基金会、中国老年协会等。居民委员会、村民委员会和依法设立的老年人组织均可反映老年人的要求，维护老年人合法权益，为老年人服务。

1.3.7 信息

老年信息管理是指运用现代信息技术和手段，通过社区政务、社区管理、社区服务、小区及家庭生活等各个方面的信息技术应用平台，向老年居民提供全方位信息服务，提高老年人生活质量，促进社会和谐和全面进步。管理的信息包括老年人个人基本信息、医疗费用、退休金、健康状况、社区服务、养老服务等。

1.3.8 环境

适宜老年人的环境，应充分考虑由于老年人身体机能退化引起的生理和心理的变化，同时应适应老年人的个人习惯，从方便和经济的角度出发，为老年人提供良好的居住环境，并尽可能长地保持其独立生活能力。对老年人日常生活的空间可按照距离由小到大划分成若干环境层次，如居住环境 、社区环境、居住小区环境、社会环境等，以研究空间与老年宜居环境的关系。

1.3.9 消费

据统计，目前我国城市老年人人均年消费额约为 4000 元，全国老年人消费额约为 3200 亿元，而且老年人的生活收入在较稳定地增长，从而形成一个庞大的、特殊的需求市场。从潜力方面来看，老年人口数量多，购买力强劲，购买欲望也非常强烈。

1.3.10 政策

老龄政策是国家干预人口老龄化过程，调整人口老龄化与经济、社会、文化、政治发展的矛盾而采取的公共政策的总和。全方位做好应对人口老龄化高峰的各项准备，使整个国家平稳度过重度人口老龄化和高龄化平台期，是制定老龄政策时期望达到的目标之一。为此，应该从应对人口老龄化的国家战略，老龄事业发展中长期规划，养老、医疗等各种老龄制度安排以及其他操作性政策等方面构建中国老龄政策体系框架。

1.4　老龄化体育与健康管理现实

老年人正处于人生的最后一个阶段，其需求与其他年龄段的人有所不同。由于其特殊的年龄特征、社会地位的丧失，老年人对基本的生活需求较之前有明显增加。在现代社会环境下，老年人的基本需求得到了一定程度的满足，但还有一定数量的老年人尤其是农村老年人的基本生活得不到保障，因而老年人的养老、医疗问题便随之凸显出来。

1.4.1　社会因素

1.4.1.1　养老问题

随着我国人口老龄化速度的加快与老年人口规模的日益扩大，人口老龄化问题已成为我国“三大人口问题”（人口总量控制、人口就业与再就业和人口老龄化）之一，其中老年人的养老问题更是所有老龄问题的热点和焦点。养老问题是解决老年人的吃、穿、住、用等最基本生存需要的问题，只有解决了这些最基本的物质生存需要，老年人才能发展并实现精神层面的需求。目前，我国在养老方面存在的问题主要包括社会化养老、社会养老保险和农村养老等三个方面。

1.4.1.2　医疗保障问题

老年人是特殊的社会群体，他们正处于容易患病的生存状态，在老龄化日趋严重的情况下，老年人的医疗保障问题也越来越突出，这主要表现在两个方面：医疗保险和社区护理需求。

1.4.1.3　老龄政策

我国在经济还不够发达的情况下过早地进入了老龄化社会状态，这给我国带来了养老、医疗、代际关系紧张等一系列问题，严重阻碍了我国社会经济文化的发展和进步。究其原因，关键在于我国的老龄政策体系还不够完善，还存在多方面的缺失。我们对现有的老龄政策的内容、目标和过程的认识还存在不足，对其理论的研究也还不够充分，没有形成完善的老龄政策体系。这些不足使我国在制定老龄政策时考虑不全面，制定出的政策不能够很好地解决我们所面临的老龄化问题，对我国社会经济的发展产生了很多负面影响。

1.4.2　健康产业市场需求

据统计，目前我国市场上每年为老年人提供的产品总值还不足 1000 亿元，甚至形成了“厂家不愿做，商家不愿卖，消费者无处买”这样一个怪圈。我国的老年健康产业目前尚处于起步阶段,其发展严重滞后于老年人口的增长速度和老年消费群体的巨大需求。

1.4.2.1 老年服务业领域

现阶段,我国专为老年人提供服务的设施不足,服务的项目和内容不全,服务人员的素质参差不齐,老年服务机构的数量和质量都远远不能满足市场需要。目前,我国养老机构的总床位数尚不及老龄人口总数的0.9%,供需严重不平衡。随着家庭规模的日益小型化,各家庭中可以承担照料任务的人员也减少,这加剧了社会对医疗护理服务和生活服务的需求。

1.4.2.2 老年用品市场

我国老年人的整体购买力正在不断提高,消费观念开始转变,老年用品市场的需求日渐强烈,但是老年用品却供给短缺。即使在我国很多大中城市,也很难找到专门针对老年人的特殊生活用品,如老人床垫、手杖、轮椅等以及如老花镜、助听器、义齿、假发等辅助商品的专卖店。上海、广州等地的调查表明,在吃的方面,除了保健品,专供老年人食用的低糖、低盐,低脂食品等很难找到;在穿、用方面,市场上的老年人服饰要么没有,要么颜色晦暗、款式陈旧、号码不全。总的来看,目前市场上适合老年人特殊需求的产品寥寥无几,老年用品市场发展滞后。

1.4.2.3 老年休闲文化领域

目前,我国老年人的娱乐场所主要包括家、马路和公园,而随着生活水平的日益提高,老年人闲暇时间变得充裕,可自由支配收入增加,老年人在娱乐健身、绘画书法等方面的精神追求和个人文化发展的需求也越来越高。据旅游部门统计,我国每年老年旅游人数已占全国旅游总人数的20%以上。文化需求方面,目前全国老年大学已达2万余所,但与不断增加的老龄人口数量相比,这些数字尚不足道。

1.4.2.4 老年理财业

作为一种新兴的老龄产业,老年理财业刚刚起步。除日常消费外,我国部分老年人也积累了一部分资金,客观上有理财的需要。同时,我国实行的基本养老保险制度的特点是“低水平,广覆盖”,这就要求个人为自己将来的养老负责。随着金融业日益渗透到经济生活的各个方面,老年理财需求也日益增加。老年理财产品与其他理财产品相比,更加注重稳健性、防御性以及操作上的方便性。目前,市场上理财产品众多,针对老年理财特点的理财产品仍待进一步开发。

1.4.3 社区能力

1.4.3.1 社区能力的内涵

20世纪90年代以来,社区能力(Community Capacity)理论开始在西方社会学领域得到关注,目前,尽管“社区能力”一词得到广泛使用,但一直缺乏公认的明确定义，一些定义注重与某个特定项目或机构相联系的承诺、技能、资源和问题解决能力；一些定义则强调在关系建立、社区计划、决策和行动过程中社区成员的参与。Laverack (2006) 认为，社区能力是增进社区，带来改善生活的资产与属性的一种过程；Rubin (2008)指出，社区能力是社区内很多个人的集体知识以及可用于解决问题的经济、物质、社会和组织资源；还有一些学者将社区能力视为一组存在于社区个体成员和地方组织内部的特定资产；也有学者将社区能力一般化地理解为社区追逐既定目标的能力和相应的系列行动以及促进成功的个体和社区禀赋的总和。Chaskin (2001)坚持社区能力的"互动说"，认为社区能力是存在于某个特定社区之内，能够被用于解决集体问题以及改善或维系社区福祉的人力资本、组织资源及社会资本的互动，它可以通过非正式的社会过程和有组织的行动方式来运作。迄今为止，这个定义被认为是最具权威性的，它不仅指明了社区能力的功能，而且揭示了社区能力的构成要素，特别强调社区能力是各种要素相互作用的结果而不仅仅是要素本身。

1.4.3.2　社区能力的构成

Glickman 和 Servon (1998)认为，社区能力由资源能力、组织能力、方案规划能力、网络能力、政治能力等五个方面组成。资源能力指社区的盘点、发掘、吸引、经营与募捐社区需求与发展所需资源的能力；组织能力指社区在组织服务输送、需求反映与经营管理运作等方面的能力；方案规划能力指社区依据自身发展或居民问题需求而进行规划、撰写、执行社区服务方案计划书，满足社区居民需求、解决问题的能力。网络能力指社区与内外个体组织发展互信、互赖与合作精神，协力解决问题的能力。政治能力指促进社区居民参与、冲突管理、沟通协调、议题倡导、动员群众、影响与改变政策等方面的能力。在此基础上，Laverack (2005)进一步列出了社区能力的九个领域：利益相关者参与、问题评估、与外部资源的联结、组织结构、资源动员、人际网络联结、实事求是、方案管理以及领导。

Chaskin (2001)指出，社区能力的基本特征主要体现在四个维度：社区意识(Sense of Community)、社区成员间的承诺水平(Commitment)、解决问题的能力(Ability to Solve Problem)以及资源获取 (Access to Resources)等四个方面。社区意识反映社区成员之间的联结程度及对环境相互依存的认知，包括共同持有的价值观、规范和愿景的程度；社区成员之间的承诺指特定的个人、团体或组织愿意为社区所发生的事件承担责任，承诺水平包括社区成员在社区共同福祉中将自己视为利益相关者的意识以及社区成员积极参与社区事务的意愿两个基本方面；解决问题的能力即将承诺转化为行动；资源获取指除取得既有社区资产外，也能联结并获取外部经济资源、人力资源、物质资源和政治资源等。社区能力通过个人、组织与网络三个层面得以实现。个人层面涉及人力资本和领导，包括社区居民的知识、技巧和资源以及在社区改进活动中的参与;组织层面关心社区内的组织能否高效履行职能以响应社区需求;网络层面关注个人、组织和其他团体之间的关系模式。

1.5 全方位的老年健康管理理念

进入21世纪,老龄化的趋势和力量正促使国家政府接纳一套全新的理念和实践方式。实际上,欧美国家如今已经意识到必须超越传统的老年健康促进理念,采用一种更富有整体性、关联性的方法来开展健康促进活动。基于上述老龄化体育与健康管理现实,应该运用什么样的理论来指导健康管理实践呢?现在,越来越多的管理者开始采用全方位的管理理念。

全方位的健康管理理念是以开发、设计和实施健康计划、过程及活动为基础,同时也深刻地认识到上述健康计划、健康过程和健康活动的广度和彼此之间的相互关联性。全方位的健康促进管理者认为,在健康实践中每个细节都特别重要,广泛、整体性的视角不可或缺。

全方位的管理试图认识和协调管理活动、范围与复杂程度。图1-1显示了该理论的四个主题:健康老龄化(Healthy Aging, HA)、成功老龄化(Successful Aging, SA)、产出性老龄化(Productive Aging, PA)、积极老龄化(Active Aging,AA),我们将通过本书学习这些主题。

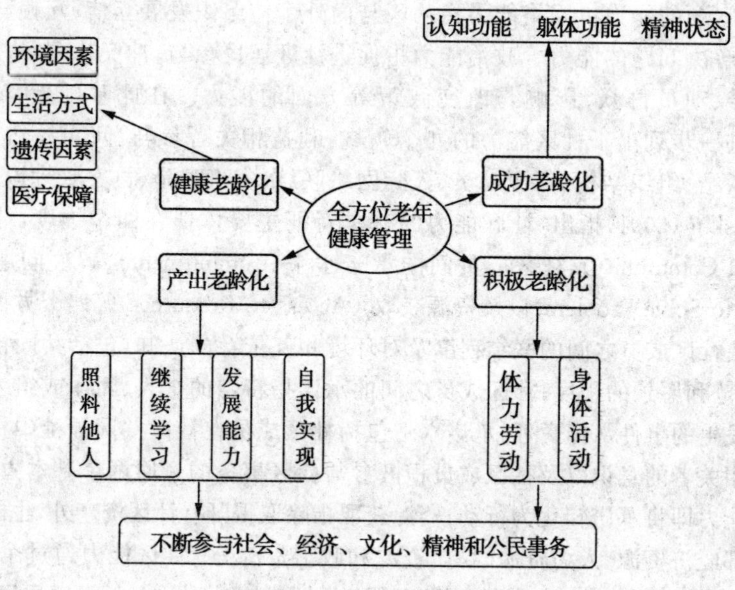

图1-1 全方位管理理念

1.5.1 健康老龄化

为了积极应对老龄化，世界卫生组织制定了一系列战略措施。1990年，世界卫生组织第一次将“健康老龄化”作为战略问题提了出来。2002年，世界卫生组织又提出了《积极老龄化政策框架》。针对人口结构老龄化问题，国内外学术界、政界提出了很多解决方法，如延长退休年龄、鼓励生育、引进国外年轻劳动力等。据2003年的统计数据显示，近三分之一的欧盟国家实现了部分养老保障私营化。在丹麦、爱尔兰、荷兰等国家，雇主提供的养老金被强制化，国家社会保障制度只提供最低退休生活保障。为应对人口老龄化，美国形成了包括联邦、州、市（镇）三级政府部门、印第安人部落以及区域性老龄管理机构、社区服务中心以及大量的非营利组织、志愿者、商业机构等组成的老龄人服务网络，共同形成了包括卫生、社会保障、营养学、法律、教育、心理、社会等服务的老年综合服务系统。

人们普遍认为，HA是指在老龄化社会中绝大多数老年人处于生理、心理和社会功能的健康状态，使社会发展不过度受人口老龄化的影响。由于健康老龄化是一个崭新的概念，至今国内外对它的内涵还未有一致的认识。国外学者认为，健康老龄化主要有两方面含义：一是指健康的个体老化，即体现为老年期健康状态的延长、老年人生命质量的提高；二是指健康的群体老化，即体现为老年人群中健康者的比重越来越大，老年人健康预期寿命的延长。此外，还有人提出健康老龄化不仅指健康的个体老化和健康的群体老化，而且包括社会的健康和全民的健康。国内学者对健康老龄化的理解也是多种多样的，总的来说，主要包括以下几个内涵：①老年人个体的健康（指身心健康和良好的社会适应能力）；②老年群体的整体健康（指健康预期寿命的延长以及与社会整体相协调）；③老年人家庭健康（指有老年人的家庭代际和谐、老年人婚姻自由、家庭幸福）；④老年人经济健康（指老有所养，不为养老发愁）；⑤社会环境健康（指健康的生活方式和健康的社会经济机制）。还有学者为健康老龄化归纳出以下五个要点：①健康老龄化的目标，不仅是老年人群体中的大多数人健康长寿即健康预期寿命的提高，更重要的是生活质量的提高；②健康老龄化具有广义性质，其外延包括老年人的个体健康、老年人群体的整体健康和老龄化社会人文环境的健康三个部分；③健康老龄化是一个过程，即健康老龄化的准备贯穿于人生的全部过程，并且要随着社会的发展而不断发展和协调；④健康老龄化是一项社会系统工程，同各年龄人口和各行各业如卫生、体育、教育、科学、文化、计划生育和司法部门等都有关系；⑤健康老龄化要求人口结构合理，即整个社会各年龄人口必须按一定比例组合，以便防止人口过度老化。健康老龄化是建设健康老龄社会的重要前提。20世纪90年代末，世界卫生组织提出了“生命已经增加了岁月，现在我们必须给岁月以生命”的观点，长寿问题不仅是个体的问题，而是关系着整个国家的发展。

健康老龄化的意义是生理年龄的增加，并不必然导致躯体及功能老化，只要排除不利于健康的因素，衰老就可以延后，老年人的带病存活期就会缩短。HA研究界定了四类影响健康的主要因素：20％为遗传因素、20％为环境因素、10％为医疗照顾因素、50％为生活方式因素。相关研究还指出，只要积极干预和控制上述因素，健康老龄化就有望实现。可见，HA追求的不仅是平均余寿的增加，还包括晚年生活质量的提升。不仅如此，HA还关注社会体系的良性状态，主张造就一个健康的老年群体，克服老龄化的负面效果。由此，HA研究者将研究视角从老龄化的结果移向了老龄化的进程，开辟了一条解决人口老龄化的通道。

1.5.2 成功老龄化

“成功老龄化”作为一个术语早已有之，但其受到学界关注则是在20世纪后期。1987年，美国学者Rowe与Kahn在《科学》杂志上发表《人类老龄化：常态与成功》一文。文中指出，以往的研究只考察了两种类型的老龄化——受损的老龄化和正常的老龄化，并且夸大了老年人的平均功能缺损情况，忽视了老年人口的异质性。他们主张在正常老龄化的定义中增加一个新的类型——成功老龄化，以对应那部分功能局限最少的老年人。他们还指出：常态老龄化具有可塑性，实现老年群体的成功老龄化是摆脱老龄化困境的一种出路。

成功老龄化通常是指在老龄化过程中，外在因素只起中性作用甚至抵消内在老龄化进程的作用，从而使老年人的各方面功能不下降或下降很少。SA包括三个方面：认知功能、躯体功能、精神状态。在一些研究中，成功老龄化状态的老人通常被描述为在日常生活、生理能力方面没有问题，在一般体力活动方面没有太大困难，在认知能力测验中取得高分，健康自评状况较好或很好的“生物—心理—社会”概念上的健康老年人。

老年人的身心功能会随着增龄不断减退，因而老龄化会给家庭和社会带来沉重负担。而Rowe与Kahn的研究揭示，生理功能的衰退具有极大的个体差异性，有些人表现出明显的病理性改变，有些人却较少有生理性丧失，还有些人能够长期保持健康、积极的状态。如果忽视这些差异，就不能正确认识老龄化。由此，成功老龄化为老龄化研究指出了一条新的进路，那就是探索老年人保持健康状态的方式和方法，促使老龄化的整体水平趋近“成功”，进而减少老龄化对经济社会发展的不利影响。

1.5.3 产出性老龄化

“产出性老龄化”一词最早由美国学者Butler于1983年提出，但直到90年代中期，它才逐渐引起研究者的注意。1994年，杂志《国际老龄化》(*Ageing International*)曾刊发多篇文章，专门讨论产出性老龄化问题。1995年，在美国白宫老年会议上，有与会者从提升生命质量的角度呼吁关注产出性老龄化的重要性。进入新世纪，随着劳动力供给不足、养老保障支付危机的出现，西方对于产出性老龄化的研究兴趣开始增加。2005年，在白宫老年会议上，与会者要求私营部门为推进PA做贡献。当前，西方的老龄化研究目标已转向了产出性老龄化。

产出性老龄化也称“生产性老龄化”，其一般指老年人参与有报酬的或无报酬的商品生产或服务供给的活动。当然，也有一些学者对“产出性”持更宽泛的理解。老年人的自我照料、自我成长等行为有助于降低脆弱性，也是对家庭和社会的间接贡献，因而也具有“产出性”。可见，PA实际上包括了两个方面的活动：一是“外向性”活动，包括继续就业、做义工、照料他人等；二是“内向性”活动，如继续学习、发展能力、自我实现等。相对而言，前者更具利他色彩，价值实现的方式也更为直接。

产出性老龄化的意义与“问题视角”不同，PA是从“优势视角”看待老年人、老年期和老龄化的，它反对依据生理年龄将老年人定义为“依赖者”或“非生产者”，认为步入晚年期的老人仍然可以是自主的、有能力的、成长的。他们可以通过积极的身心调适和社会参与，获得有希望的、有活力的、有产出的晚年生活。老年人不只是社会财富的耗费者，也是社会发展的贡献者。老龄化的结果不只是“消费性”的，也有可能是“生产性”的。由此，PA就为老龄社会的继续发展提供了一个潜在的积极视角，即发掘老年人力资源，促进老年人参与社会，进而提高老年人自身素质，并为家庭、社区和社会做出贡献。

1.5.4 积极老龄化

1990年，在世界卫生组织(WHO)的影响下，在广泛探讨的基础上，“积极老龄化”(Active Aging)作为一个新的概念出现，它扩展并强调的内容包括健康、积极参与、家庭、社区、国家生活等所有涵盖的领域。在2002年联合国第二届世界老龄大会上，WHO发表了文件Active Ageing：A Policy Framework 2002，定义积极老龄化为“在老年时为了提高生活质量，在健康、参与和保障方面尽可能获得最佳机会的过程，适用于个体和人群”(WHO，2002)。“积极”一词不仅仅指有身体活动能力或能参加体力劳动，还包括不断参与社会、经济、文化、精神和公民事务。积极老龄化的目的在于使所有年龄组的人们,包括那些体弱者、残疾和需要照料者延长健康预期寿命和提高生活质量。

关注老年人的健康、实现健康老龄化和积极老龄化正日益成为众多专家学者的研究目标。老龄化已被加拿大、美国和世界卫生组织宣布为最紧迫的公共卫生问题之一。国际学术界与很多国家政府已经认识到,人口的老龄化与寿命延长是社会经济发展过程中的必然趋势,而重要的是如何实现健康长寿。美国研究表明,如果美国的老年人改善健康状况,患主要老年慢性病的时间推迟5年,则每年将节约500亿~690亿美元的政府开支。我国则是在经济尚不发达的情况下迎来人口老龄化的挑战,属于“未富先老”。我们面临的是发展和人口老龄化的双重挑战,更要加强这方面的研究。延长老年人的健康寿命,不仅可以提高老年人的生活和生命质量,而且也可以节约国家的财政支出、减少社会的负担。通过对国内外老龄化现状和应对措施的比较研究,我们在此进一步提出我国老龄化应对策略的建议,以促进我国老年人的健康水平,并为相关部门制定老龄化政策做出一定的贡献。

1.6 老年体育与健康管理的任务

1.6.1 实现循证、科学发展老年健康管理

世界卫生组织在《迎接21世纪挑战》中指出:21世纪的医学不应该继续以疾病为主要研究领域,而应该以人类和人群的健康为主要研究方向。正确认识健康的内涵、保持人体健康状态、干预亚健康状态、降低发病率将成为全世界今后研究的重点课题。2003年10月,美国国立卫生研究院(NIH)公布了全球健康的十四大挑战,其中就包括“发展可以量化评估人口健康状态的技术”“发展能够评估个体多种状态和病原体的临床检测技术”。在NIH看来,现代体检体系和健康管理体系中的相关检测技术都无法量化评估人口健康状态和个体多种状态,其关键症结就在于现代技术无法做到动态地检测、低成本和高效快捷,因而无法积累评价个体身体状态和健康状态所需的大样本动态数据,无法通过检测把握个体健康变化的动态趋势,当然也更无法积累实现高发疾病预警所需的大样本群体数据。由于我国老年社会的迅速到来,老年健康管理的需求也在不断增长,但是我国的老年人健康管理在基本的服务理念以及服务内容上都不能很好地满足老年人的需要,这主要表现在疾病诊治、心理干预、医护服务环境等方面,严重影响了老年人对健康管理的认知和接受。

"健康管理"是指对个体或群体的健康状况进行全面监测、分析、评估,为管理对象提供健康咨询和指导以及对健康危险因素进行干预的全过程。健康管理的目标是帮助管理对象了解自己的健康状况,并对影响健康的危险因素进行控制和管理,从而达到降低疾病发生的概率,更加有效地控制病情或减少疾病带来的并发症,最终改善健康状况,提高生活质量,减少医疗费用。国内外研究发现,健康管理可以有效地控制医疗费用的过度增长,并且帮助人们建立起正确的健康理念和良好的生活习惯,摆脱亚健康状态,提升健康水平。在医院或社区,健康管理能对健康和亚健康人群提供健康咨询、健康评估、健康教育和指导,并对他们的健康状况进行循环评价,减少引发疾病的危险因素;对慢性病病人进行膳食、运动、心理、情感等各方面的指导,定期开设慢性病健康教育讲座和发放健康小手册,为他们提供正确、规范、科学的康复指导,及时纠正和解答他们在康复期的不正确行为和困惑。

老年人健康危险评价工具是健康管理的重要组成部分。由于不同地区、不同人群之间健康危险因素及危险程度不同,健康危险评价计算机软件是根据所研究地区的人口统计学资料、死亡率资料及流行病学研究资料来开发的。而我国危险因素的流行病学调查及研究资料不是很完善,在进行某些疾病的危险因素量化时仍然需利用国外的危险因素暴发率,甚至沿用一些国外的量化标准,这些量化标准不完全适合我国的实际情况,完全套用会影响疾病预测的准确性。因此,必须制定出适合我国老年人的健康危险因素评价工具。

1.6.2　促进低龄老年人力资源开发

迅速来临的老龄化社会状态以及我国劳动就业人口结构变化的现实,增加了老年人力资源开发的必要性与紧迫性。如果健康老年人力资源获得一定程度的有效利用,那么整个劳动就业年龄结构也会发生变化,我们也将迎来人力资源模型从年轻型向中年型的转变。随着老龄化的深入发展,政府的老年人口就业政策应随之发生调整,可将老年人口逐步转化为社会经济发展的积极动力,在一定程度上弥补我国人力资本缺口、缓解人才危机。现代医学研究成果表明,人的生理老化与思维老化并不是同步的,随着人年龄的增长,与知觉速度和形象思维有关的智力会逐渐下降,与知识积累和抽象概括有关的智力会随年龄的增长而继续加强。

1.6.3　影响养老保险与医疗保障政策

老年人健康评估工具将直接或间接为有关决策者提供制定政策的依据。政府往往通过宏观政策的制定,配置健康资源、引导老年人行为并承担支出份额,以此影响老人使用服务的数量和接受服务的方式，达到改善老年人健康状况的目标。影响老年人健康政策的研究集中在老年人社会保险（养老保险、医疗保险和长期护理保险）方面，其中养老保险与医疗保障是老龄化问题研究的传统题目，而新近也有不少文献拓展出了更多有意义的研究方向。例如，Case 和 Menendez (2007) 讨论了如何利用养老保险去降低老龄人使用服务和保持健康的成本；Echevarria 和 Iza (2006) 讨论了老龄健康程度与养老保险费率的关系；Queisser(2005) 讨论了退休年龄、预期寿命与养老保险的关系；Rittner 和 Kirk (1995) 调查了低收入老年人（平均年龄 78.9 岁），分析了社会文化和生活质量等变量对老年人使用医疗保健和交通服务的影响，调查显示多数贫困老人与家庭或者邻居存在沟通困难的问题，也不善于使用公共交通去接受医疗服务，而公共交通本身对于老人来说就是一个障碍，它影响着老人使用医疗服务和支出的水平。

医疗保障政策的有效性一直是老年人优先关注的重要问题。Pagán 等 (2007) 分析墨西哥医疗保险和预防保健服务利用率之间的关系，发现多种慢性病并发率高，医疗保险覆盖不足可能是一个重要的潜在障碍；Chen 等(2007)采取双重差分方法估计了台湾"全民医保"计划的因果效应，结果显示这些影响在低收入或中等收入群体中更加突出；Chang (2009) 的研究则从提供经济诱因的角度显示了医疗保障的效应，老人有病时将更多地去看医生，而不是咨询药剂师买药。黄枫和甘犁(2010) 评估了医疗保险对我国城镇老年人的总医疗支出以及老年人死亡风险的影响。他们认为，享受医疗保险的老人按生存概率加权的平均总医疗支出比无医疗保险的老人高，预期寿命也要长，医疗支出对健康的边际效应较高。

医疗保险政策对老年群体健康状况还有间接效应，比如老年劳动者的退休决定。Rogowski 和 Karoly(2000)研究 1992～1996 年的健康和退休调查数据时发现，退休后医疗保险是否可得对老年人的退休决策有很大的影响，在老年男性劳动者中，退休后有医疗福利的人，其退休倾向比他们没有保险的同行高出了 68%。Blau 和 Gilleskie (2008)利用健康与退休调查的数据，估计了年长男性就业及医疗决策的偏好、预期参数结构模型，以期明确健康保险的作用。模拟结果显示，健康保险的改变，包括退休者健康保险与医疗的可得性与限制，对年长男性的就业行为有微小的影响，而对健康状况很糟糕的男性则有极大的影响。

1.6.4 健康促进与健康干预的前提

健康评估是健康促进和健康干预的前提。众多学者都提出，随着人口老龄化程度的加深，现代医学的局限性越来越被人们所认识、接受。有计划、有针对性的、系统的健康促进与干预措施是提高老年人健康长寿的出路。干预措施主要以健康促进为主，个别学者提到了药物、心理干预，干预对象基本以慢性病病人和社区老人为主。健康促进是促使人们控制和改善健康的全过程，以帮助他们达到身体、精神和社会的完美状态，确保个人或群体确定和实现自己的愿望，满足自己的需求，改变或处理周围环境。通过准确的健康评估，可以制定正确的健康促进计划与健康干预措施。WHO 提出的人类健康四大基石"合理膳食、适量运动、戒烟限酒、心理平衡"是一级预防的基本原则，它主要包括健康促进和健康保护两方面的内容。其中健康促进是通过创造促进健康的环境使人们避免或减少对致病因子的接触，改变机体的易感性，保护人们免于发病，它主要通过健康教育、自我保健和环境保护与监测等途径实施；健康保护是对有明确病因（危险因素）或具备特异预防手段的疾病所采取的措施。

WHO 研究报告指出，人类有 1/3 的疾病通过预防保健可以避免发生，1/3 的疾病通过早期发现可以得到有效控制，1/3 通过医患有效沟通能够提高治疗和愈后效果。美国的健康管理经验证明，健康管理服务参加者按照医嘱定期服药的概率提高了 50%，医生开出或实施更为有效的药物与治疗方法的概率提高了 60%，健康管理服务参加者的综合风险（危险性）降低了 50%。以上这些举措，能够提高患者的生活质量，延长患者的生存期，减少昂贵的医疗费用，减轻患者和社会的经济负担。国外学者的一些早期研究发现，综合老年评估（Comprehensive Geriatric Assessment，CGA）能有效改善老年人群的机体功能状况，保证生命质量，降低老年人群的死亡率，可作为社区干预提高老年人群健康的健康促进措施；个性化健康干预（Individualized Health Intervention，IHI）模式被许多研究证实是成功的，在行为改变方面效果尤其明显。

21 世纪的中国将是一个不可逆转的老龄社会，应对日趋严重的人口老龄化，是我国社会经济发展必将面临的重大问题。中国人口老龄化呈现出人口规模巨大、发展迅速、地区发展不平衡、城乡倒置显著、女性老年人口数量多于男性和老龄化超前于现代化等六大特点。日趋严重的人口老龄化将给中国的经济、社会、政治、文化等方面的发展带来深刻影响，庞大的老年群体在养老、医疗、社会服务等方面的需求也越来越大。同时，一系列如全球气候变化造成的极端天气事件（高温、热浪和雾霾频繁出现）、缺乏合理的膳食营养指导、精神心理问题（焦虑和抑郁持续出现）、体质下降、慢性疾病高发及慢性病低龄化、缺乏科学的体育锻炼指导、疾病康复方式单一等问题的出现，使老龄人口的健康脆弱性增加，抵抗疾病风险的能力降低。

规范研制老年人健康评估标准，可以全面系统地认识健康风险的性质、危害程度、发生的可能性和抵御危险的能力，为老年健康提供技术支持。深入了解和掌握老年健康风险产生的原因、危害机制，确定因果关系，可以为老年人健康防控提供科学依据，为老年人开展预警、预测、预报和公众传媒健康教育奠定重要基础，具有客观性、定性定量和预测性的重要价值。

为了向健康老龄化国家战略的制定提供可靠依据，尽量降低与延缓老年人的发病与失能，目前，健康老龄化建设已引起了政府高度重视，但针对规范健康老龄化评估的专题研究还很少，不能为制定健康老龄化政策提供依据，无法应对日趋严峻的人口老龄化问题。针对我国国情和人口老龄化特点，中国健康老龄化研究在借鉴国际研究成果的同时，充分发挥自主创新和集成创新的优势，创建了具有中国特色的健康老龄化建设思路。本项目的实施将极大地改变我国健康老龄化建设的落后局面，减缓日趋严重的人口老龄化给中国经济、社会、政治、文化等方面的发展带来不良影响，减少庞大的老年群体在养老、医疗、社会服务等方面的需求压力，为国家节省巨额医疗服务资金。

第2章 老年体育健康与管理的理论基础

2.1 体育管理理论的发展

体育管理是综合运用社会科学、自然科学和技术科学的原理和方法，系统地研究体育领域中的管理活动及其基本规律的科学。

2.1.1 体育宏观环境与政策

体育活动作为人类的一种规模宏大的社会实践活动，存在于整个自然环境与社会环境中，与众多自然因素、社会因素都有着千丝万缕的联系。因此，体育宏观环境与政策研究，一直受到国际众多体育管理研究者的关注。

2.1.2 领导

北美的体育管理研究对体育组织最为关注，组织管理研究主题之一的“领导”即是20世纪90年代初体育管理研究关注的重点。随着管理理论的发展，领导理论从早期的特质理论和行为理论，经过近期的权变理论，已发展到了现在的领导风格理论，而魅力型领导理论、变革型领导理论是学术界目前关注的热点之一，甚至可以说，以魅力型领导和变革型领导理论为主的新领导理论主宰了80年代迄今的领导学领域。

2.1.3 组织效能

组织研究的核心部分是组织效能、战略管理和外部环境。组织效能是组织在各方面的综合表现，尤其是组织的输出，它既包括组织在经营业绩方面的表现，也包括组织在个人层面的标准，如在员工或客户方面的表现等。研究者虽然对组织效能有不同的看法，但仍有五项大致的共识：①组织效能是组织理论的核心，在理论及实证研究中，组织效能不可忽视；②没有任何一个组织效能的界定是综合的、无所不包的，根据描述组织的不同隐喻，组织效能的定义或模式也会有所不同；③组织随着生命周期的发展，其效能指标也会随之改变，不可能获得最佳、最充分效能指标的共识；④不同效能模式对不同情境下的研究具有有效性，其有效性依赖于研究目的；⑤组织效能主要是问题解决导向，而不是理论导向，研究者所面临的首要问题是决定适当的指标、规定与准则。

2.1.4 体育赞助与营销

在经济高速发展的经济时代，企业营销越来越青睐像体育赛事这种高关注度、高影响力和高参与度的活动，于是体育与赞助的结合，成为了体育组织发展与企业市场营销的双赢之策。体育组织为了运行和推广组织的各个项目，正面临着不断增加的寻求政府之外资金来源的压力，而其中能够替代政府支持的最重要途径就是企业赞助，体育组织对这种企业赞助表现出了越来越强的依赖性。

2.1.5 组织文化

组织文化作为一种管理理念，是指组织在长期实践活动中所形成的并为组织成员普遍认可和遵循的具有本组织特色观念、团体意识、行为规范和思维模式的总和。组织文化是组织成败的关键。体育组织文化包括人们对体育机构与政策的各种认识、价值观念、态度和信仰。

2.1.6 消费者与品牌权益

体育消费者和体育观众是体育管理领域中仅次于体育组织研究的重要主题，在绝大多数体育发达的国家，体育组织和体育消费者是体育发展的“双轨列车”，其中体育消费者是最核心的要素。只有了解消费者市场，体育组织才能制定相应的市场策略，因此对体育消费者的研究是体育管理的重要领域。

2.2 健康管理理论的发展

2.2.1 传统健康管理理论

随着科技的发展，20 世纪中期，发达的西方国家已经开始了对健康管理的系统研究，并且从医疗机构角度提出了健康管理的理论。健康管理可以理解为是运用管理学理论和方法，在提高社会健康意识、改善人群健康行为、提高个体生活质量的过程中有计划、有组织的系统活动。健康管理包括疾病预防、临床诊疗、康复保健等应用医学的内容，而根据管理对象不同可分为个人、社区、社会的健康管理。

传统健康管理理论是针对医院或者社区的病人开展与医疗服务相关的信息管理，促进人群的健康水平，但其目的是为了维持医疗市场，稳定医疗机构自身的病人来源。它往往采用协会或者会员制的形式，把需要提供健康服务的目标集中为特定人群。客观上，它站在医疗机构的立场上，实施了包括控制医疗费用在内的一些做法，例如在美国知名度很高的 HMO(健康维持组织)。近年来，我国也逐步开展了这种形式的健康管理，比如北京的“柏年阳光”、成都的“保健金卡”、广州的“惠侨金卡”等都不同程度地体现了健康管理的思想，但他们采用的是以疾病为中心，对特殊的高收入人群进行健康管理的做法，属于增加医疗需求，促进医疗消费的贵族化管理思路，根本谈不上降低医疗费用。

传统健康管理理论和实践的弊端是显而易见的。首先，这些理论站在医疗机构维持医疗市场的角度，不利于控制医疗费用，降低健康成本；其次，这些理论没有解决合理利用各级健康保健组织，促进病人逐级转诊的问题；最后，目前开展的健康管理活动多数偏向于增加人们的健康支出，大多适宜高收入人群，对普通群众益处不大。总之，这些理论与实践远远不能达到健康服务效果好、效率高、节约资源的目的，更不能满足人们对健康服务方便、有效、省钱的要求。

目前，人们的健康需求主要指医疗需求，医疗服务主要针对的也是这部分需求，而正是医患双方的特殊关系，造成了目前高涨的医疗费用，以至于国家、社会和个人都难以承受。事实上，人们的健康需求除了医疗外，还有很多内容，如保健、提高生存质量、心理和营养支持等方面的需求，而后者正是现有医疗市场的有效补充，也是传统健康管理理论希望扩大医疗需求的着眼点，新的健康管理理论把这部分健康需求纳入自己的管理范畴，提供全面的与健康相关的管理服务，这样可以达到提高人们健康水平和生活质量的目的。

要完成医疗服务供方高效率，降低成本的总目标，不是单个医院或集团就可以达到的，这需要医疗机构统一协调，密切合作，实行医疗一体化。所以，健康管理的新理论应该考虑充分利用现有的各种层次的医疗服务机构，包括各级各类诊所、医院和保健站等，并且能够控制或减少人们在医疗过程中的某些间接医疗费用。医疗保险并不能覆盖所有人群，尤其是一些妇女、儿童、老人以及农村居民，实际上他们是健康脆弱人群，需要适当的优先医疗照顾。某些医疗保险范围以外的医疗需求，如出院后的康复，慢性病的院外治疗以及常见病门诊等，其费用不能在医疗保险中得到有效控制。再者，保险机构也由于信息不对称而存在高估医疗成本的可能。健康管理的新理论打破了单纯依靠医疗保险来控制医疗费用的制度设计。

2.2.2 现代健康管理理论

健康管理是以不同健康状况人群的健康需求为导向，对个人或群体进行健康状况以及各种健康危险因素的全面检测、分析、评估和预测，向人们提供专业健康咨询和指导服务，并提出相应的健康计划，协调个人、组织和社会的行动，继而针对各种健康危险因素进行系统干预和管理的过程，旨在调动个人及集体的积极性，变被动为主动，以减少疾病的发生，缩减医疗费用支出，有效地利用有限的资源来达到最佳的健康效果。信息化社会的高速发展、人民生活水平的不断提高、医疗服务体系的日趋完善以及人们对健康的高度重视，促成了这个新兴健康维护产业的发展。面临人口老龄化加剧、慢性病发病率增高、医疗费用高涨等亟待解决的社会问题，世界各国逐渐开始重视健康管理产业。经过西方发达国家的探索与研究，健康管理已逐渐步入产业化的发展阶段，美国、德国、日本、芬兰等国家逐步建立起了不同形式的健康管理模式。

美国是世界上最早实行健康管理的国家。健康管理已经成为人们的基本理念，参与人群广泛，无论是联邦政府、社区、医疗保险公司、医疗机构还是医务人员与患者，几乎所有人都参与到了健康管理活动中。在美国，最著名的个人健康管理系统就是由 PAMF (Palo Alto Medical Foundation)推出的 PAM Online (PAMF 在线健康服务)。PAM Online 主要给其注册会员提供基于电子病历的个人健康档案查询、医疗处方更新、药品自动预订、就诊预约以及健康咨询等健康管理服务，为美国公民提供了量身定制、个性化的健康信息服务。由此看来，美国健康管理的广覆盖性以及健康管理科学手段的先进性，不仅调动了个人、集体、社会的积极性，增强了全社会的全面健康意识，强调医疗资源的优化配置，满足个体健康需求，更从根本上降低了医疗费用，解决了医疗支出与医疗资源之间的矛盾，提高了美国人民整体的健康水平。

全方位的健康管理策略是美国健康管理体系成功的关键。健康管理策略在美国主要有六种：①生活方式管理；②需求管理；③疾病管理；④灾难性病伤管理；⑤残疾管理；⑥综合的人群健康管理。通过协调不同的健康管理策略，可以对个体提供最为全面的健康管理。美国大众对健康管理的重视程度和国家政府的政策支持以及科学技术的进步，共同带动了美国健康管理的快速发展，这一方面从很大程度上节约了医疗费用，为企业、国家解决了医疗费用增长的问题，对国家的经济、政治以及稳定性都有一定的促进作用；另一方面有效地改善了人们的生活方式，保持了健康，提高了生活质量，对集体和社会做出了巨大贡献。

德国在健康管理研究方面的发展也非常优秀。早在一百年前，德国就出现了健康管理的雏形，目前已经通过立法的形式规定了健康管理体系。在慢性病预防方面，德国把慢性病预防和管理纳入社会保障体系，实施医疗保险制度，并逐步建立了养老保险、失业保险以及工伤事故保险、护理保险等社会保险的“五大支柱”。在国民体育方面，德国鼓励全民体育，设有 6 万多家体育设施，包括儿童游乐场、运动场、体育馆、露天游泳池等。德国州以下政府体育工作的重点就是推广国民运动。近两年，运动旅游成为德国旅游局的发展重点，他们通过各种形式鼓动全体国人动起来。

早在 20 世纪 20 年代，德国就实施了国民“一年一检”政策。目前，95%以上的德国人每年进行一次免费体检。由于体检的普及，德国人的胆固醇水平、高血压、心脏病与糖尿病、癌症等疾病的发病率都有不同程度下降。德国联邦卫生部于 1967 年就成立了联邦健康宣传中心，每个州都下设分中心，每个分中心均配有心理咨询师、药剂师、内外科医生等医学专家，并拥有各种先进的医学设施；每个分中心又在州里的各城市社区和城镇居民点建立健康宣传站，并配有专职健康管理宣传员，来向国民宣传医疗健康保健知识。德国近年来已经建立了个人健康数据库，像德国的电子保健卡，储藏有持卡人的基本健康状况、电子病历等信息，有利于医生诊断和国家统筹分析国民健康状况。“个人健康管理系统”是德国卫生部门和研究机构开发的项目，现在许多民众应用健康 APP(计算机应用程序)来管理个人健康，这逐步形成了一个新趋势。

日本的健康管理服务也已遍及全国，健康管理服务已经成为日常化、制度化、法律化的工作，内容包括健康调查、健康体检、体检后评估、健康增进活动和健康教育等。其中健康调查是提供健康管理服务的前提，它通过各市、町、村组织实施，可以充分把握调查对象的健康和生活状态，帮助找出健康管理应该关注的问题并提出有针对性的解决方案。健康体检是健康管理服务的主要内容，通过一年一度的健康体检，可以建立健康手册，记录受检者的各项情况，对他们的健康状态作出诊断和群体健康筛选，以期尽早发现疾病，降低潜在性疾病。体检后评估和帮助又分为群体评估和个体评估，群体评估包括检诊结果通知、健康状况咨询和结果报告会，可针对群体中的突出问题举行专题讲座，普及有关疾病的预防知识，指导人们科学管理健康；个体评估主要是对检诊中发现的异常者采取进一步的康复措施和治疗。日本试图通过高科技的手段更好地提供健康管理服务，开发了“个人健康管理系统”，利用电话线路把医院和家庭联结在一起，通过 PC 机来管理体温和血压等健康数据。日本计划在 2007～2016 年的 10 年间实施“新健康开拓战略”，帮助国民实现“运动一生”的生活方式。健康管理在日本的成功主要得益于其健全的法律、配套的健康管理制度和健康管理网络以及全体国民的健康管理意识。

芬兰的健康管理模式起源于20世纪70年代北卡累利阿区对高发性心血管慢性疾病的干预项目，在该项目的实施过程中，国家公共卫生学院定期对心血管疾病的危险因素水平进行评估。干预项目实施后，人们的行为方式有了很大的改变，健康危险因素大为降低，心血管疾病、冠心病、肺癌等高发性疾病的发病率和死亡率也大幅降低。随后，健康管理项目逐渐推广到芬兰全国，逐步探索了一种通过改变人群生活习惯和发挥基层社区卫生组织的预防功能来从源头上降低疾病危险因素的新型健康管理模式，被世界卫生组织高度赞赏，逐渐推广到世界各地。

芬兰健康管理的主要特点是发挥基层社区卫生组织的作用，社区积极合作，并定期由国家公共卫生学院进行健康管理项目评估。芬兰建立了科学有效的危险因素监测指示系统，控制主要的危险行为因素（如抽烟、酗酒、饮食问题等），并建立了国家数据库，社区检测结果全部入库，以此制定行为监测记录，以便评价人群健康水平。此外，芬兰还构建了流行病学和行为学研究框架，根据这些框架选定追踪对象，对其行为进行追踪监测，适当调整干预措施，并加强媒体宣传和交流活动，发动基本医疗服务人员系统参与，不断完善国家健康政策，对国民进行健康指导、健康教育。

2.3 相关社会服务理论

2.3.1 非营利组织理论

目前，国外对非营利组织的认识尚不统一，对非营利组织这一组织形态的称呼包括“志愿者组织”“免税组织”“第三部门”“非政府组织”“慈善组织”“公民社会”等。这些称呼虽然侧重点不同，但基本内涵大体相同，都是指能够发挥特定社会功能且不以营利为目的的独立组织。美国约翰霍普金斯大学的公共政策学者、非营利组织研究专家赛拉蒙（Salamon）认为，凡具有组织性、非营利性、自治性、民间性和志愿性等五个特征的组织即为非营利组织。这一定义便于非营利组织的范畴认定和国际比较，比较具有代表性。具体而言，这五个特征的内涵包括：①组织性，即这些组织均具有合法资质，经过注册备案，具有相应的组织形式和正式的组织机构以及固定的工作人员，并制定相应的章程与成文的制度和规则；②非营利性，即所从事的活动和开展的服务不以营利为目的和宗旨，产生的利润只能用于组织机构的自身发展，不得在其工作人员间进行分配，以提供公益服务为主要目标；③自治性，即组织拥有自我管理的权利，对于组织的业务活动、提供服务的种类和数量、工作人员的聘用、财务收支等具有相对独立的决策权；④民间性，即这些组织是以民间的形式出现，既不是政府也不是政府的附属单位，在体制和制度上与政府相分离，不代表政府或国家的立场；⑤志愿性，即组织成员是自愿而非强制加入组织，其行为建立在自愿的基础上，民间个人或企业单位的慈善捐款是组织的合法资金来源之一，在这个意义上非营利组织也可被称为“志愿组织”。

2.3.2　公共物品供给理论

非营利组织的产生与公共物品的供给密切相关。美国经济学家伯顿·韦斯布罗德率先提出了公共物品理论，认为具有非排他性和非竞争性的物品即为公共物品。非排他性是指当某个人在消费公共物品时，不可能排除他人消费这一公共物品或者将他人排除在使用公共物品所产生的利益之外，即使他人不愿意为使用公共物品支付费用。非竞争性是指个人对公共物品的消费不影响他人同时消费该物品，公共物品所产生的利益并不因增加一个额外使用者而发生大幅衰减。一般的，公共物品可分为纯公共物品和准公共物品。具有完全的非竞争性和非排他性的物品即为纯公共物品，增加额外的消费者不会使其边际成本增多，它通常是免费提供的，如国防、立法、交通安全等。具有有限的非竞争性和非排他性的物品为准公共物品。准公共物品具有“拥挤性”，在消费中存在一个“拥挤点”，当消费者的数目低于“拥挤点”时，增加消费者不会使其边际成本增多；但当消费者数目达到或超过“拥挤点”的时候，非竞争性和非排他性消失，消费者数目的增加会使原有消费者获得的效用下降，边际成本上升，如公共图书馆及电力、自来水等的供给。因为公共物品的非竞争性，市场机制无法有效地配置资源，并且在公共物品的消费中难以避免“搭便车效应”，使自由市场中公共物品供给不足，市场失灵，因而须借助政府和非营利组织的力量保障公共物品的供给。政府、市场和非营利组织都是公共物品供给的来源，在一定条件下能够相互替代。政府和市场在公共物品供给方面存在的局限性促进了对非营利组织的功能需求，为非营利组织的产生和发展提供了机会。

2.3.3　福利多元主义理论

福利多元主义理论是在 20 世纪 70 年代世界范围内的经济发展衰退、西方政府承担福利负担过重的背景下产生的。英国社会学家、现代福利国家理论创始人之一蒂特姆斯提出，福利由社会福利、财政福利和职业福利三部分组成，应有多个体系互相配合。英国学者约翰逊系统地讨论了福利多元主义的概念，认为政府不应是福利的唯一提供者，公共部门、家庭和社区以及志愿部门都能作为社会福利的提供着，即各级政府部门、家庭成员和亲属、社区居民和社区组织以及互助团体、非营利机构和志愿组织等都可以提供不同层次的社会福利，满足不同需求，由企业提供的职业福利以及购买的市场服务也是社会福利的组成部分。不同特性的福利、不同的福利项目应由不同的主体提供，有的可以政府部门为主，有的以家庭或社区为主，而某些福利性的社会服务可由非营利组织承担。由不同的社会福利供给主体构建起多元化的福利供给体系，家庭、社区、非营利组织和政府组合为一个多元的资源网络，是社会福利发展过程中的一个重要环节。福利多元主义的思想使福利供给的责任主体多元化，有利于减少政府的负担和干预，强化家庭、社区和非营利组织在福利供给中的作用，提高福利供给的效率和针对性。

在具体实践中，由于不同国家的经济环境和政治体制、意识形态不同，福利多元主义理论的表述形式和侧重点亦有所不同。如英国称其为“福利多元主义”，美国将其称为“合作生产”，一些欧洲国家提出了“福利组合”“社会经济”等表述方式，新西兰等提出了“从福利国家到福利社会”政策。根据丹麦籍学者艾斯平·安德森(Gosta Esping Andersen)的福利模式理论，福利国家可分为自由型、保守型和社会民主型三种类型。在自由型福利国家模式中，居主导地位的是基于经济和家庭调查的社会救助，辅以有限的社会保险计划。此模式中，国家鼓励市场以提供最低保障或个人补贴福利方案的方式进入社会福利供给领域。这种以“济困”为宗旨的福利供给制度的受益对象主要是低收入贫困人群，其代表性应用国家有美国、加拿大等。在保守型的福利国家模式中，个人、社会和国家多方参与，社会福利具有保守性和强制性。这种模式以劳动贡献为基础，拥有社会权利资格和工作业绩是享有社会福利的前提，它强调个人对社会的贡献，因而参与劳动力市场和社会保障缴费的记录成为了衡量能否享有社会福利的条件，其代表性应用国家有德国、法国、意大利等。在社会民主型福利国家模式中，强调普遍公民权原则，社会福利面向具有公民资格或长期居住资格的人群提供，而与工作表现或劳动贡献无关，这种模式的代表性应用国家有丹麦、挪威、瑞典等。虽然各国的福利供给模式存在巨大差异，但其发展方向是基本一致的，即减少政府在社会福利供给中承担的职能，主张福利的筹资和供给由不同的主体共同完成。

2.3.4 社会嵌入理论

社会嵌入理论是开展居家养老社区服务的基础理论，它所支持的观点是所有的人都不是孤立的，而是嵌入在特定的社会结构以及关系网络之中，能够从中得到各种社会支持和社会资源。社会嵌入理论的集大成者是格兰诺维特，他在吸纳前人有益观点的基础上指出，社会嵌入理论寻求"社会化"的平衡，社会化不足和社会化过度两种做法都不可取，只有实现个体和社会结构之间的有效融合、互补，才能在具体动态的社会关系中达成既定目标。

在学界很多理论认为，老年人进入晚年后就将颐养天年，无须与周围的社会结构及关系网络进行互动以得到社会支持和社会资源，他们天然具有教化权位，可以对其他人进行教化，不再需要社会化了。但社会嵌入理论的提出和现实的情况表明老年人还需要继续实现社会化，这主要是源于老年群体正面临着的自身角色转换：第一，老人退休后，从劳动者转变为被供养者，这容易造成老年人的经济危机感；第二，老年人从决策角色转变为平民角色，从家庭中的家长角色转变为接受照顾角色，这容易使老年人产生孤独寂寞感和被抛弃感；第三，工具角色向感情角色转换，即退休前老年人会担任一定的社会职务，拥有相应的职业角色，有时在某些领域还占有主体地位，退休后，老人转变为家庭中的父母等一些情感方面的角色，这一转变有时会造成老年性别角色模糊以及夫妻之间的冲突；第四，父母角色向祖父母角色的转变，这也是老年人必须经历的转变。此外，老年人还面临着空巢、丧偶、疾病等问题的威胁，这些都需要通过社会嵌入使他们继续实现社会化，以使他们获取帮助，得到自身的调节。社区作为老人继续社会化的最佳载体，可以提供给老年人各种不同的居家养老社区服务，帮助老人在面临角色转换和突发事件时从容面对，提高自身的生活质量。

2.3.5　需要层次理论

需要层次理论认为，一个社会（或社区）的首要责任是满足其成员的基本生存需要包括生理的、社会的、情绪的和精神等方面的需要。具体来说，学者们最为普遍了解的就是"驱动即需要"。这是生物决定论的说法，即用生物性的内在驱力来谈需要，马斯洛的需要层次理论就是如此。他从人类动机的角度，将人类的"要"分为五大类，按照由下至上的等级依次分为生理的需要、安全的需要、归属及爱的需要、受人尊重的需要和自我实现的需要。一般来说，在低一级需要得到满足或部分满足之后，人们就会去追求高一级的需要。但是，多伊和高夫认为马斯洛的理论存在两个不足：第一，即使马斯洛的说法分类周全，但是其排列并不恰当，因为人在选择的时候，并不是那么按部就班地排列基本需要，而是有组合，甚至有冲突的；第二，需要与驱动力不可以画上等号，满足了驱动力的快感可能会伤害身体，而身体原本可能并不需要这些无益的活动。所以，多伊和高夫认为需要即目的、即策略，需要和想要是有区别的，需要（Need）是必要条件，有 X 才有 Y 的达成，具有客观性；想要（Want）是有主观条件，有主观性，指向具体的满足物。

在针对特殊人群——老年群体的需求的研究中，西方老年学学者认为老年人的需求主要集中在物质需求、医疗需求和精神需求三个方面，并将其概括为三个“M”：第一个“M”是(Money)钱，就是物质需求；第二个“M”是(Medicare)，即医疗保障服务需求；第三个“M”是(Mental)，即精神需求，包括精神慰藉、心理满足等。老年人作为一个独特的群体，由于年龄的增长，身体状况每况愈下，视觉、听力、体力和精力等都出现不同程度的衰退，社会地位和社会角色也发生急剧变化，经济能力下降，因此对物质、医疗和精神这三个方面的需求就显得更为迫切。对于城市的老年人来说，退休后一般都有一定的退休金或养老金作为其生活保障的基础，同时各种形式的城市居民补贴、福利也使城市老年人的物质需求在一定程度上得到了满足。

2.3.6 象征性相互理论

“象征性相互理论”是关于老年人的社会学理论，它是在20世纪50年代由美国学者埃里克·伯恩内提出的，主要观点是在老龄化的进程中，环境、个体及环境与个体的相互作用对老年人具有重要的影响作用。这一理论包含三个重要因素：第一，尊重起源于特定环境的规范、期望；第二，注重个人交往的作用；第三，重视特定环境下能力与期望之间主观评价的一致性。这三个要素能否相互促进，影响着老年人生活的幸福感和老龄化。象征性相互理论表明，通过个人与环境的相互作用可以改变老年人由衰老所带来的失落感和社会参与的降低。因此，我们可以尽可能地对社会环境进行调适，更多地给老年人提供选择的机会，同时协助老年人以积极主动的态度对待生活、参与社会互动，以减少衰老对他们带来的消极影响。如果能够鼓励支持老年人参与社会，那么老年人的晚年生活将得到很大提高。老年人步入晚年后，除了需要与自己的家人进行必要的沟通和交流外，还需要与外界进行互动、增强社会参与，而由于老年人大部分的日常生活和活动都在社区内，因此，社区成为老年人最为重要的互动和参与环境。如果社区可以为老人提供完善的生活照料、医疗健康、精神文化等服务，营造良好的生活空间，将可以使老年人在生活得到照料、身体健康得到保障的同时，降低老年人的失落感和孤独感，消除老龄化的消极影响，使老年人获得精神上的满足。居家养老模式下，老年人不但可以得到亲属的亲情支持，还能够得到社区服务给予的社会支持，这大大增强了老年人社会交往和与外界环境的良性互动程度，有助于使老年人晚年生活更和谐、更幸福。

2.3.7　社区照顾理论

针对老年人的社区服务,在国外一般被称为"老年人社区照顾"。作为社会工作中的专业概念和工作模式,社区照顾起源于 20 世纪 50 年代的英国,它是英国在福利国家政策变化下倡导的一种社会工作模式,其发展历史由于受到各种政治、经济、社会以及福利意识形态的影响,在不同的阶段有不同的政策重点和表现形式。

社区照顾最初是针对住院式照顾而提出的。在 18、19 世纪,英国政府兴建了很多大型精神病院,以对精神病患者进行隔离式、集中式管理,同时还建立了大量的习艺所以隔离患有长期疾病的老人和心智失常者,这些人在机构里的待遇非常差。后来在一些社会改革者的努力下,政府为他们建立了很多公立的教养院,但管理方式还是以监禁为主,不人道事件时有所闻。对老人与精神病患者最好的服务是让他们留在家中及社区中。迫于舆论压力,英国政府改革了这种机构照顾方式,推行社区服务,使得被照顾者能在家中接受照顾。在社区照顾服务方面,志愿部门与地方政府均扮演着主要角色,特别在许多地方政府没有在责任提供服务的方面,志愿服务部门是最主要的提供者。

社区照顾是指社区中的各方面成员——家人、亲戚、朋友、邻居、志愿者和社区积极分子等组成的非正式支持网络与各种正式的社会服务机构——医院、养老院、福利院、精神病院及各种康复中心等政府的和非政府的机构相配合,在社区内对需要照顾的人提供服务的过程。在完整的意义上,社区照顾是"社区内的照顾"和"由社区来照顾"两方面的结合,既包括由政府、社区甚至市场化的企业等各种非营利和营利的社会服务机构提供的专业服务,也包括由社区内的居民、亲友等提供的非正式服务。

"社区内的照顾"是指需要照顾者在社区内的小型服务机构或者住所中,获得的专业工作人员的照顾。社区内的照顾是将原本由院舍提供的专业服务转向由社区提供,改善需要照顾者的生活环境,旨在弥补院舍照顾的不足。"由社区来照顾"是指社区内的人如家人、亲友、邻居或者志愿者为需要照顾者提供的照顾。当然,需要照顾者也可以为他人提供照顾。与住院式照顾相比,社区照顾的突出优势在于接受服务的老人不需要离开自己熟悉的社区环境,不需要改变自己的生活习惯,且社区照顾可以很好地利用社区内的各种资源,这种方式一方面充分发挥了老人所熟悉的家庭成员、邻里及社区志愿者的作用;另一方面也使老人更易于接受专业人士的指导与协助,为老人提供更有针对性的服务。这样,通过两种资源的互补与结合,可以使老人们在熟悉的社区环境中受到非常经济和良好的照顾。

社区照顾的发展方向和落脚点是支持家庭照顾，上述社区照顾的几个层面，无论是“在社区内的照顾”，还是“由社区来照顾”，其最终的落脚点都是推行和发展支持性的社区服务，特别是支持家庭照顾的服务。社区照顾虽然可以直接以单个老人为服务对象，但更重要的是把老人所在的家庭作为一个整体，通过向家庭提供全方位的服务，维持家庭的照顾能力，以达到满足老人照顾需求的目的。这一特点，也是我国城市社区老人服务事业将来的发展趋势。

2.3.8 活动理论

20 世纪 50 年代，在西方最为流行的关于老年的理论是活动理论，它是 1953 年由凯文(Cavan)提出的，凯文认为：①老年是中年期的延长，老年人仍可与中年时代一样以从事社会上的工作，参与社会活动；②活动水平高的老年人比活动水平低的老年人更容易对生活感到满意，更能够适应社会；③老年人应该尽可能长久地保持中年人的生活方式，以否定老年的存在，并用新的角色来取代因丧偶或退休而失去的角色，从而把自身与社会的距离缩小到最低限度。活动理论主张老年人应该通过新的参与、新的角色来改善老年人由于社会角色中断所引发的情绪低落，用新的角色取代因丧偶或退休而失去的角色，在新的社会参与中重新认识自我，从而把自身与社会的距离缩小到最低限度。尽管这个理论忽视了老年人的个性差异，但是，它指出了社会活动是人类生活的基础，老年人与其他年龄群体的人一样，都需要参加社会活动的机会，从而缓解年老所带来的精神压力。因此，社区老年服务不仅要在物质上给予老年人帮助，还要创造和提供更多使老年人参与社会的机会，改变老年人的精神状态。此外，根据象征性相互理论的观点，老年人由于身心老化、原有社会角色中断，会容易产生自卑、多疑、易怒、悲观消沉与自怨自艾等低落情绪和脱离社会等问题，但这不是不可避免的，而是可以通过个人与环境的相互作用加以改变的，所以社区老年服务不仅要尽可能地对社会环境进行调适，使社会环境尽可能多地给老年人提供选择的机会，还要鼓励和协助老年人尽可能以积极主动的态度参与各种力所能及的社会活动，以减少“年龄”这个符号所带给老年人的消极影响。

2.3.9 老年次文化理论

“老年次文化理论”由罗斯于 1965 年首先倡导，该理论基于老年人及其相应环境的如下变化：

(1)老年人生理方面的变化

随着年龄的增长，老年人的身体机能会逐渐呈衰退趋势，表现为老年人身体衰弱，行动不便，反应迟钝等变化，而这些变化会妨碍老人与年轻人的交往。

(2)年轻人对老人的看法和态度

社会上有不少年轻人对老人持歧视甚至反感的态度，不愿意与老人一起活动或深入交往，这增加了老人之间的互动。

(3)社会化在各个年龄段有不同的目标

科学研究表明，个人的社会化在人的生命周期中具有阶段性的特点，在不同阶段有不同的社会化内容。因此，处于各个年龄阶段的个体，社会化的目标互不相同，所以就会产生互相不同的次文化。

基于上述背景，老年次文化理论认为：

第一，老人由于身心健康、社交能力等各个方面的衰退，在适应环境方面和年轻人相比有更多的困难，这种状况会导致老年人之间的互动比他们与其他年龄组的互动多。也就是说，老年人会觉得与跟自己年纪差不多大的人比较合得来，更愿意与老人交往，和年轻人会因为兴趣及价值观等不同而合不来，这样就会产生老年次文化，即老人独特的价值观点、态度取向以及行为。这种文化与其他年龄组的社会群体的文化有差别，是对社会主文化的补充。

第二，老人参与老年次文化需视老人团体的聚合程度、该团体与整个社会接触的实质及程度以及老人对文化的抵触程度等因素而定。老年次文化很重视身体健康、医疗保健等，对于职业、教育程度等内容则较不关心。老年次文化理论对老年社区服务工作的指导意义是，社区内各养老组织或机构在制订服务计划时，要根据老年群体所遵循的价值标准和行为规范来设计服务项目和服务方式，并尽量避免将其他年龄群体的文化强加于老人身上。

2.3.10　自组织理论

“自组织理论”是由德国哲学家康德首次提出的，他将自组织的自然事物总结为：每一个部分都是在其他部分作用下才存在，每个部分相互作用，彼此影响，最终形成了一个整体。普里戈金(Prigogine)的“耗散结构论”认为，自组织系统指能够从无序走向有序，无需外界特定指令而能自行组织、自行创生、自行演化，能够从无序走向有序，形成有结构的系统。而与之性质相对的另一类系统则被称为“被组织”，即不能自行组织、自行演化，不能自主地从无序走向有序，只能依靠外界的特定指令推动来向有序演化的组织。协同学的创始人哈根(Haken)认为，如果一个体系在获得空间、时间或功能结构的过程中没有外界的特定干涉，我们便说该体系是自组织的。这里“特定”一词是指获得的结构或功能并非外界强加给体系的，而外界是以非特定的方式作用于体系的。自组织理论揭示的是宏观事物通过内在各部分相互作用和彼此影响而发展、运动、变化的一种内在机制，它是事物通过内部自发自主地运动走向一个整体的过程或结果。

第3章 国内外社区养老管理模式

20世纪60年代，西方国家提出了在“合适的环境中养老”(Aging in Place)的理论，英国首先推行了社区老年照顾服务(Community Care for the Elderly)。此后，西方发达国家纷纷效仿，到20世纪80年代，已走向成熟。社区照顾服务涉及照顾范围、内容和提供照顾的主体，即“社区内照顾”和“由社区照顾”。“社区内照顾”指在社区内提供健康和个人服务；“由社区照顾”指由社区内的家人、志愿者和私人部门提供照顾。

随着社会服务中“社区照顾”“责任分摊”“市场消费者权益保护主义”理念的盛行，政府开始把其责任重点放在健康、教育、社区保障和社会照顾(私人社会服务)上，其中健康服务大致可分为基础、中级和高级服务，基础照顾包括由社区提供的服务。因实际情况不同，各国在老年社区服务中存在的问题及需要改进之处也不尽相同。美国自1981年开始推行家庭医疗补助和社区服务计划(HCCBS)，但它并不能很好地满足弱势群体和大多数依赖药物的老年人的需要，主要原因是：①服务范围有限，HCCBS仅包含基本服务和重症照顾服务；②该计划仍沿用“经纪人”照顾模式、许多小型的服务由代理人代为管理；③HCCBS服务的提供者是靠服务费用来获得酬劳的，这就降低了服务者成为最合适的服务提供者可能性、机构协调照顾服务的积极性和管理照顾服务的灵活性。

在英国，志愿者机构与服务供给的本质在随着它们所在地的宏观变化和当地环境的变化而发生变革，这加剧了以社区为基础的服务供给的地区不公现象，使不同地区依靠服务的人群在健康和社会照顾方面得不到公平的待遇。在澳大利亚，构成由公众资助的长期照顾体系的社区照顾和机构照顾出现了重新平衡的迹象，机构长期照顾不会像社区服务和医院那样受制于预算的削减。在这种情况下，逐渐扩展的机构照顾似乎在预示社区服务预算的愈发不确定性，使得那些依赖社区服务、在原处养老的人开始考虑在机构养老。

3.1　国外养老管理模式

3.1.1　日本的社区养老模式

日本是最后一个进入人口老龄化的工业化国家,却是全球老龄化进程最快、老龄人口比例最高的国家。进入新世纪以后,日本人口老龄化趋势进一步加剧,已成为制约日本经济发展的重要因素之一。日本人口老龄化的影响主要有劳动力减少,企业成本上升;储蓄率呈递减趋势,资金供应紧张;医疗费用剧增,社会负担沉重;人口迅速老化,养老金制度难以为继。据统计,现今日本65岁以上老龄人口已占到总人口的1/5。随着出生率的下降及平均寿命的延长,日本人口老龄化问题将更加严重。日本政府在基本解决了老年人的经济、医疗保障问题后,将目光投向了如何更好地解决人数日益增多的老年群体的日常生活护理照料问题,并由此建立了以“年金—医疗—护理”为核心的老年福利体系和以家庭养老为中心、以社区老年服务为补充的老年服务模式。日本经历的老龄化过程、老年福利制度的演变及应对老龄问题的思路、措施等,为我国提供了很好的借鉴。

3.1.1.1　社区老年服务的内容

(1)访问指导工作。对于40岁以上的卧床病人、痴呆孤寡老人及其家人,社区服务人员提供定期上门服务,以了解病人的病因、康复手段、对事物的理解能力、言语表达能力,观察病人有无褥疮、肌肉萎缩、精神异常、视力与听力障碍及生活自理程度等情况,并做详细评估记录。

(2)访问护理服务。包括对病人与老人进行生活护理、输液、注射、换药、送药品、病情观察等多项服务,其中机能训练的服务对象包括因疾病或负伤导致肢体功能低下、有孤独症倾向者。在指定的时间地点,服务人员将服务对象组织起来进行体格检查、功能锻炼、集体进食和各项娱乐活动,以锻炼服务对象的身体机能,更重要的是促进病人的心理健康。

3.1.1.2　社区养老组织形式

(1)以政府力量为主,服务人员由政府人员与民政人员组成。目前,社区养老组织占到养老服务力量的60%～70%。但此举在保障服务的同时也会使国家公务员数量增多,从而加重国家和地方政府的负担。

(2)政府资助下的民间组织,如社会福利协会、社会福利商社、社会福利法人等。这类组织在市场机制的运作下,服务质量和服务效率较高,发展速度较快。

(3)志愿者。主要是家庭主妇、大学生或部分健康老人。志愿者的服务分为免费和收取低廉费用两类,主要为陪伴聊天、送饭和一些轻体力的服务。

(4)企业式养老服务。这种方式来源于美国,指企业通过保险金的方式获取资金,以低收费服务老人。它将成为未来日本老年服务的主要形式之一,弊端是企业有可能为追求经济利益而降低服务质量。

3.1.1.3 看护保险制度

看护保险制度属于老年福利服务体系。日本在2000年4月1日出台了《护理保险法》,标志着其保险制度的正式实施,它是由整个社会支持需要看护的高龄者的强制性保险制度。需要者可根据自身情况选择所需要的看护服务。该保险制度的承保对象分为两种:65岁以上人群可以成为一等被保险者;加入医疗保险的40～64岁人群可成为二等被保险者。在保险费用的收取方面,65岁及65岁以上人员的保险费是从这些人的退休金中扣除,由管理医疗保险的官员负责收取;40岁至64岁的被保险者的医护保险费与其健康保险费一同收取,此外还必须承担所接受服务费用的10%。日本的看护保险制度规定,40岁以上,居留资格在一年以上,办理了外国人登录者必须加入看护保险,65岁以上者为第1号被保险者,40岁至64岁的加入医疗保险者为第2号被保险者。第1号保险者和第2号保险者的保险费计算和缴纳方法、享用保险金支付(接受服务)的条件有所不同。保险费的缴纳方面,制度规定:65岁以上者,如每年领取的老龄年金(养老金)和退职年金(退休金)在18万日元以上,则从该年金中自动扣除保险费,其他情况者可向市、町、村个别缴纳;40岁至64岁者,与医疗保险费一并缴纳。

接受看护服务的一般都是卧床不起或智力低下的等日常生活困难者,须首先向主管部门申请认定。申请由本人或家属提出(手续可由家庭看护支援事业者、看护保险设施等处代理),并由主管部门职员等进行家庭访问,调查本人的身心状况。利用保险接受服务时,原则上本人负担费用的10%。在设施接受看护时,还须支付伙食费。

不同年龄的老人接受看护服务的种类也不同。65岁以上者可以接受全部服务,共计18种,具体包括:①家访看护,服务人员定期家访,帮助料理家务等;②清洁服务,服务人员定期到家帮助被保险者洗澡等;③家庭理疗、医务人员定期到家服务,帮助被保险者进行身体机能恢复运动等;④医务人员家访,为老人进行身体检查和营养指导等;⑤全天看护,在看护设施内为被保险者提供当天的各项服务;⑥痴呆病人的集体设施看护;⑦自费老人设施内的看护;⑧轮椅等医疗器材的使用及特殊器材的费用补助;⑨医疗所需的住宅改修费用补助;⑩对家庭看护的支援,等等。40岁至64岁者仅限于为因衰老而出现的15种疾病提供的看护服务,包括12种可在家提供的服务如家庭看护支援、家庭服务以及3种设施服务,如购买福利用具、改善住宅等。

3.1.1.4 日本社区养老的经验

(1)养老保障法律化。日本政府早在20世纪50年代末就开始通过立法解决养老问题。1959年的《国民年金法》解决了老年生活的经济来源问题;1963年的《老人福利法》和1982年的《老人保健法》解决了老年医疗保健的后顾之忧,确立了居家养老的老年福利方向。2004年的《看护保险制度》在解决老年人护理照料负担的同时,构筑了社会参与的家庭养老体系,由此形成了多方位的老年福利体系。

(2)加强护理人员的培训。实际上,老年人康复护理比医疗更具意义。看护护理工作能否取得良好效果,很大程度取决于看护护理人员的素质、技能。因此,在建立看护制度的同时,应加强对护理人员的培训,保证护理工作的顺利实施。1987年,日本政府颁发了《社会福利士及看护福利士法》,规定看护福利士应具备的工作能力和专业技术知识能力,并推出了资格证书制度。1992年制定的《福利人才确保法》,从法律上对福利人才的培养及其应有的经济、社会地位予以保障。这样,日本的社区老年服务在完备的法律制度保障和具备技术知识及能力的专业人员的大力推动下,顺利地开展了下去,并不断优化。

3.1.2 英国的社区养老模式

英国是一个高度发达的福利国家,有90%左右的人口居住在城市或城镇,2000年英国家庭人均年消费支出折合人民币约12万元。在这个经济发达的国家,社会福利制度覆盖了国民保险、国民保健、住房、教育和个人福利的方方面面。英国政府发放的各种津贴补助名目繁多,约有40多种,其中包括产妇津贴、儿童津贴、寡妇津贴等。然而,这个经济发达的福利国家同时也是人口高度老龄化的国家。约20年前,英国65岁以上的老年人口就已经占全国总人口的15%,远远超过了国际公认的7%的老龄化标准,是世界上老年人口比例最高的国家之一。随着现代化的发展,英国政府开始面对老年人推行社区照顾的模式,并取得了相当不错的成效。

3.1.2.1 英国的社区照顾

所谓社区照顾,是指在社区中由社区各类人士合作去为有需要的人士提供照顾,以求在社区环境中改善居民的生活,使有需要的人士在他们自己的家或似家一般的环境中受到帮助。“有需要的人士”涵盖的面非常广,主要是指老、弱、病、残者及儿童。英国社区照顾的对象并非仅仅是老年人,但是,在养老问题上最能体现其特色。就老年人而言,社区照顾已成为区别于传统养老的一种新型模式。这可从社区照顾的概念、内容、服务体系及特点上窥见一斑。英国有关社区照顾的法令明确指出,要在社区内对老年人提供服务和供养,以便使他们尽可能过上独立的生活。

社区照顾实际上包含社区内的照顾和社区照顾两个概念。社区内的照顾就是运用社区资源,在社区内由专业工作人员进行照顾,如利用社区中的服务设施,对孤老及生活不能自理的老年人进行开放式的院舍照顾,老年人可以随时走出院舍,进入他生活的社区;社区照顾就是由家人、朋友、邻居及社区志愿者提供的照顾,如为有各种需要的老年人提供家庭服务,这样老年人便不用脱离他们所熟悉的社区环境,能够过正常人的生活。

3.1.2.2　社区照顾的内容

(1)生活照料。分为四种形式:①居家服务,是对居住在自己家中,有部分生活能力,但又不能完全自理的老年人提供的一种服务,具体服务内容包括上门送饭、做饭、打扫居室衣物、洗澡、理发、购物、陪同上医院等项目。从事居家服务的工作人员有志愿服务者,也有政府雇员,他们的服务或免费,或收费低廉。收费标准由地方政府决定,在老年人能够承担的范围之内,不足部分由政府开支。目前,英国约有 13 万人从事这一服务工作,约 10%的 65 岁以上的老年人接受这一服务。②家庭照顾,是生活不能自理、卧病在床的老年人,在家接受亲属全方位照顾的形式。政府发给老年人与住院同样的津贴,使家庭在照顾老年人时有了一定的经济保证,现在英国有不少老年人就生活在亲人的照顾与关怀之中。③老年人公寓照料,是对社区内有生活自理能力但身边无人照顾的老年夫妇或单身老年人提供的一种照顾方式。老年人公寓由二居室组成,生活设施齐全。公寓内设有"生命线",一旦老年人感到不适,只要拉动生命线就可获得救助,老年人可以在公寓内过自在的生活。老年人公寓收费低廉,但数量有限。④托老所照料,包括暂托所和老年人院。如家人临时外出或度假,无人照料的老年人便可送到暂托所,由工作人员代为照顾,时间可以是几小时或几天,最长一般为两周,不超过一个月;而对那些生活不能自理,又无人照顾的老年人,则可送入老年人院,老年人院是分散在各个社区中的小型院舍,这样老年人可以不必离开他们所熟悉的生活环境。目前,英国各地约有 600 多个托老所,可提供 3 万多个床位。

(2)物质支援。地方政府或志愿者组织用专车供应热饭,每年约有 3000 万份热饭直接送到老年人的家中,2000 万份送至各托老所和老年人俱乐部中。为帮助老年人在家独立生活,地方政府负责为他们安装楼梯、浴室、厕所等处的扶手,设置无台阶通道和电器、暖气设备等设施,改建厨房和房门等。政府对超过 65 岁以上的纳税人给予适当的纳税补贴,住房税也相应减少。在英国,66 岁以上的老年人可以享受国内旅游减免车、船票的权利,电灯、电视、电话费和冬季取暖费也有优惠待遇。

(3)心理支持。保健医生上门为老年人看病,免处方费;保健访问者上门为老年人传授养生之道,如保暖、防止瘫痪、营养及帮助老年人预防疾病等知识,每年约有60万老年人接受此类访问;还有家庭护士上门为老年人护理、换药、洗澡等。另外,政府还规定了为老年人提供视力、听力、牙齿、精神等方面的特殊服务。

(4)整体关怀。由英国政府出资兴办具有综合服务功能的社区活动中心,可以为老年人提供一个娱乐、社交的场所,中心定期派专车接送行动不便的老年人。为帮助老年人摆脱孤独,促进心智健康,适当增加老年人的收入,社区为老年人提供力所能及的钟点场所——老年人工作室,每日2小时左右。另外,也有一些志愿工作可供老年人参与。目前,英国约有20%的老年人参加了各类志愿者组织。英国各个社区经常举办各种联谊会,提出带老年人到乡间去郊游的口号,人们自愿组织起来和孤老交朋友,利用休息日和他们谈心,用自己的车带他们去郊游,或请他们到家中来喝茶,为老年人的生活增添乐趣。地方政府每年也会帮助约36000名老年人外出度假。

3.1.2.3 社区照顾服务管理

英国社区照顾的服务体系主要由经理人、主要工作人员和照顾人员组成。经理人为某一社区照顾的总负责人,主要负责资金的分配、人员的聘用及工作监督。主要工作人员负责照顾社区内一定数量的老年人,为他们发放养老金,了解老年人的需要并解决一些重要问题。照顾人员是受雇直接从事老年人生活服务的人,多为老年人的亲人和邻居,政府给予他们一定的服务补贴。

3.1.2.4 英国社区养老的经验

(1)政策引导。英国政府既制定社区照顾这一社会福利政策,又订立具体的措施,以使社区能切实地承担起这一职能。20世纪70年代,社区照顾在英国各地已相当普及。90年代初,英国颁布了《照顾白皮书》和《国家健康服务与社区照顾法令》,进一步强调社区照顾的目标是在“自己的家或像家似的环境中供养人们”。

(2)政府出资。英国的社区照顾在财政出资上完全体现了以政府为主的特点,很多服务设施都是由政府资助的,社区、家庭和个人的支出不多。

(3)依靠社区。英国的社区照顾主要立足社区、依靠社区,以社区为依托,各种服务设施都建立在社区中,且社区照顾的方式会尽量与老年人的生活相融合。

(4)体系完整。各种社区照顾的机构既有政府出资社区承办的非营利性的机构,也有私营的、商业性的服务机构。提供服务的既有政府雇员,又有民间的专业工作人员和志愿服务人员,形成了多主体、多层次的服务体系,以满足不同情况的老年人的需求。社区照顾与传统的家庭养老和集中院舍养老相比具有很大的优越性，它融合了传统的家庭养老和院舍养老之长，更符合人道的原则，更注重对老年人心理和情感上的关怀，使老年人过上了正常的生活，提高了老年人生活的质量，真正体现了老有所养、老有所医、老有所乐、老有所为，不愧为一种新型的养老模式。

3.1.3 美国的社区养老模式

3.1.3.1 美国的退休社区

退休社区在美国被认为是老人退休后的一种住所选择。美国老人会根据自己的年龄和身体状况挑选自己的住房和环境渡过余生。美国退休社区的建设主要根据人口结构变化而确定。在未来25年美国人口中增加最快的将是年过85岁的单身妇女；此后20年，增加最快的将是65～74岁的老人，这些人在体能上还是比较健康的。那些80岁以上的老人将成为以“提供医疗服务为目的”的退休社区的主要居民，而60～70岁的健康老人将成为以“提供休闲生活为目的”的退休社区的居民主力。

老人退休社区向老人提供五种基本服务形式：退休新镇、退休村、退休营地、老人照顾中心和继续照顾退休社区。前三种是以提供休闲生活为目的的退休社区，后两种是以提供医疗服务为目的退休社区。退休新镇与退休村是由私营开发商营建的大型的退休社区，它适合那些较年轻的、能够自己照顾自己的老人。

(1)退休新镇一般建于美国的阳光地带，如佛罗里达、得克萨斯、新墨西哥、亚利桑那、加利福尼亚等州，那里阳光充足、气候适宜户外活动、物价低廉，吸引着全美各地的老人在退休后迁徙定居。退休新镇中最有名的例子就是太阳城，太阳城是世界上最大的退休社区，人口高达4.6万，有2.5万座老人住宅。退休新镇里有满足老人健身、休闲、购物、医疗需要的各种服务设施。在外观上有全封闭的老人退休社区，其周围有围墙保护，也有开放式的老人退休社区，外人可以自由出入。

(2)退休村的面积要小于退休新镇，是在社区中专门为退休老人建设的住宅。退休村的居民年龄严格限制在60岁以上，且必须是受过教育、财政状况良好的老人。退休村内部不再构建健身、医疗服务设施，而是利用社区已有的医疗、零售、健身设施。

(3)退休营地有两种建筑形式：开发商建造的固定的常规服务设施和供家庭房车(移动家庭)使用的小块土地。那些拥有家庭房车的老人可以在营地租一块地皮，让移动家庭有个暂时栖身之处。退休营地一般建造在自然环境好的国家公园和河流附近，里面专门规划了供流动家庭使用的生活、娱乐、健身设施，并严格限制18岁以下的年轻人进驻。比起退休新镇和退休村，退休营地因造价低廉、设施简单，房租相对便宜，它是为那些不喜欢固定居住在一个地方的老人提供的一种特殊退休生活社区。

(4)老人照顾中心是以不同程度地依靠州或其他赞助机构提供的经费兴建的养老院。中心为老人的生活提供了一个更为舒适、安全的生理和心理社会环境。中心内有洗澡间、厨房和公共食堂，还有清扫屋子的工人和服务人员，可以提供交通工具，也有简单的教育和医疗设备。老人照顾中心的住户多为75岁以上的单身妇女，这些人从前就在周围的社区生活，因健康或其他原因，她们的亲属将她们送到这里来生活，以便得到更好的照顾。在中心，她们可以免去每天开伙、购物、洗衣、打扫卫生等日常家务。老人照顾中心均由非营利机构或政府帮助兴建，花费根据不同情况而定，并由联邦政府、州政府、地方政府提供补贴，宗教机构、慈善机构也对这类机构提供资金援助。

(5)继续照顾退休社区分两种形式：终生照顾社区和接近终生照顾社区，前者保证居民在需要照顾时一定能得到照顾，后者只保证居民在等待床位时能得到优先照顾。继续照顾退休社区的居民年龄都在80岁以上，基本上属于临终关怀，男女比例为1∶2。在终身照顾社区里也设教堂、食堂、美容店、理发店、快餐店、图书馆、便利店、礼品店以及信息中心，为老人提供服务。这类社区原来多数由非营利组织兴建，近年来也有一些私营机构加入其中。

3.1.3.2　自然退休社区与居家援助式公寓

(1)自然退休社区。通常指老年人口集聚的社区，但这些社区并非像我们前面提到的五种刻意为老人的退休生活设计的社区，而是让老人在退休后仍然在自己熟悉的社区生活和养老。据统计，美国大约有27%的年过55岁的老人居住在自然退休社区，只有5%～7%的同一年龄段的老人居住在规划的老人社区里。

自然退休社区有其外在特征，它可以是公寓或共有公寓楼，也可在街区或邻里、老城区、农村小城镇。从人口构成角度看，自然退休社区分为只留老人的社区和居住在此直到去世的社区。只留老人的社区一般指因经济衰退不好找工作，年轻人出走、只剩下老年人的社区，老年人或因故土难离，或觉得生活在别处费用太高而留下，久而久之，社区中只剩老年人口。这有点像中国的空巢社区，但美国的空巢社区有其社会特征：犯罪率高，房屋破旧，老人得不到应有的医疗和社会服务。

居住在此直到去世的社区则不是因年轻人出走而形成，而是由于老年人流动性低。这个社区的特征是老人家境很好，居住条件也不差，他们打算在这里度过余生，但面临的是不能独立生活的问题。因为美国家庭的子女没有赡养老人的义务，这就需要社会向老人提供养老服务。过去老人退休后倾向于卖掉住房、搬到气候宜人和生活指数高的南部城市，也就是到发展商规划的退休老人社区中去居住。而现在老年人寿命普遍增加，活动能力依然很强，他们渴望参与社会活动和结交新朋友。因此，老人中出现一种新的住房意向：愿意居住在自己家中或在曾经居住过的社区养老，或卖掉大房子，搬到靠近子女的地方，或在社区兴建的居家援助式老人公寓中安度晚年。

由于自然退休社区不是专为老人设计的退休生活社区，因此缺少向老人提供的医疗健康服务和社会服务，还缺少老人独立生活必需的生活辅助设施。为解决这个问题，纽约市政府拨款资助自然退休社区内的老人服务设施建设，内容涉及社会项目管理服务、老年病人护理、家庭服务等。社会项目管理服务会同医院监督出院计划，为老年人提供情感和精神健康状况的咨询，安排金融和法律咨询，为慢性病患者提供帮助，监督紧急救援系统，评估家庭护理服务，目的是让老人能继续在干净、体面的家中安度晚年，并且更有效地利用有限的公共资源来提供优质服务，通过社区志愿者的活动增加社区凝聚力。

(2)居家援助式老人公寓。鉴于自然退休社区为老人提供服务的设施不全，纽约市的一些私营公司开始建造居家援助式老年公寓，供家境比较富裕的老人选择。居家援助式老人公寓是一种适合 75 岁以上、生活尚能自理的老年人居住的建筑，在这里生活的老年居民将拥有一套具有单独卫生间、单独厨房的套间。这里居住的老人不需要 24 小时的医疗照顾，但有专门的服务人员上门做室内清洁，并可提供穿衣洗澡和膳食等服务。

与医疗设备完善的养老院相比，居家援助式老人公寓节省了居住者的开支、增加了居住者的自由度，因而受到越来越多的老人欢迎。纽约市 65 岁以上的老人中有 19%年收入超过 5 万美元，他们有能力支付比普通公寓提供更多居家服务的老人公寓，这也是居家援助式公寓大行其道、出现供不应求局面的原因。传统的养老院中通常是由两位老人合住一个房间，中间用一块帘子隔开，活动和膳食服务都有严格的时间安排；而居家援助式老人公寓中，老人们可以选择自己开伙或是让服务人员提供每日三餐，相比之下，后者更具灵活性。以前纽约市的法律禁止公营公司经营居家援助式老人公寓，因此私营公司成为建造居家援助式老人公寓的主力。

3.1.3.3 美国社区养老的经验

20 世纪 80 年代后，美国的《社会福利法案》将一些社会服务纳入地方政府管辖，联邦政府给地方政府的拨款减少，这些新变化对非营利机构经营的养老院产生了很大影响，各养老院为争取资金援助竞争非常激烈，小的社会服务机构往往被大的社会服务机构挤到一边，得不到地方政府的资助，因此他们只有寻求私人资金，转变成经营养老机构的私营公司，“居家援助式”老人公寓就是在这样的背景下出现的新生事物。美国的非营利社会服务之所以转向市场而不是慈善事业，是因为福利国家的形式带来了政府的财政危机。目前，美国保守主义仍处于高潮，反社会福利势力十分强大。因此，营利性的服务机构只有通过资本化经营拓展其市场份额，向比较富裕的社会阶层提供符合他们需求的养老方式，这不失为一种好的方式。从长远来看，美国社会从事社会服务的机构将是营利与非营利同时存在，由私人保险公司、政府补贴、服务收费和慈善事业等多种经营形式同时支撑这个多元的社会养老体系。

3.2　我国的城镇社区养老模式

3.2.1　家庭养老

家庭养老指主要由家庭成员尤其是子女来赡养照顾老人的方式。家庭养老的优势在于：①利用家庭既有的各种资源进行养老，经济成本较低；②老年人可以贡献他们充足的时间以及丰富的人生阅历，子女则可以奉献他们的经济能力、充沛的精力和体力，从而使两代人受益；③老年人可以获得充分的家庭温暖和社会支持，有利于老年人的心理和精神健康。同时有文献报道，因老年人特别是高龄老人或认知能力受损的老人对陌生环境的适应能力降低，更换生活环境易导致意外事故的发生，而家庭养老可以较好地避免这一情况。然而，随着社会经济的发展和人口老龄化社会的到来，虽然我国老年人多数仍选择家庭养老，但这种养老方式正面临越来越多的挑战。无论是国内还是国外，家庭规模逐渐趋向小型化、核心化，同时社会的发展也带给家庭中年轻一代更大的竞争压力和生活压力，由家庭担负的养老责任正在逐渐弱化。

3.2.2　虚拟养老社区

利用网络和电话，就可以在自己家里享受到社会机构的专业化、标准化的上门养老服务，这是“虚拟养老社区”模式设想的初衷。目前，有些城市已经在探索建立“虚拟养老院”——以信息技术为平台，以各类服务加盟商为支撑的虚拟养老社区。虚拟养老社区以政府为主导，依托电信企业研发服务系统，选择有实力的养老服务企业作为主运营商，并整合优秀的社区服务企业加盟，通过家政服务、医疗保健、应急救助、物业维修、人文关怀、娱乐学习等类型的服务项目，为居家老人提供统一规范的标准化、专业化、亲情化、全方位、全天候的养老服务。虚拟养老社区要走市场化道路，整个养老社区的运营由一个以提供老年人日常生活照料服务为主的养老服务企业承办，同时吸收具有一定服务实力、管理水平和良好信誉的社区服务小企业加盟，进而组建紧密型的社会化养老服务体系，为老人提供24小时的主动、快捷的服务。

3.2.3 社区照顾

3.2.3.1 居家老人照料

依托社区的居家老人照料也被称为“居家养老”，就是指老人虽然住在家里，但是享受的不是传统意义上自己照顾自己的家庭养老，而是由社区在日常生活照料方面为老年人提供的廉价、优质的全方位服务。这种新型的依托社区的居家养老方式集中了传统家庭养老与机构养老的两方面优点，既减轻了老年人及其家庭的经济负担，满足了老年人的“恋家”情结，又节省了养老福利资金的投入，是适应我国“未富先老”的人口老龄化特点的社区养老方式。

居家养老服务分为上门照料和日托服务。上门服务主要分为家务型服务和护理型服务，主要满足老年人的日常生活照料需求，如陪老人上街购物、为文盲老人念报写信、做清洁料理等。日托服务指在居家养老日托服务中心里，老人白天可以在专业人员的指导下进行读书、娱乐等活动，与志愿者聊天解烦、排遣寂寞，向专业的医疗和法律人士咨询疑难、化解矛盾；到了晚上，老人们回到各自家中与子女共享天伦之乐。目前，我国的居家养老服务主要由政府的民政部门负责，由各个街道成立居家养老服务中心，或在社区内成立居家养老服务站，由服务中心选择符合要求的养护员，为老人提供上门的服务，利用义务(志愿)服务和便民网点，使老年人在家即可获得社会化的养老服务，很多地方已经开始进行依托社区的居家养老方式的探索和试点，且政府积极为此埋单。以社区为依托的居家养老服务中心提供的服务内容有买菜、做饭、健康护理、文化教育、咨询、慈善救助等，其中近半数的服务项目是免费的。

3.2.3.2 社区养老机构照料

居家养老是我国大多数老人选择的养老方式，但是家庭结构的变化和孤寡老人数量的增多，使社区养老机构成为社区养老模式中一个不可缺少的组成部分。虽然它没有居家养老那么重要，但是作为居家养老方式的辅助，它也有着自己的优势。尤其是社区医疗保健机构在社区服务中已经具有越来越重要的地位，老年人对社区医疗服务的需求也在不断增多。

社区养老机构照料主要包括两个方面：一是兴办福利机构，举办社区养老院、敬老院、托老所、老人公寓、老人新村等社会福利机构。这是满足社区内老年人生活需求的一个重要途径，也是社区养老服务的重要内容。在这些福利机构内部，可以根据老年人对居住条件的不同需求，设计不同层次的住房和生活设施；老年人也可以根据自己的经济状况和家人的不同需求选择进养老院、老年新村或老年公寓托老。二是建立社区老年医疗保健机构。为方便老年人就诊和康复保健，应本着小病不出社区，健康保健日常化的原则，在社区内开设老年门诊、家庭病床、保健中心或兴建老人医院、老年康复保健站等，以避免老年人在病中挤车、排队、耽误治疗和日常健康保健无人指导的情况，有利于老年人的身心健康。

3.2.3.3　社区福利机构

社区福利机构就是把养老院、敬老院建在本社区内，避免老人离开自己生活的环境去郊区或者离家很远的养老机构。它是集中养老的一种方式，其最大的特点是老人还是生活在自己所在的社区内。它能减轻年轻人照顾老人的压力，缓解家务劳动所带来的各种矛盾，使老人得到较为集中的照顾和有秩序的生活，而老人在院舍中可与同辈群体交流，这相当于建立了另一种社会支持网络，对老人的身体状况极有帮助。

社区老年医疗服务是以社区为范围，以家庭为单位，以健康为中心，以人的生命为全过程，以老年人为重点服务对象，集防、治、保、康为一体的综合服务，它主要由以全科医生和社区护士为主体的医疗卫生技术人员深入社区，为老年人提供基础的医疗保健服务，充当居民“保健医生”的角色。社区医疗服务在 20 世纪 70～80 年代传入我国，据调查显示，96.8％的群众认为这项卫生改革是十分正确的，它有利于保障和提高老年人的健康水平，很多人也把社区卫生服务带来的好处归结为“省时、省力、省心、省钱”八个字。

3.2.4　机构养老

机构养老是由专门提供养老床位的机构为老年人提供的院舍式、住宿式的养老服务，包括日常生活料理、卫生保健服务、群体活动、心理慰藉等，如今已逐渐被越来越多的家庭接受。我国的养老服务机构一般包括社会福利院和敬老院、老年公寓、老年康复机构、护理院、临终关怀机构等。社会福利院和敬老院是我国传统的养老机构，由政府开办或政府与集体合办，是为特殊老人提供养老服务的社会福利机构，主要面向城市无法定赡养人、无固定生活来源、无劳动能力的“三无”老人，敬老院则主要面向农村的“五保户”老人。老年公寓是专门为老年人建造的生活设施齐全、公用设施配套完善、可供老年人长期居住的养老机构。服务对象方面，有的老年公寓仅接收生活能够自理的老人，有的机构则可以接收生活部分自理或完全不能自理的老年人。老年公寓一般为非营利机构，但可向入住老人收取一定的费用满足机构运行成本的需要，盈余用于机构的进一步发展。除提供日常生活照料外，部分老年公寓还能够为入住老人提供一定的文化娱乐活动以及一定的卫生保健服务。老年康复机构、护理院主要收治患有慢性病如老年痴呆、中风偏瘫等的老年人，除了为入住老人提供看护照料之外，还要对老人进行康复治疗，收费远低于医院，此类机构在患有慢性病且长期需要获得医疗服务的老年人客户范围中具有巨大的发展潜力。临终关怀机构专门收留年迈久病、将不久于人世的老年人，主要以减少入住老人的身体和精神痛苦、进行姑息治疗和支持治疗为服务目标。目前，我国的大部分养老机构在功能和服务对象上存在交叉，难以清楚地按照老年公寓、护理院或者康复、临终关怀机构进行分类，多数养老机构中既有生活能够完全自理的老人，也有患有老年痴呆和中风瘫痪等慢性病、生活完全不能自理的老年人；在提供服务方面也是多元化的，既包括生活照料，也包括医疗护理、康复训练、文化娱乐、临终关怀等内容。

3.2.5 以房养老

"以房养老"指老年人在60岁以前购买住宅并获得全部产权，60岁退休养老时，把自有产权的房子抵押给银行或保险公司等机构，后者在对老年人（房主）的年龄、期望寿命、房产现值等进行综合评估后，每月给房主一笔固定的钱，房主继续获得居住权，一直延续到房主去世之后，金融机构将房产出售，所得款项用来偿还贷款本息。这种养老方式起源于荷兰，如今在美国以及欧洲的一些发达国家发展较为成熟，成为老年人有效的养老保障。这种养老方式牵涉到房屋产权、对房价的合理评估及未来价值的合理预测等问题，由于我国的金融和房地产市场还不十分成熟，这种养老方式在我国仍处于讨论、试点阶段，如上海市在2007年推出了"以房自助养老"试点，北京寿山福海国际养老服务中心推出了"养老房屋银行"项目等，但仅有少部分老年人愿意接受这种养老方式。

3.2.6 互助养老

国内还有部分老年人选择互助养老方式，依靠老年人之间在日常生活中的互帮互助满足老年人所需要的服务。青岛市四方区从2006年开始，选取了两个社区开始互助养老试点工作，建立了两个家庭式互助养老点，并为老年人配备娱乐工具、提供娱乐场地。这种方式具有互惠交换的性质，不需要额外花费，老年人也可以在这种彼此付出和奉献的过程中获得社会认同感和成就感，促进精神心理健康。但这种方式一般只适合于身体健康、行动自如的老年人，对生活不能自理或者患有慢性疾病的老年人则行不通。

第4章　老年体育与健康市场消费

体育消费指人们消耗体育物质产品和精神产品以满足发展和享受需要的过程。体育消费属于发展消费和享受消费，是人类生活消费中较高层次的消费。体育消费是社会生产力发展到一定阶段的产物，是现代生活消费的一个重要组成部分，具有十分诱人的发展前景。它是在人们在物质生活条件满足基本生活需要的前提下，为追求个体的发展与享受所引发的适应更高层次需要而作出的一种选择，是一种伴随着对体育功能主观再认识基础上的新型消费类型，也是个人在完成日常工作和必要的休息及家务劳动以外的闲暇时间里的个人消费行为。

4.1　体育市场消费

4.1.1　体育消费的类型

4.1.1.1　实物性产品消费

人们通过支付货币购买各种和体育健身活动有关的实物性消费资料(用于自娱自乐和在运动健身等体育活动中消耗的吃、穿、用、行等实物)的消费行为。

4.1.1.2　信息接收型消费

人们通过支付货币的方式而获得的各种与健身、健美活动及健康咨询有关的体育劳务的消费行为。如人们为参加各种各样的健身、健美、形体训练与健康咨询等所支付的相关各项指导或咨询等方面的费用。

4.1.1.3　观赏性产品消费

人们通过支付货币购买各种运动竞赛入场券、门票以及各种体育报刊、杂志、图书、音像制品、付费的体育节目等产品，以满足不同人群的感官刺激及猎奇心理为目的的各种体育消费行为。

4.1.2 体育消费的特征

消费者通常是以体育健身为载体，采取直接或间接参与的方式进行。从人们参与体育健身参与的性质来看，可以将体育健身划分成主动体育和被动体育（或媒介体育）。与此相对应，从消费的角度出发，则可以将体育消费者分成主动体育消费者和被动体育消费者。从发展体育健身的本质来说，主动体育消费是一种更为积极的社会体育行为，带有体育人口的性质。体育消费行为是满足人们消费需要的行为，这种消费是人们有意识地进行的，支付的资金属于人们可支配现金的一部分，这种消费行为是人们的一种理智性和可重复性的消费行为。

4.1.3 体育消费需求

体育消费需求的大小决定体育市场的速度、规模和效益。体育消费需求的基本要素包括：谁是体育产品和服务的消费者、为什么消费者要购买体育产品和服务、消费者希望在什么时候获得这些体育产品和服务、消费者希望在什么地点获得这些体育产品和服务、消费者是如何对体育产品和服务进行消费的。体育消费者分为大众体育消费者和商务体育消费者两类，大众体育消费者是体育产品的直接和最终用户，这些消费者产生的是参与性消费支出和观赏性消费支出。

4.1.3.1 体育健康知识培训

随着老年人科学健身意识的不断增强，大众传播媒体将成为老年人群获取科学锻炼知识的有效途径。老年人要科学地进行体育健身锻炼，就需要有一批能够较好地掌握体育健身理论与方法，具有对老年人体育健身进行辅导和帮助作用的健身指导员。

4.1.3.2 锻炼场所

老年人锻炼的场所主要集中在公园或空地，而在专门的体育场馆进行锻炼的老年人数量不多，主要是因为一些体育场馆进行有偿开放，使老年人的体育锻炼受到一定的影响。虽然随着《全民健身计划纲要》的落实，在不少街道、社区、公园都有一定数量的体育活动设施（如健身路径等），但这些设施尚无法满足老年人体育活动的需要。面对世界上最为庞大的老年群体，我国社会体育的发展应高度重视老年体育设施的建设。

4.1.3.3 运动服装

随着经济发展和消费水平的提高，老年人对运动服装的需求也在悄悄地发生变化。老年人开始偏好稳重中带点时尚的服装款式，并希望穿着舒服、穿脱方便。老年人的运动服装应与运动项目相匹配，并随着天气和季节的变化来着装，注意身体的保暖性。商家应善于挖掘信息，着力开发适合老年人体育活动特点的运动服装，以满足老年人的体育消费需要。

4.1.3.4　监测仪器

在老年人的体育锻炼中，人们大多数是盲目地跟随他人进行体育健身锻炼活动，并不了解自己的实际情况和要求，也不经常甚至从不对自己的锻炼过程和结果进行科学有效的监控和评定，并错误地认为只要参加体育锻炼就能获得健康，极少在专家的指导和监控下进行科学的体育锻炼。为避免这些误区，我们应积极地运用一些科学、简便、易于操作的生理指标和方法来对老年人的体育锻炼活动过程进行控制和监督，建立易于操作的、明确的、客观的健身健康评价指标，开发简单易行且价位不高的家庭式器材和监测仪器，以最大限度提高锻炼效果，提高老年人积极参与健身活动的意识。

4.1.3.5　运动处方

运动处方是指对以健身或康复为目的的体育锻炼者以体检资料（心肺功能为主）为基础，结合个人的特点，以处方的形式，制定出运动的频率、强度、性质、进度指标，从而达到更好的运动效果。运动处方不仅能提高老年人体育锻炼的效果，而且能避免运动中意外的发生。

4.1.3.6　运动营养品

我国是餐饮大国，在国际上具有很好的声誉，老年人运动营养品产业在我国的发展应该具有很大潜力。食物的作用和所含能量与人体需要的营养素的合理搭配是老年人非常关注的问题，相关人士应积极引导老年人重视运动营养，以使体育锻炼得到理想的效果。

4.2　老年体育消费

4.2.1　老年体育消费的需求特点

4.2.1.1　经济实用性

鉴于老年人在消费需求、收入水平和收入来源等方面的稳定性、消费倾向、消费行为等特点，老年人对支出持更谨慎的态度，对各种商品、服务的价格特别敏感，这使得老年人的消费水平一般要低于劳动年龄人口的消费水平。另外，且老年人的消费倾向比较低，因为在其消费结构中，基本生活必需品所占的比例比较高，消费弹性较小，因此老年人更适合消费经济实用性产品。

4.2.1.2　简单易操作性

老年人由于其身体、年龄等情况，进行体育活动时应以安全和身体健康为主。对于向高龄老人和生活自理能力较差或不能自理的老人所提供的医疗康复器械、场所等，设计应简单易用。

4.2.1.3　舒适耐用性

老年人的体育用品以舒适、耐用为标准，应为他们提供更多的适合其特点并具有稳定性的消遣、休养、娱乐的设施、健身器械和场所。如日本开发了许多适合老年人的新功能玩具，在娱乐的同时合理地帮助老年人进行体育锻炼，科学、有效和人性化地提高了老年人的身心健康。

4.2.2　体育消费条件

老年人的生活方式正在向发展型和享受型转变，为体育消费提供了前提条件。随着我国国民经济的不断发展和养老保险体系的不断完善，老年人经济收入稳定快速增长，购买能力不断增强。目前老年人思想有很大程度的改变，抛弃了“重积累，轻消费”“重子女，轻自己”的传统观念，花钱买健康、娱乐已成为一种时尚。很多老年人具有强烈的补偿性消费欲望，他们试图寻找机会补偿过去因条件限制而未能实现的消费欲望，而身体健康是他们进行消费的首要保证，因此他们并不吝啬于在健身方面消费。然而目前老年体育市场的开发是亟待解决的重要问题之一，老年人需要的老年体育消费市场并未得到应有的发展。我们应该开拓发展老年人体育消费市场，以满足老年人的体育消费需求，并带来一定的经济效益。

4.2.3　体育消费的项目

老年人进行体育消费的内容主要是一些符合其生理、心理特点，强度较小的项目。调查发现，老年人体育健身的主要项目是散步、慢跑、爬山、武术、气功、羽毛球、跳绳、游泳、篮球、舞蹈韵律操等。其中，散步和慢跑已成为老年人日常锻炼的首选项目。这种项目不受场地器材限制，不受技术限制，且有较高的锻炼价值，因而受到老年人的普遍推崇。爬山锻炼的老年人人数也很多。天然的地理环境，自然地给广大市民提供了爬山锻炼、欣赏自然景色、娱乐身心的好条件。武术和气功分别排在老年人喜爱的运动方式榜单的第四和第五位，武术运动有着深厚的群众基础，而气功作为一种刚柔并进的体育运动项目也深受老年人的喜欢。从总体上看，这些项目对场地条件的要求都不高，所需费用较少，同时也与老年人的身体状况相适应。

4.2.4　体育消费的场地设施

体育消费离不开活动的场所，老年人平时最喜欢的体育活动的场所按程度由高到低排列依次是社区公共体育设施、公园、公共空地、学校体育设施、自家庭院、公共体育场馆、收费性体育场馆等。前五种场所都是不用收费或者是收费很少的场所，这些场所的共同特点是都在户外，这与发达国家的老年人多数在场馆内锻炼的情况形成了两种不同的锻炼景观。公共体育场馆和收费性体育场馆列在最后两位，这显示老年人大多趋向于在不收费或少收费的地方活动，由此反映出了室内体育设施的不足以及老年人对收费性体育尚难以全面接受的心态。

4.2.5　体育消费动机

4.2.5.1　精神寄托

老年人离退休后，由于种种因素会产生失落感和孤独感，这就要求老年人改变生活方式，寻找精神寄托。老年人进行体育消费可以解除生活孤独，他们积极地参加各种活动，与人进行交流，在融洽的氛围中充实自己的闲暇时光。

4.2.5.2　保持健康

老年人或多或少都有一些疾患。当前大多数老年人把健康放在第一位，为了防病治病，追求延年益寿，老年人将目光投向集娱乐、健身于一体的体育活动，选择用体育运动来强身健体，保持健康。体育融入老年人新生活方式的最大优势是它可以积极地生产健康，从而刺激了体育消费。绝大多数的老年人把体育消费看做是保持健康的途径。首先，适量的运动可以从一定程度上延缓身体各个器官的衰老。其次，体育锻炼可以增强自身的免疫力，改善个人体质，起到延年益寿的效果。再者，体育运动还能从不同程度调节人体的紧张情绪，使老年人保持乐观的心情。

4.2.5.3　满足心理

老年人在进行体育消费的过程中还可以实现自己的价值，满足心理需要。中国老年人中，认为体育消费是一种消遣娱乐的占大多数，这种消费动机相对于其他动机而言层次性较高，它预示着在基本物质生活水平日益提高的基础上，老人们的体育消费观念发生了转变，“花钱买健康”成为共识，老人们更加追求需求性体育消费和精神性体育享受，对“健康投资”和“健康储备”的理解也更加全面。

4.2.6　体育消费态度

体育消费态度是人们对待某一体育商品（或服务）或从事体育消费活动前的心理倾向性，它能影响消费者消费决策和行为的方向。中国老年人体育消费现状调查显示，对体育消费持正面态度的老年人在安徽省占 96.3%，在山东省占 91%，在陕西省占 66.1%，在西安市占 92%，在北京市海淀区占 66.74%，在桂林市占75%，这说明多数老年人认为进行体育消费值得，在观念上已达成共识。但老年人的体育消费水平比较低，因为部分老年人虽对体育消费持肯定态度，却没有实际的消费行为，这部分人有消费的意愿，只是因为受经济或其他方面原因的影响，暂时没有参与体育消费。

4.2.7 影响老年人体育消费的因素

(1)宏观因素。在经济发展水平比较低的时期，人们的消费只能满足基本的生活需要，而随着经济发展，人们的收入水平随之提高，用于发展和享受的消费也会逐步增加，体育消费自然会增加。

另外，体育产业的发展也离不开政府的支持，它具有比较明显的公共物品性质，不能像第三产业中一般的流通和服务部门那样完全依靠市场化。政府部门不能只考虑体育产业的盈利性，还要考虑它的福利性和公益性并提供一些财政及政策支持。在这方面，很多国家的做法都是值得我们借鉴的。

(2)微观因素。促进老年人体育消费的因素主要是他们自身的需要。随着生活水平的提高，老年人对自己身体健康的要求也越来越高，这成为促进老年人体育消费的主要原因。

(3)体育用品宣传。现在的体育消费市场大多数都是靠体育明星来打响，这吸引了老年人的注意力，促进了优育消费。

(4)体育运动品牌。老年人通过电视广告和媒体也知道了许多运动用品，这激发了老年人的购买欲望，增加了老年人体育消费的动机。

(5)消费者收入。体育消费属于享受消费和发展消费。消费者的收入越少，其收入中购买食物的支出所占的比重就越大。按照马斯洛的需要层次论，人们必须首先满足生存需要，然后才可能追求发展及享受需要。收入多少往往在客观上决定着一个人选择怎样的方式进行体育消费。

(6)体育商品价格。价格往往是影响一种商品需求量最重要的因素。在其他因素保持不变的前提下，体育商品的需求量同价格呈反方向变化关系，即一种体育商品价格提高，其需求量减少；价格降低，其需求量增大。以游泳馆门票为例，假设门票价格是10元，此时其需求量可能是100张；当门票价格是20元时，其需求量可能只有40张。但某些高档体育商品的需求量不但不会随价格的下降而增加，反而会因价格的下降而下降。例如高档体育项目中的高尔夫球运动，在一定程度上已经成为身份与地位的象征，这类体育商品往往拥有一群较为稳定的消费群体，如果该类体育商品的价格下降，反而会使消费者参与的积极性和消费热情降低。

(7)追求时尚。城市老年人在体育消费上具有一定的前卫消费姿态和心理，这在一定程度上说明了城市老年人在满足了最基本的生活必需的消费后，正在演化到现代社会的“符号消费”，反映了体育消费中所表现的社会关系。

(8)消费预期。消费预期通常被认为是消费者为了谋求个人利益最大化而对经济决策有关的不确定因素(如未来经济形势、物价状况、个人消费行为等)所进行的预测。体育商品消费者在进行消费之前会受到两种主要预期的影响：一是对整体经济形势的预期；二是对体育商品自身质量和价格的预期。消费者对这两者的不同预期都将对体育商品的需求量产生不同程度的影响。如果消费者预期到未来的经济将稳步发展，或者是个人收入将会有一定程序的增加，那么他们往往会选择增加消费的种类或数量。此时，体育商品的需求量很可能会上升；如果消费者对经济发展的预计不乐观或者预期自己的收入可能减少甚至有失去工作的可能，那么消费者往往会减少消费的种类以及消费的数量。

(9)替代商品。替代商品是指两种具有类似功能的商品，它们之间可以相互替代使用。当一种商品价格上升时，由于消费者收入有限，因而可能会放弃这种商品而去选择具有类似功能的替代商品。反之，当其中一种商品价格下降时，人们会更多地选择这种商品而放弃它的替代品。以游泳与旅游为例，二者功能类似，都可以强身健体、增强体质。当游泳的门票价格上升而旅游费用不变时，人们自然就会放弃游泳而选择旅游。但是这种替代性并不是绝对的，它往往受到消费者个人偏好(嗜好)程度的影响。当消费者对某一种体育商品的偏好特别专一时，其他替代商品的替代作用相对来说就显得比较小。

(10)消费观念。多数学者研究认为，体育消费观念淡薄和消费观念陈旧是影响老年人进行体育消费的重要因素。节约和勤俭的观念一度压制了老年人的消费欲望，致使老人的体育消费心理、价值观念和行为仍停留在过去的计划经济时代，从而影响了体育需求。由此可见，观念是行动的先导，只有在积极的体育消费观念的基础上，行动才有可能成为现实。

(11)体育设施。体育健身场地设施的匮乏也是影响老年人进行体育消费的因素之一。体育场地设施是体育消费的对象和场所，设施不足必然会造成体育消费的滞后。据全国第五次体育场地普查统计，我国共有各类体育场地 850080 个，平均每万人拥有体育场地 6.58 个，人均体育场地面积为 1.03 m^2，与第四次全国体育场地普查的数据相比，这些指标均有所增加，但与我国人民群众日益增长的体育锻炼消费需求相比仍存在较大差距。

(12)家庭因素。老年人退休后余暇时间虽多，但部分老年人需要料理家务或照看孩子，甚至负担一部分经济支出，这在某种程度上削减了他们的余暇时间和经济实力，降低了体育消费水平。

4.3 老年健康市场消费

4.3.1 保健品消费

随着社会经济发展和人民生活水平不断提高，老年人的收入水平和消费能力随之增长，经济负担逐渐减小，越来越多的老人开始重视晚年生活的质量，保健意识的加强使他们认识到“花钱买健康”也是一种生活时尚。同时，高涨的市场需求加速刺激了保健品的发展，保健品的种类开始呈现多样化，功能不断升级。另外，收入水平和文化差异以及身体状况的不同也让老年消费者的需求不断变化，这给保健品产业向高端、多样化发展提供了良好的机遇。

保健品是对改善身体亚健康状态的食品、药品、化妆品和器械等的总体称谓。目前市场上的保健品大体可以分为一般保健食品、保健药品、保健化妆品、保健用品等。

4.3.2 保健食品

我国于 1996 年颁布了《保健食品管理办法》，解释保健食品是一种有特定保健功能的食品，适用于特殊的人群，还可以调节身体各项机能，最主要的是不以治疗为目的。这充分说明保健食品是食品，具有一定的功能，并且不是药品。近年来，保健食品业发展迅速，已完全突破传统概念。新概念提出，保健食品可以不以食品为载体，可以不具有普通食品的基本特征，也可以不具有普通食品的外观形态，凡是具有保健作用，并可食用（口服）者，统称为保健食品。纵观所有保健食品剂型，大部分以药品剂型为主，主要构成为胶囊、片剂、口服液、冲剂、茶类、饮品、酒等，这些剂型的产品占了 70%以上。保健食品是为特定人群量身打造。我国自古就有“药食同源”的养生文化，“以食代药”被许多发达国家的民众所推崇。中国的保健食品是由传统的养生概念扩展、衍生而来，其作用机理为用五味之阴，养五气之阳，平衡阴阳，通经活络，调和气血，滋补脏腑，培元固本。

4.3.3 保健品市场

我国保健品行业从 20 世纪 80 年代后期开始起步，到 90 年代涌现出了大小 3000 多家保健品生产企业，产品更是接近 3 万种，年产值 300 多亿元。到 2007 年，国内保健品企业已呈现迅猛的发展势头，各种营销模式层出不穷，为企业带来了丰厚的利润。据统计，到 2010 年年初，全国保健食品生产企业达到了

15610 家。在保健品行业方面，我国与先进国家的主要差距是：发展历史较短，消费心理不够成熟；政府重视不够，科普教育滞后；企业创新不足，过度追求短期效益；市场秩序不好，信用体系亟待建立。

4.3.4　老年保健品市场存在的问题

(1)市场发育不足。保健品鱼目混珠，产品应接不暇，市场鱼龙混杂。整个行业呈现出企业主体实力较弱，产品功能雷同，低水平重复严重，企业经营陷于同质化恶性竞争等问题。

(2)知识产权落后。我国老年保健品尚未形成大规模的通过专利技术生产的能力。全国老年保健品企业用于新产品研发的投入即科研经费支出仅占销售收入的 1.55％。

(3)管理体制不顺。保健品的监管涉及 19 个部委，其中主要的有 84 部门。监管环节主要集中在审批方面，对研发、生产和流通都缺乏有效监管，且缺乏统一的产品技术标准(生产标准、检测标准)，造成了审批后没人管，生产过程没人管，流通过程缺乏管理的现象。

(4)整体信誉不高。生产企业重营销轻实力，广告宣传往往言过其实，“概念炒作”现象比比皆是，使保健品在消费者心中出现信誉危机，可能会给保健品产业带来毁灭性打击。

4.3.5　老年人保健品的消费特点

(1)心理特点。老年人迫切渴望从健康的生活方式和先进的医疗保健中获得收益，他们希望能有一种产品为自己的健康保驾护航，因此他们逐渐产生了对保健品的高度认同感和好感，甚至是越来越离不开保健品，产生了一种常见的“消费依赖”。有些老年消费者存在补偿性消费动机，他们在子女成年、生活条件改善以后，试图寻找机会补偿过去由于条件限制而未能实现的消费欲望；一些老年消费者希望能健康长寿，老当益壮，减少儿女负担，不拖累儿女，期盼能多享受天伦之乐；一些老年人因为家庭经济能力有限，缺少收入来源，受如今“看病难，看病贵”现象影响，害怕一旦疾病严重而难以担负高额的医疗费用，便提前做好预防保健；一些老年人买保健品只是一时冲动，受到广告中消费者“现身说法”的影响，或者经周围亲戚朋友和圈里同龄人介绍，抱着试试看的态度买回；还有一些老年消费者购买保健品只是一种从众的心理。

(2)认知特点。受特殊时代背景的影响，目前我国老年群体受教育的程度普遍不高，认知能力比较有限，防备意识缺乏。即使有一群老年人是高级知识分子，年轻时曾在各自的岗位上为国家事业作出过卓越的贡献。但俗话说：“好人怕哄,病人怕吓。”越是这样的人,他们的心理防线就越容易被攻破。总之,不同的人对同样的事物经过判断和分析后,都会呈现出不同的理解。

有专项调查结果显示,目前有 1/3 的老年人不知道如何挑选适合自己的保健品,有接近一半的老年消费者不知道国家对保健品有专项的法规予以规定管理,有 71%的人不会识别保健食品的专用标志,更有 87%的人对于保健食品、食品和保健药品与中草药没有一个常识性的区分。那些利欲熏心的保健品公司正是利用了这一点,将科技含量低、研发成本低、保健功能低的产品卖给了老年人。

4.4 老年人休闲旅游市场

旅游市场是一个整体市场,它反映了消费者对种类繁多的旅游产品的需求。由于该市场近年来在投资、就业和收支平衡方面的经济贡献,使其在大多数国家都具有较为重要的意义。特别是进入 21 世纪以后,全球旅游业有了更加长足的发展,它已成为大多数国家促进经济发展的重要产业,其潜力已经引起越来越多的关注,因此对旅游市场的研究也进入了一个新的时期。老年旅游市场目前的工作重点就是考察整个旅游过程中老年人对旅游产品的需求,针对老年人对旅游的需求,归纳出老年旅游需求的一般特点,以提供更加有针对性的服务,发展老年旅游事业。

4.4.1 老年休闲旅游市场

我国休闲旅游业较西方国家起步晚,老年休闲旅游市场的开发也一直被旅游界长期忽视。随着人口老龄化的加剧,老年休闲旅游市场才逐步得到了旅游组织的关注。目前,该市场虽然在开发力度上较西方国家还远远不够,但在经历几年运作之后,开始从追求出游率向个性化、多元化、舒适化方向发展。另外,随着社会的进步,我国老年人传统保守的消费观念正逐渐改变,越来越多的老年人开始重视晚年生活的质量,渴望走出家庭参与到旅游活动中。有关调查显示,我国大约有 70%的老年人有退休后外出休闲旅游的意向,可见休闲旅游已成为多数老年人提高生活质量的重要方式之一。据国家旅游局统计,早在 2000 年我国老年旅游者就占旅游总人数的 30%左右,仅次于中青年组 46.2%的数据。据估计,我国老年旅游是一个规模达 2000 亿元的大市场,如此庞大的市场必将吸引众多旅游经营者进入。由此看出,我国老年旅游市场已经初具规模,且潜力巨大,开发老年旅游市场已成为促进旅游业可持续发展的重要内容。

4.4.2 老年休闲旅游消费的特点

4.4.2.1 精神需求

旅游需求是在经济发展到一定的程度时人们产生的更高层次需求。旅游带给人们精神愉悦,这解释了为什么人们的旅游需求总是在物质满足之后比较强烈。有学者将马斯洛的理论归结为家庭生命周期的三个阶段:青年时期的家庭谋取物质财产,主要是为不在同龄人中落伍并且得到社会的承认(第三个层次);进入中年时期的家庭则把财产看作成功的象征和自尊的体现(第四层次);步入老年后,财产对家庭来讲就不再重要了,这时他们所寻找的是能够带来情感满足和自我实现的行为(第五层次)。

4.4.2.2 经济实惠

老年人多年来养成了节约的习惯,视浪费为恶性败德,不太喜欢讲究排场,且由于老年人退休在家,退休金普遍较低,无力承担大笔旅游支出,因此在对待旅游消费的问题上,他们要求旅游产品物美价廉,消费不要太高。据上海市有关旅行社的数据表明,一般千元左右的旅游产品比较受老年人的欢迎。因此,处于发展中的老年旅游市场在一段时间内必须讲究物美价廉,以满足和丰富老年人的精神生活为主。

4.4.2.3 服务与安全

大部分老年人听力下降,视力模糊,动作不太灵活。因此,他们需要年轻人在生活上给予主动照顾。由于对旅游目的地、服务设施、宾馆酒店不熟悉,老年人会产生不安全感。为了减轻老年人对安全的担心,营造一个舒适的旅游环境,在旅游组织过程中,旅行社应尽最大努力满足老年人各方面的需求,如安排富有经验的导游人员、配随团医生、严格检查各种服务设施。对宾馆酒店等第三方接待单位,旅行社有义务事前把全团客人情况通知对方,并要求他们在接待过程中提供一些有针对性的服务,如老年人的食物要求卫生、可口、易消化,老年人的客房要求安静等,以便为老年人提供周到、细致、安全的服务,从而建立起良好的口碑,再通过老年人的切身体验和宣传,吸引更多的客人。

4.4.2.4 旅游节奏

老年旅游者行动较迟缓,而且由于体力下降,老年人不能承受长时间的旅途劳累。因此,旅行社在组织老年人旅游时,应放慢旅游的节奏,以适合老年的身体要求。老年旅游团可单独组团,如全团游客都是老年人,在旅游行程的安排上易达成一致意见。切忌把年轻人与老年人混合组团,这很容易引起游客的不满。老年旅游团在旅游过程中切不可赶时间,在参观旅游景点时要留有足够的时间,让老年人悠闲从容地观赏美丽的景点,并能够按自己的需要适当休息。在旅游过程中，尽量避免早出晚归，中午应尽量安排午休，不可让老年人太疲劳。

4.4.2.5 观光游

老年人有独特的兴趣爱好，消费观念比较保守，不太追新求异。探险游等旅游项目一般不受老年人的欢迎。相反，那些以观赏自然风光为主要目的的游览项目却受到青睐。因此，在组织旅游活动时要尽可能考虑老年人的这些爱好，到一些风景秀丽、有文化内涵、高雅的旅游景点作观光游览。同时，老年人往往有怀旧的情怀，他们对自己的出生地、工作地以及以往的同事朋友非常想念，怀念美好的过去，希望在有生之年能旧地重游，与老朋友叙叙旧，因此他们的旅游目的往往不是单一的，在选择旅游目的地的时候有很强的针对性。有些老人希望借助旅游会会老朋友，到以前工作过的单位、生活过的地方看一看，这些要求在组织旅游时也必须充分考虑，并为老人们提供方便。

4.4.2.6 淡季游

老年旅游在时间的选择上也有其特殊之处。老年人怕吵闹，要求旅行过程中清静、清洁；他们的消化能力下降，要求食物可口、易消化。所有这些要求，在旅游旺季是不可能满足的，效益与效率的要求使得旺季旅游不适合老年人，但老年旅游正好可以和普通旅游形成互补。在旺季，旅行社可以效率换效益，以达成旅游经营的经济目标；在淡季尤其是风和日丽的春秋季节，组织老年旅游团既可以充分利用现有的人力、物力，又可以实现社会效益，树立良好的社会形象。能够出色组织老年旅游团的旅行社大多服务周到、价格公道、讲究诚信，这反过来也会促进他们在旅游旺季对普通旅游团的组织。

在整个社会的经济生活中，影响城市老年人体育消费的因素主要是社会及老年人自身的经济条件。要想使大众体育消费行为有所发展，首先应具备以下前提条件：①有较高的经济收入；②有较完善且使用方便的体育消费场所；③大众有较多的闲暇时间；④大众有积极的体育消费观念。调查显示，有利于老年人体育消费行为的因素排序在前三位的分别为“自身有积极的体育消费观念”“自身有较多的闲暇时间”“有较完善的场地设施”；不利于城市老年人进行体育消费的因素排序在前三位的依次为“缺乏完善的体育健身场地设施”“收入水平较低”“体育消费价格较高”。按照马斯洛的需要层次理论，只有人们的生存需要得到满足的时候，才可能追求更高层次的发展及享受的需要。基于此，当老年人的经济收入水平还不足以充分满足其生存需要的时候，经济收入水平这一因素将直接制约他们的体育消费行为。可以预见的是，今后随着我国经济的不断发展，人们的生活水平不断提高，人们对生活质量的要求也会越来越高，势必会在观赏型体育消费及信息接收型体育消费方面产生更大的需求，老年人对体育的消费、“花钱买健康”的积极性会越来越高。为了有效增进老年人的体育与健康消费能力，扩大老年体育消费市场，需要从政府、企业以及老年消费者自身三方面三管齐下，齐头并进。

4.5　老年产品营销

据有关统计，2014 年全国 60 岁以上的老年人已达 2.12 亿，且该数字每年还在以3.3%的速度增加。如此巨大的市场却一直处于久启不动、持续低迷的状态。当前，中国的老年人大都经历了新中国成立前的混乱、大跃进、大饥荒、通货膨胀以及 20 世纪 90 年代后的就业、医疗、教育等改革，这些因素使他们“重积累、轻消费，重子女、轻自己”。受传统消费观念影响，老年人大多不放开消费，具有极强的“自我控制”能力和相对较低的“心理成本”。要在当前情况下激活城区银发市场，红火夕阳产业，就必须提高城区老年人行使“意志力”的“心理成本”，弱化城区老年人的“自我控制”，使老年消费者摆脱传统消费观念的束缚，更多关注现期消费享受。

4.5.1　产品策略

4.5.1.1　产品功能策略

任何产业的兴起和发展都是由需求拉动的。老年消费者在自己退出工作岗位与子女成人独立后，没有过多的工作、家庭与经济负担，产生了强烈的补偿性消费愿望，希望补偿过去因条件限制未能实现的消费愿望。他们在穿着打扮、美容、美发、营养食品、健身运动、旅游观光和文化娱乐等方面有强烈的消费欲望，同时乐于支出这些开支。而专门对老年消费者提供的产品和服务实在是少之又少，这一点应该引起广大厂商的重视。同时，厂商在开发老年产品时，一定要从老年人的消费需求出发，注重产品的实用性、方便性、保健性，开发出结构简单、性能良好、方便实用的老年产品，向老年消费者提供实际利益，满足老年人的消费需求。

4.5.1.2　产品质量策略

老年人是成熟型、理智型的消费者，与年轻人相比少了对奢侈、浮夸产品外形的追求，更加重视产品的内在质量。因此，在开发老年消费品时要以质量为本，以质量赢得信誉，以质量塑造企业形象，以质量提高品牌的知名度，要既讲求生产、加工、设计质量，又讲求售前、售中、售后的服务质量；既强调性能质量合格，又强调顾客满意程度。

4.5.1.3 产品品牌策略

产品的品牌应力求简单鲜明，能产生良好的心理联想。在品牌名称的选择上，应力求易记、易读、易辨认，朗朗上口，便于老年人对产品形象的记忆，激发购买欲望。老年人对品牌的忠诚度较高，为减少风险不会轻易转换品牌。根据老年人认牌购买的特点，应以品牌延伸决策为主，即用已经成功的品牌去开发其他相关的产品，以保持稳定的市场。

4.5.1.4 产品包装策略

华贵精美的包装并不是老年人所追求的产品的特征，过于奢侈的外包装会令老年人望而却步，但这并不是说制造商不可以在产品包装上做文章。老年消费品的包装应该美观大方，容易开启，便于消费。考虑到老年人的视力状况，包装上的说明应简洁明了，最好是用大号字或简单的图示来说明产品的用途和使用方法。

营销学认为，人在购物过程中产生的成本，不仅仅是以金钱为表现方式的物质成本，还包括时间、精神、体力成本，这些构成了顾客的总成本。精神成本的高低，会在很大程度上影响大多数老年人的购买决策。因此，做老年产品的营销，企业一定要时刻注意树立自己的企业形象及品牌形象，以诚信为本，在开发生产老年人实用产品、提高产品质量的同时，使产品多样化，做好对老年顾客的各项服务，解除老年消费者的后顾之忧。

4.5.2 价格策略

4.5.2.1 优化价格

老年产品在定价上应做到物美价廉。老年人大多已经闲居在家，时间成本不再是购物决策的重要影响因素，他们更加关注的是货币成本。物美价廉是老年人购物选择的基本标准，他们往往以对价格的信赖确立对企业的信赖。因此，企业应持薄利多销的价格策略，必要时可以打折促销。另外，在实际定价时，企业可采用尾数定价策略，将产品价格标到几角几分，这一方面让老年人感觉企业定价严谨认真，价格真实可信；另一方面让他们感觉便宜，可满足其“求廉”的心理需要。在成交时，可采用去尾策略，把标价中的尾数让利给顾客，让老年顾客感觉得到了实实在在的优惠。

4.5.2.2 不宜讨价还价

老年人并不喜欢讨价还价。商家在标价时切忌漫天要价，然后在消费过程中讨价还价，这样会提高老年人的精力成本，搞不好还会损害企业信誉。因此，银色产品的价格应明码标价，并且适时地实施折扣价、特价、优惠价等策略。同时，还可以通过提供优惠的、多元化的、方便的付款方式刺激老年人的购买欲。

通过以上价格策略，一方面可满足老年人物美价廉的购物标准，降低他们购物的货币成本；另一方面确立了老年人对企业的信赖，降低了购物的精力成本。由此，老年消费者的“自我控制”就会弱化，从而乐于购买、放心购买银色产品。

4.5.3　分销策略

在构建银色产品营销渠道时将位置应选择在老年消费者居住相对集中、活动频率高的地区，或在靠近公共交通工具、城区老年人容易到达的地方，以拓宽营销渠道，提高消费便利性，常见的做法包括：

(1)在大商场中设立老年用品专柜，既方便老年消费者购买，也便于提供售后服务。

(2)专营老年用品的企业可以采用连锁专卖店的方式，在老年人集中的地区开设店铺，实现老年人的一站式购物，同时提供上门服务。

(3)大型超市可考虑开设“银色商品”专柜，选派商品知识丰富、态度热情、乐于为老年顾客服务的售货员回答咨询、帮助选购，并提供容易携带的包装等。有条件的超市还可以开辟电视直销、电话购物、网上购物等方式，方便老年人购物。

营销渠道的拓宽使老年产品随处可见，老年人可买到满足自身需要又物美价廉的银色产品，这既提升了老年人行使“意志力”的“心理成本”，同时又满足了老年消费者求方便、就近消费的习惯；节省了他们的体力成本，进一步弱化了他们的“自我控制”，也就自然会使他们作出“银色产品带回家”的消费决策。

4.5.4　促销策略

4.5.4.1　公关宣传

可通过开展老人联谊会、棋牌比赛等活动，吸引老年人的参与。宣传人员或推销人员可向老年人现场散发宣传材料，应耐心回答问题、耐心帮助顾客，广泛接触、充分沟通。

4.5.4.2　广告宣传

广告宣传可有效提高老年人的参与度。目前，针对老年人所做的广告并不多见，且现有广告中有相当部分包含过多新潮元素，甚至使用恐怖诉求，易引起老年人的反感。如果以健康、乐观的老年人来做广告主角，制造一种团圆、温馨、欢快的气氛，让受众感觉到广告与自己的生活息息相关，就很容易引起他们的兴趣，促其购买。

4.5.4.3　感情沟通

根据笔者的调查研究，情感诉求路线不失为一条可取之道。一方面，老年人更加重视传统美德，以亲情、温馨、仁爱、尊老爱幼等情感为着眼点的柔性广告更能打动他们，从而培养起他们对产品、对企业的正面感情；另外一方面，由于年龄的加大和身体的衰老，老年人更希望从社会上得到尊重与承认，社会的认同对他们有着非同一般的意义。老年产品生产企业的广告可以此为突破口，在帮助老年人恢复自信的同时获得他们的青睐，从而引发购买行为。

4.5.4.4 考虑老年人的生活习惯和生理特点

老年人的动作、反应速度、观察和理解新事物的速度相对较慢，这就特别强调“稳而实”的广告风格，要求广告画面切换较慢，用语平实，文字简洁。在制作广告时，企业可结合公关宣传的人员推销策略，拉近距离，树立“为老年人服务”的亲和形象；将“情”字贯穿于广告宣传的始终，对老人们动之以情，以情感人，从而博得老年消费者的好感，若再配以免费试用、提供赠品等销售促进策略，老年人消费的“自我控制”必然弱化，购买行为也会随之发生。中国的老年市场已经显示出巨大的潜力和良好的前景，有待大规模的开发。厂商应该在充分调研的基础上，针对老年人在消费需要、消费观念、消费选择、消费情感等方面的特点，制定合理有效的营销策略，在为老年人提供产品和服务，满足消费需求的同时，也必将会从这个不断发展的市场中获得丰厚且持久的回报。

第5章　老龄产业

“老龄产业”这一概念是在1997年由国家老龄委首次提出的,此后在国内开始引起关注。目前,关于老龄产业的概念及内涵尚无统一定论,学术界和老龄产业界都在进行积极研究和探索。有的文章将老龄产业定义为隶属第三产业,以专门为老年人提供劳务服务为主、独立存在的经营性、服务性部门;也有人定义其为能为老年人的特殊需求提供物质和精神产品及服务的经济活动集合;还有一部分人认为,老龄产业是新兴的、综合性的产业,是从第一、二、三产业中衍生出来的特殊产业。美国社会学家托夫勒认为,老龄产业是随着老年人口占总人口的比率上升而出现的一种新的经济活动,是一种以老年人为服务对象,同时又有老人参加的商业活动。无论何种论述,社会保障性与经济效益性都是老龄产业发展的主要特点。

老龄产业通常指满足老年人衣、食、住、行用等各方面的需求,适合老年特征的各种行业的总称。老龄产业并不是传统意义上的一个独立的产业部门,它是由老年消费市场需求增长带动而形成的一门新兴的、综合性的产业,是从第一、二、三产业中衍生出来的满足老年人需求的一种特殊产业。从长远看,发展老龄产业的最终目的是为了最大限度地满足老年人的物质需求、精神需求以及其他特殊需求,以使老年人晚年能够健康生活,提高他们的整体生活质量,进而通过这些实现市场价值的盈利,因此我国的老龄产业具有紧急和社会的双重性。老龄产业所涉及的领域十分广泛,综合起来主要包括以下十个方面的行业:①制药业和健康服务业,为老年人的健康提供相关的药品、保健品及一些医疗辅助设备等;②家庭服务业,为老年人提供如饮食派送服务、钟点工服务、家庭护理服务、日间生活照料服务等;③生活用品业,为老年人提供服装、生活用品等;④人寿保险业、健康保险业和养老保险业,为老年人提供专门开发的寿险以及养老保险等;⑤房产业,为老年提供住宅公寓、老年护理医院等;⑥旅游业和娱乐业,即为老年人专门提供的陪同旅游和娱乐等服务;⑦金融业,如银行专门为老年人理财所开设的特殊业务;⑧教育行业,如为老年人提供退休后的再教育等;⑨咨询市场业,专门为老年人的生理、心理方面以及婚姻提供系统咨询等;⑩其他行业。

5.1 老年健康产业

健康产业是一种涉及医药产品、保健用品、营养食品、医疗器械、保健器具以及休闲健身、健康管理、健康咨询等多个与人类健康紧密相关的生产和服务领域且有巨大市场潜力的新兴产业。学者为新形势下的“中国式健康产业体系”进行了重新架构，最后界定中国健康产业由六大基本产业群构成：①以医疗服务机构，药品、医疗器械以及其他耗材产销、应用为主体的医疗产业；②以健康理疗、康复调理、生殖护理、美容化妆为主体的非(跨)医疗产业；③以保健产品、功能饮品、健康用品产销为主体的传统保健品产业；④以个性化健康检测评估、咨询顾问、体育休闲、中介服务、保障促进和养生文化机构等为主体的健康管理产业；⑤以消杀产品、环保防疫、健康家居、有机农业为主体的新型健康产业；⑥以医药健康产品终端化为核心驱动崛起的中转流通、专业物流配送等新型健康产业。健康越来越受到国人的关注和重视，健康产业也极具投资潜力。它已成为我国经济产业中的一大“朝阳产业”，并将逐渐发展成为我国国民经济中一个重要的支柱产业。

随着社会发展、人们生活水平的普遍提高以及人类生活方式的改变，健康产品的总需求急剧增加，以生物技术和生命科学为先导，涵盖医疗卫生、营养保健、健身休闲等健康服务功能的健康产业已成为21世纪引导全球经济发展和社会进步的重要产业。在发达国家，健康产业已经成为带动整个国民经济增长的强大动力，早已被国际经济学界确定为“无限广阔的兆亿产业”。

据统计，目前全球股票市值中，与健康产业相关的股票市值约占总市值的13%。特别是在发达国家，健康产业已经成为带动整个国民经济增长的强大动力。美国的医疗服务、医药生产、健康管理等健康行业增加值占GDP比重超过15%，加拿大、日本等国的健康产业增加值占GDP比重也超过10%。然而在我国，健康产业仅占中国国民生产总值的4%～5%，低于许多发展中国家。中国拥有的生物制药企业达6000家，但大多规模小，研发力量薄弱，生产的药品97.4%为仿制类药物。近年来，我国健康产业发展十分迅速，在产业经济、医疗规模和市场容量方面都在不断扩大，在国民经济中的比重也在不断上升，特别是保健品行业，已成为推动我国经济发展的又一新兴动力。

但相比国外而言，我国的健康产业还处于起步阶段，虽然发展迅速，但存在产业规模较小、服务供给不足，服务体系不够完善，监管机制不够健全，开放程度偏低，观念相对滞后等问题，同时在健康管理和服务上对于核心技术与相关健康服务的整合还有欠完善，无法对客户提供整套解决方案，供给不足与资源浪费现象并存。而且由于涉及的领域众多，缺乏相对完善的法律法规，也没有相关行业标准作为参照，导致行业发展紊乱，这种情况在传统的保健品行业尤为突出。发展健康产业，应把提升全民健康素质和水平作为出发点和落脚点，着眼于满足人民群众多层次、多样化的健康需求，涵盖基本与非基本健康服务，主要面向社会和市场主体。市场可提供非基本的健康服务，一些基本的医疗卫生服务则可以采取政府购买服务的方式实现，这就要求有政府的引导，发挥市场在资源配置中的基础性作用。

5.1.1　发展老年健康产业的战略必要性

老年健康产业具有较强的产业关联性、产业辐射性、战略性特征。随着老龄化的不断深入，国家相关部门必须从战略高度认识和发展老年健康产业。加强老年健康产业各个部门的关联性，有利于促进其产品的有效组合、结构的优化、产品的创新。如在老年保险业务与老年护理的配套服务方面，开展老年旅游与健康咨询以及医疗等服务。老年健康产业可以在不同产业间促进多学科、多技术交叉和融合，带动生物技术、节能环保、新能源、信息技术等其他产业的快速发展，形成具有较高科技含量和附加价值的产业，尤其是对生物医学中的新材料利用及信息技术与遗传学、医疗设备、健康管理等方面的影响较为突出。

老年人的需求具有极强的持续性和稳定性。老年健康产业的发展也表现出了需求收益持久稳定的特征。比如，美国在 2008 年金融风暴后，其健康产业整体就业状况良好，其中家庭及社区保健服务行业吸纳的就业人员最多。这充分证明老年健康产业在吸纳就业以及投资收益上具有极强的稳定性。据估算，2016 年，我国老年人口消费规模超过 3 万亿元；到 2020 年，将接近 4.3 万亿元；到 2030 年，将达到 13 万亿元。随着我国老龄人口的不断增加、人民生活水平的提高和健康观念的改善，老年健康产业的需求将日益增大。

国际经验为战略性发展老年健康产业提供了依据。在《财富第五波》一书中，美国著名经济学家保罗·皮尔泽称健康产业为继 IT 产业之后的“全球财富第五波”，而老年健康产业必然成为这“第五波”发展中的重要组成部分。对于我国来说，抓住第五次变革的有利时机，是抢占新一轮经济和科技发展的制高点，实现经济腾飞和增长方式彻底转变的关键。目前，加拿大的健康产业增加值占 GDP 的比重超过了 10%；美国的医疗服务、医药生产、健康管理等健康产业增加值占 GDP 的比重超过了 15%；日本已从国家战略的高度扶持和引导老年健康产业，近 30 年间，其老年健康产业终保持每年 4%～5%的增长速度，预计到

2025年日本老年健康产业将拥有10000亿左右的经济总量。国际经验告诉我们,从战略高度发展老年健康产业非常必要。

5.1.2 老年健康产业的发展概况

目前,我国老年健康产业已经突破了传统的老年产品生产及服务的界限,开始探索多种延伸产业链条的形式,并打造老年健康产业平台,不断实现养老产品的创新,但在发展过程中仍存在诸多问题,如产业潜力挖掘不够深入,主导链条不明确,产业链条短,链条设计与老年人需求相脱节,中下游产业配套集群效益差,产业联动效应差,规模优势不突出,点状化分布等。2005～2015年,美国的健康产业获得了较大的发展。美国人口调查局的统计数据摘要显示,2015年美国健康产业链下的总就业人数增加了77%,其中增长最快的是家庭及社区保健服务的就业人数,高达275%。同时,美国高度发达的老年健康产业也影响了更多的相关产业,如生物制药、保险金融、科技信息产业等,形成了诸多的"产学研"一体化产业集群区域,推动了美国老年健康产业成为国民经济发展支柱产业的步伐。相比之下,我国老年健康产业与美国的差距依然较大,处于起步阶段。

至于老年保健品产业,一方面,我国老年健康产品市场缺乏秩序监管、标准化和规范化运作,没有统一定价、售后服务、正规宣传途径,虚假广告众多,产品来源渠道不清晰,产品无安全保障;另一方面,老年保健品市场的进入门槛低,厂商资质良莠不齐,假冒伪劣产品、虚假宣传、不法经营等问题也较为突出。中国消费者协会与中国保健科技学会对市面上的保健品宣传情况进行的调查显示:老年保健品市场较为混乱,虚假宣传、夸大宣传的现象广泛存在。这种现象会导致老年人病情的贻误,加大他们的医疗费用支出,也容易使老年人对保健品市场产生信任危机。在供需方面,老年医疗器械产业、老年护理产业、体育行业、旅游业等多种老年健康相关产业中都存在着不同程度的供需不平衡现象。全国老龄工作委员会公布的相关数据显示:2005年,我国老年市场的需求总额约为6000亿元人民币;2010年,该数字已达到10000亿;预计到2050年左右,这一数字将达到50000亿。而与巨大的需求量相对的,却是我国相关产业每年不足1000亿元的供应能力,由此可见,我国老年健康产业亟待发展。

国家对老年健康产业的关注程度也有待提高。在政策支持方面,自我国步入老龄化社会以来,国家的相关支持政策及文件不足,直接导致了企业的资金和专业人才缺失,技术创新困难,发展后劲不足。缺乏政策支持、筹资困难、漫长的投资与回报过程使很多企业不愿意投资老年健康产业。老年健康产业的创新之路更是因为资金和专业人才的缺乏而步履维艰。针对老年健康产业投资周期长、微利性的特点,政府应该予以政策、资金、人力等多方面的扶植和引导。

在需求和消费方面，需求与消费之间的时间差导致了老年健康市场的消费需求和行为之间的时滞性，如老年人云系统定位手机、自动上下楼座椅等最新科技产品，真正投入市场后并没有获得广阔的市场空间。从市场营销理论的视角来看，人、购买力和购买欲望三个要素构成了市场容量。随着经济的发展，老年人的购买力不断增强，老年人的思想也在随着认知而改变，他们开始变得善于接受新生事物。据官方统计，到2025年，老年人潜在的市场购买力将达到14000亿元，到2050年将达到50000亿元以上。现阶段，老年人购买力滞后的根本原因在于老年健康产品的功能及品质无法真正符合老年人需要。这就要求高新技术产品满足老年人的个性需求、生活习惯，以促进高科技老年健康产品获得市场生命力。

5.1.3 老年健康产业发展的未来

针对我国老年健康产业的经营现状，国家应该从战略高度确立和发展老年健康产业，积极促使财政及社会资金向老年健康产业汇聚，在市场准入、土地规划、执业环境、科技创新转化、产学研结合、税收、财政补贴、政府采购、基础设施、人才引进、上市融资等方面为企业提供便利和优惠；大力支持各个地区结合本地实际和特色优势进行科学规划，使其积极引入有实力的健康企业、创新项目；以创新驱动为向导，选择具有引领带动作用的重要方向和领域，在自主创新的前提下，引入高新科技，并与自主创新相融合，以核心产业和技术为为竞争力，突破传统商业和技术业态，激励民营企业自主创新，促进产业链条附加值增加，促进产业向高端、高效、高辐射方向发展；注重政府调控职能的发挥，构建和发展产业技术联盟，促进科技资源共享利用机制的完善，鼓励地区骨干企业发挥领军作用，协同中小企业发展。

国家必须积极进行经济结构调整，以顺应老龄化社会对健康产业发展的需要，规划老年健康产业布局，提高社会认知度，针对我国老龄化社会的特点与老年人的需求，进一步明确老年健康产业发展的重点与方向，加大老年项目扶植力度，以战略性视角促进老年健康产业快速发展，实现老年健康服务质量进一步提升；应推广老年消费休闲产品，鼓励体育、旅游等行业加大老年人产品的设计力度，重视龙头、名牌等企业的领军带动作用，以促进老年健康产品知名度的不断提升；要不断提高社会对老年健康产品的认识力度、关注度，降低产品的时滞性需求和消费偏差。

金融保险行业方面，在放宽市场准入规则的同时，国家应不断加大金融保险竞争力度，积极规范和引导老年健康和护理保险的现代化发展，进一步完善立法，推进老年健康产业的立法进程，积极颁布立法，如维护老年人健康的基本法律、规范老年人护理保险的法律、各类保健品的安全条例等，以法律形式明确产业定位，提高老年健康产业的标准化水平，规范老年健康产业的企业生产、销售、宣传、服务等方面的行为，促进老年健康市场良性发展，促进老年健康市场的标准化运作，促进产品质量和安全构建，不断促进产业政策、法律及调控机制的完善，从前瞻性、全局性的视角，促进老年健康产业市场的规范化运作，明确产业发展方向，合理规划，促进政策的前瞻性和完整性。

5.1.4 产业创新和专业人才

根据客观存在的区域差异，老年健康产业的相关管理机构应该着眼比较优势，建立“一个龙头”和“三个联合”，通过市场协调，分工协作，延长产业链。“一个龙头”指扶持老年健康产业的龙头组织或企业。“三个联合”指联合老年健康产业内部、外部以及不同企业，其中内部联合主要是指老年健康产业内部各个部分的有机结合，构建一体化服务平台和管理模式。各地区可以依据具体情况发展这些模式：①“咨询—评估—商业保险—旅游”一体化健康管理服务模式。近年来，老年人不断意识到消除不良生活习惯对于预防疾病的作用。老年健康产业应转变健康管理服务模式，充分抓住这一换挡期，不断完善老年疾病预防机制，积极寻求以中医健康管理理念为核心的具有中国特色的健康管理服务模式。②促进社区护理服务业发展，构建中西医护理方式相结合的个性化的养老机制，根据老人的病情和个人特点进行护理配比，以社区为载体，以融合和贯通中西医基本护理措施为原则，从心理疏导、饮食调护、运动养生、疾病相关知识咨询、传统保健疗法应用等五个方面，针对不同老年人不同的疾病诊断，结合中医辨证分型，着手提供个性化服务，满足不同层次老年人的护理服务和健康指导需求。同时，还可利用信息技术，完善社区服务的业务流程，实现电子病历、社区家庭信息一体化，打造以社区为单位的老年健康服务平台，使老年人可以享受到便捷的健康指导和服务。

另外，老年健康产业的相关管理机构应鼓励企业联合并培育龙头企业。企业联合和龙头企业对于扩大产业规模、促进产业链条化具有引领和示范作用。

政府产业部门应积极引进优质项目和企业，建立老年健康产业园区，以优质产品或项目为支点，发展联动产业，把点串成线，然后由线拓展到面以延伸产业链条，促进产业集群化快速发展。经过“点、线、面”层层推进，推动老年健康经济发展。

政府民政部门则应推动建立老年健康行业协会等第三方组织机构，以完成行业指导和产品资格制度认证工作，指导老年健康产业的厂商进行经营管理，并对产品进行资格认证，保证老年健康产业良性平稳运转。老年健康行业协会作为政府机构与企业之间的桥梁，要充分发挥社会组织功能，建立长效的激励约束机制，帮助政府进行行业法律规范的制定，监督行业与企业自律。老年健康行业协会的成员应包括消费者、生产商代表以及学者等。

政府教育部门应积极培养老年健康产业人才，鼓励高校设置老年福祉专业、老年健康管理专业、老年健康产业专业等，为各级养老部门、从事老年健康工作的管理机构和经营老年健康产业的企业提供专业应用型人才，以进一步有效缓解老年护理需求不足的问题。老年健康产业人才培养及专业设置应立足老年健康产业的基本需求，理论与实际相结合，重视培养复合、应用型人才；而在老年基础护理人员的培养方面，应同时重视专业人员与志愿者的培养，不断加大老年健康服务队伍的建设强度。护理人员分为专业护理、业余护理两大类。对于专业护理人员，教育及管理部门应进行职业认证和职业培训，教授他们基本临床护理技能，并完善护理准入制度和证书等级划分制度；对于业余护理人员，应以志愿者为主体，实施岗前培训，向其传授基本护理知识及技能，以为经济较为困难的老人提供免费或较低收费的服务。

老年健康产品厂商应以绝大多数老年群体为对象进行产品研发设计，积极对老年产品市场进行调研，创新产业链，构建产品品牌。同时，老年健康产业应该积极和其他产业相互融合，特别是在新材料、新医药、新能源等新兴行业取得突破。应以老年群体的平均需求和消费水平为向导，科学分析不同群体的有效需求，通过多种途径，引领消费，真正实现老年健康产业市场的开发和拓展。尤其是在老年医疗设备制造、老年健康管理服务业中，应基于老人的生理需求进行创新，运用信息技术，开发科技型产品。

应用老年健康产业连锁经营模式、推广连锁经营能够扩张规模、拓展市场、控制成本、使品牌成长。政府相关部门应在经济比较发达的地区优先进行连锁经营模式试点，统一宣传广告、服务规程和业务流程，为老年人提供高质量、高品质、专业化的健康产品和服务。老年健康产业厂商应努力实施特色经营，树立企业独特的形象，提高品牌的信任度和市场认知度，进而拓展经营网点到经济发展水平较差的地区，实现产品推广，不断扩大市场范围。同时，还可通过连锁经营模式把品牌产品推广到国际市场，带动仓储、物流等产业联动发展。

5.2　老龄体育产业

对老龄体育产业的概念有较多种界定。有些学者认为，老龄体育产业是指为满足老年人的体育和健康方面的需要而形成的体育主体产业和相关产业，它是在工业化、城市化和知识经济时代伴随着大众体育和职业体育兴起而发展起来的新兴产业。这种新兴产业根据产业划分方式呈现服务性、娱乐性以及文化性三大特点。另据文献资料界定,老年体育产业是为老年人在体育需求方面提供物质和精神产品以及服务的经济活动的总和。它隶属于第三产业,是以专门为老年人口提供劳务服务为主的一种经营性、服务性产业,具体内容包括体育用品业、休闲体育业、体育保健业、体育旅游业、体育咨询业。这个界定和前者相似,都侧重于其服务性,但是范围相比较为狭窄,排除了其他体育相关产业。还有的学者认为,老龄体育产业是以年龄以及由年龄决定的体育消费特征为标志而划分的产业,即为满足老年人的特殊体育消费需求而为他们提供体育产品和体育服务的产业,这种界定主要侧重于对产业服务对象年龄的划分。按照体育产业的定义引申,老龄体育产业也可以被定义为发展老年体育事业的过程中,按产业方式运作并向社会提供产品的部分,这种定义突出了老龄体育产业的产业特性。

5.2.1 老龄体育产业的需求

对体育产业的划分现在已有一些比较成熟的理论,以使用相同体育资源、生产相同用途产品的特性作为划分体育产业不同部门的标准,可作如下划分:体育竞赛表演业、体育健身娱乐业、体育用品制造业、体育信息传播业、体育场地服务业、体育培训业、体育广告业、体育金融保险业、体育商业服务业、体育经纪业、体育建筑业等。

老龄体育产业作为体育产业的重要组成部分,与传统的体育产业具有相同的特性。我们依据体育产业部门的划分对老龄体育产业部门进行划分,其大致可以分为:体育竞赛表演业,为老龄群体举办的比赛进行组织和运作等;健身娱乐业,提供各种健身、康复、娱乐所需要的场地、器材、技术服务或组织,为老龄人群提供服务;体育用品制造业,制造体育服装、鞋袜和各种体育设施、体育用品;体育培训业,进行各种体育技术培训、辅导、咨询。

有研究指出,老年体育产业是老龄人群的健康需要,是发展第三产业的需要。人口老龄化为老龄体育产业的形成和发展提供了客观需要和基础条件,它导致的老年人口比重上升和数量增多造就了一个庞大的老年体育消费群体,从而为老年体育市场的形成和体育产业的兴起创造了条件。另外,家庭结构功能的变化要求社会必须建立老龄体育产业。家庭结构是指家庭组成的类型及各成员间的相互关系,它反映了家庭的组成成分、家庭关系、家庭成员之间的相互作用方式和家庭的最终目的。近代家庭结构变动的趋势是复合家庭减少,直系家庭尤其是核心家庭增加,家庭结构呈简单化趋势,“两代家庭”已成为主体。家庭代数减少，说明空巢老人增多，作为家庭成员的老年人越来越需要如家庭体育健身服务等指导和帮助。而老年人经济收入水平的不断提高，也为老龄体育产业的发展开辟了广阔的空间。有数据显示，我国城市 61～65 岁的老年人口中约有 45％还在继续就业，42％的城市老年人拥有个人存款。据专家估计，在中国今后的 50 年里，随着老年人口规模的不断扩大，老年抚养系数将明显上升，给中国现在以及未来的消费市场人群结构带来巨大变化，客观上增加了市场对老年人产品或服务的需求，也为包括老龄体育产业在内的中国老龄产业的发展提供了广阔的空间。

5.2.2 老龄体育产业的现状

我国老龄产业起步较晚，老年用品生产厂家数量少、规模小，产品品种不全、市场占有率低；老年人商品专卖店少，老年用品不丰富；老年人的娱乐消遣场所依旧还是单位的老干部活动中心或是有限的几处公园、广场；为老年人提供专门服务的服务机构更少。总的来说，老龄产业仍然处于一种尴尬的境地。一方面，老年人的社会需求十分迫切；另一方面，老年产品和服务的有效供给严重不足，整个产业尚未形成一定的产业链条和经济规模，诸多领域并未得到很好的开发。造成这种现象的主要原因是国内厂商对老龄市场的认识较为肤浅，思维相对保守。事实上，大多数老年人虽然仍注重节俭，但他们也已开始注重晚年生活质量。许多老年人都有补偿性消费动机，常会寻找机会满足年轻时因条件限制而未能实现的消费愿望，圆年轻时未圆之梦。另外，老龄产业尚未被纳入政府产业部门发展规划中。虽然国务院曾出台《关于加快发展养老服务业意见》，明确表示了对老龄产业发展的支持态度，但在产业发展所涉及的生产、流通、经营、消费等具体环节，仍缺少可操作性的配套扶持政策。同时，市场尚未实现规范化和标准化运作，行业标准也是影响产业快速有序发展的重要制约因素之一。

面对中国老龄化浪潮，我国政府虽已采取一系列措施，但要发展老龄事业和产业，加强老年人服务设施建设，仅依靠政府的力量是远远不够的，应当动员全社会共同参与，鼓励走社会化、产业化发展的道路，推动老龄产业的发展。目前，发达国家非常重视老年健康用品的开发，比如国外许多老人喜欢桥牌，但上了岁数，手发抖拿不住牌，有的生产商就开发出了一种类似乐谱架的桥牌架，只要把牌放在架上，它就可以自动洗牌，自动将牌摆好，老人只要用手抽出牌就行了。

老年体育产业虽然涉及范围较广，但在国内，相比医疗器械、卫生用品、老龄保险等行业，它的规模还很小。目前，在众多老龄产品中也会有老龄体育用品，不过大都品种单一，缺乏新意，这反映出老龄体育产业在国内的发展状况。我国体育的产业化进程，目前正处于起步阶段，整个体育行业部门还仅仅处于浅层次的经营阶段，老龄产业相比国外的发展已经相对落后，老龄体育产业更加滞后。

老龄体育产业是一个新生事物，其规模、结构和层次都没有达到一个完善成熟的产业行业的水平，其功能远未开发出来。这就要求广大的商家把目光放长远，体育产业是朝阳产业已经是不争的事实，老龄体育市场也以它巨大的市场潜力昭示着老龄体育产业的前景。

5.2.3 老龄体育产业存在的问题

5.2.3.1 产业项目

老龄体育产业正处于初始发展阶段，企业数量少、规模较小、层次不高。目前，上规模、上水平的老年产业项目还不多，各企业主要是分散经营，服务和产品单一，层次较低，缺少高科技产品和高质量的品牌产品，难以适应高水平竞争。老年人的体育锻炼不仅需要各式各样相应的体育用品，同样需要多种体育服务产品以满足他们晚年的体育需求。就目前情况来看，老龄体育企业较少，提供服务型老龄体育产品的企业更是寥寥无几，产业结构比例失衡。市场上现有的老龄体育用品，功能上大都脱离了老龄群体特征，只是仿照过去的产品，缺乏创新性，且无法很好地结合消费者的特征。目前，大多数老龄体育相关企业，只是在生产其主流产品的同时捎带生产老龄体育用品，对老年人生理、心理及老年的体育项目缺乏深入研究，缺乏老龄体育市场调研，所生产的老年体育用品严重缺乏科学性。

5.2.3.2 产业政策

老龄产业涉及生产、流通、经营、消费等各个环节，涉及民政、财政、劳动保障、工商、计委、国税、地税、物价、银行等各个部门，难以统一协调。不少企业在发展中希望能够获得必要的政策支持。然而尽管很多重要文件都提到重视和发展老龄产业，却大都是一些原则性要求，缺少具体配套的举措。而且，投资者在财税、金融、信贷等方面也很难得到相应支持。即使是已有的优惠政策，一些涉及建设土地、费用征收等的具体规定在实施过程中，由于受到部门利益等不同因素的影响也难以得到真正落实。目前，我国尚无关于促进老龄体育产业发展的具体实施政策，投资者在财税、金融方面很难得到支持，这阻碍了企业特别是民营企业的建设和发展。老龄体育产业发展中涉及的土地审批、规划建设等问题，是投资者反映最强烈的问题，也是急需政策支持的方面。

5.2.4 老龄体育产业未来的发展方向

老年体育用品市场面临诸多问题，生产厂家数量少，规模小，品种不全，市场占有率低，面向老年人的体育产品很少，市场上出售的所谓老年体育用品恰恰缺乏“老年性”。老龄体育市场需求巨大，但有效供应不足，“买不到”与“卖不掉”并存。主要原因是企业没有足够重视老龄体育市场，没有充分注意老年人需求的新变化，对老龄体育消费需求调研不够。老年人对体育消费的需求日趋多元化，不仅包括特殊规格的体育服装，还涉及娱乐、休闲、旅游、保健培训、体育彩票、时尚健身器材等方方面面。因此，对老年体育用品及服装的设计开发决不能凭主观臆想，应深入老年人活动群体，通过与老年人及身边亲属、工作人员座谈、聊天等形式，对老年人的需求特点进行细致了解和分析，有针对性地开发适应不同老年人需求的体育产品，提供适应各种需求的体育服务。

5.2.4.1　转变理念

有些商家认为，老龄体育产业投入大、风险高、回报率低，老年人钱难赚，市场利润太薄、无利可图，因而常持消极或观望态度。从老龄人口数量的调查结果来看，老龄人口数量巨大，占人口比例较高，而且具有较快的增长速度，且该人群的总体收入可观，这些都为老龄体育市场规模奠定了基础，企业商家应深刻认识老年体育市场的巨大潜力。根据老龄群体体育产品购买欲望的调查结果，老年人对健康的渴望促使他们加强对体育锻炼更深一层的认识，尽管受到经济条件的限制，但仍然有很多老年人愿意花钱买健康。众所周知，产业发展受社会消费和需求的引导，而消费是由需求引起，由生产提供，并通过市场来实现的。就目前老龄体育市场的情况来看，巨大的市场潜量无疑给老龄体育产业的发展提供了十分广阔的发展空间。

5.2.4.2　结合市场

老年群体巨大的资金储备能否进入市场进行消费，关键看有没有适应老年人需求的产品。对老年用品市场现状的调查表明，老年人对现有市场不满意和不太满意的占47%，只有12%的表示还算满意。产品是否能够适应老龄群体的需求，与消费群体自身的特点紧密相关。企业应了解老年人体育锻炼的相关情况，这有助于深入了解老年人的体育需求。不能置市场需求不顾，盲目进行投资。

5.2.4.3　生理与心理

老龄群体具有区别于其他群体的生理和心理特点。由于老年人健康状况日趋下降，他们追求延年益寿的保健产品以弥补健康方面不足，因此，银色体育市场宜以延年益寿、强身健体、丰富晚年生活的各类体育商品为重点，产品应满足老年人防病、治病等方面的要求。老年人行动不是很方便，所以产品要求具有方便性。如：体育服装一定要轻便，易穿、易脱，开口最好在前面，扣子最好都用粘的或拉锁式的；运动鞋最好开口大一些，一下就可以穿上，最好不用系鞋带；体育用品最好轻便、易于携带。老年人患心血管疾病的比率较高，为了在运动中更好地把握自己的运动量和心脏负荷，企业可以生产带有监控心率的跑步器和可穿戴设备。我们不妨多举办各种讲座和消费者活动，把消费老年体育用品的概念深入人心。体育用品经营者应把“销售一种生活方式、推广一种运动文化”作为自己的使命，使广大市民更好地认识和了解老年运动的文化概念。厂商要抓住发展机遇，不遗余力地加大品牌的宣传推广力度，关注老年人市场，开发老年人市场。

在我国，老年女性数量多于男性。企业应该根据她们的特点，生产适合女性老年人体育锻炼特点的产品，开发各种健身小器械，比如圆环操中的塑料环、扇子舞中的扇子、球操中的弹力球。当然，必须使用适宜的材料和合格的标准。

5.2.4.4 锻炼项目

我国绝大多数老人的健身娱乐场所局限在家里、路边和免费公园中，身体锻炼和精神需求经常得不到满足。现在大多数老年人吃穿不愁，但渴望亲情和精神慰藉，需要更多的适合自身特点的健身消遣、休闲和娱乐设施，诸如老年健身娱乐室、健身馆、老年文化站、老年俱乐部等，以积极参与老年体育健身咨询、康复咨询、运动处方、气功养身等活动。通过老年体育健身娱乐市场的发展，可使老年人的健身娱乐活动更加多样化。全国范围内老龄群体喜爱的项目大致相同，多集中于慢节拍运动，如慢跑、太极拳、太极剑，商家可以就此开发和生产出适合老年人身体状况，符合项目特点的体育用品，比如鞋底更加柔软、更方便脱换的慢跑鞋，可以提高老年运动的多样性和趣味性，增强老年人健身锻炼的质量。

企业应当调整经营结构，拓宽经营领域，适当增加体育服务产品的供应。根据调查情况，有73%的老年人认为相比体育实物产品，体育服务产品更加匮乏。尽管在政府的努力下，老年活动开展得有声有色，但面对庞大的人口数量，政府的力量毕竟有限，仍然有许多老年人的需求得不到满足。在此情况下，企业可以对政府没有做到位的体育服务进行补充。目前，体协或社区的体育培训最常见的是没有根据老年人现有的水平而进行的一刀切式的培训，企业可以开展分级的体育技能培训，以满足不同老年消费者的需要。

企业应该拓展思路，利用创新性的服务来占领先机。老年体育赛事还属于新兴词汇，但目前已有先例，老将运动会就是老年人大显身手的舞台。在中国，某些省市也先后出现了老年人运动会，它是政府开展群众体育的一种新的形式。但是老年人运动会不为大多人所知，所以很容易流于形式，起不到开展的最初目的。这就需要借鉴其他赛事的成功运作模式，为老年人的体育比赛运作寻找市场化的解决方式。企业可以通过多个途径来参与到其中，最终达到营利的目的。在政府放权的前提下，企业可以专门策划组织老年人赛事，也可以以赞助商、供应商的身份参与到比赛中来。

5.3　养老产业

养老产业是为生命长期健康、幸福实现的各种产业和研究提供的服务。全球养老产业研究中心提出，养老产业是以不同年龄、地域、气候、环境、亲情习惯、心理状态、文明、经济、政治作为基础，针对个体提供的生命保障产业。养老产业是社会发展的必然产业，是从各种具体需求延伸到第一、第二、第三产业的托底服务。养老产业是维持生命存在的服务产业，切忌仅仅为满足部分人的生命而服务。虽然养老产业有很高的市场开发潜力，但其正处于发展初期，需制定一套系统而规范的发展规划，以实现稳步发展。

养老产业指为老年人提供特定商品和服务的行业总和，包括养老机构、老年照料服务、老年旅游、老年保健康复、老年文化体育事业等。它既包括满足老年人物质生活需求的行业，也包括满足老年人精神生活要求的行业。这项产业以满足老年人的特殊需求为目的，以开发老年消费市场为途径，以促进国民经济增长为目标，是集老年经营、服务为一体的综合性产业。

5.3.1　保障制度

养老产业的规范和有序发展离不开完善健全的养老保障制度。养老产业作为一套市场化运作产业，其发展尊重市场价值规律。在价值规律之下，老年人享受相关养老服务，自身或家人支付相应货币，从而使养老产业可以在微利的基础上实现可持续运作，这同时也需要健全的养老保障制度予以支撑。健全的社会养老保障制度能够促进经济发展、社会稳定，保障老年人基本生活和维系社会和谐。为此，政府应加快健全完善各项保障制度，继续完善基本养老保险制度，确保各项保障制度之间的衔接，避免缺失遗漏，尽快形成适度集中、有序组合的老年社会保障制度，重视制度创新，加强引导，在实践中不断丰富完善。

5.3.2　新型养老社区

政府有关部门应结合养老产业发展需求，大力发展养老地社区。随着人口老龄化进程不断加快，老年人不仅对衣食住行有着更高要求，对健康、环境等亦有要求，尤其精神层面要求更高。而现今的养老地都是普通的小区，养老设施等无法满足老年人的需求。远景设计研究院养老产业规划专家倡导建设真正符合老年人实际需求的新型养老社区，积极发展养老地，并建立与之相配套的医疗保健室、文化活动站、养生堂、小花园等设施，保障室内阳光充足、自然通风，构建适宜于老年人养老的生态环境。

5.3.3 优惠政策

按照养老产业发展的特殊规律，政府相关部门应制订和不断完善相关的配套措施，通过强有力的政策支持和引导，使养老产业发展步入快车道。对于积极参与养老产业发展的企业，政府应从政策层面上给予适当倾斜，积极引导，搭建平台，穿针引线，全程给予扶持和跟踪辅导，对民办非营利性养老机构税收优惠，不断明确税费减免的具体税种和比例。适当给予资金补贴，把优秀企业请进来，吸引企业投资养老服务产业，走市场化运营模式。

为发展养老产业，政府相关部门应制定优惠的财政政策，对养老产业的企业机构减免企业所得税，对发展时利润很低、与绝大多数老年人生活息息相关的、市场对其有强烈需求的养老产业项目的企业，让其享受照顾性的税率，在企业创业开始融资时给予一定的帮助，对投资建设社会福利性极强的企业减免税收。应进一步降低养老服务产业的各项支出费用，对政府和有关行政部门征收的各项杂费，如人防工程使用费、道口费、土地测绘费、环保费、卫生费、基础设施配套费、商业网点费、水资源补偿费、自来水、电、气的增容费等费用，经市政管理部门核定，予以减免；对政府和有关主管部门收取的福利管理费、工商管理费、土地管理费、行政管理费等各项管理费，进一步实行减费或免费政策。

5.3.4 养老服务队伍

政府应积极教育和发展为老年人服务的中介组织和志愿者队伍，着重吸引专业的社会工作者从事养老产业工作，鼓励养老服务公益队伍发展，以公益性NGO(非政府组织)为主体，通过 NGO 的宣传，广泛吸纳不以经济利益为驱动且自愿参与到养老服务队伍中的社会力量，在全社会形成尊老、爱老、敬老、养老的社会服务网，进一步壮大社会养老服务的队伍。

另外，政府相关部门还应加大养老服务人才队伍的建设，鼓励高校开设老年服务与管理专业，对管理与服务人员进行专业培训，实行持证上岗制度，加强岗位培训和规范化管理，提高养老产业人员的职业道德、服务意识和业务水平，培养青少年的养老服务志愿精神。以中小学为主要培养阵地，在中小学全面开办养老服务志愿精神大课堂，采用教学和实践相结合的形式，有组织地在中小学中开展尊老爱老志愿服务活动，使中小学生从小形成尊老爱老的道德品行，将志愿服务的参与权、选择权交给他们，增强中小学生参与养老志愿服务的主体性意识，从而更好地发挥养老志愿服务的育人功能。

政府教育主管部门应鼓励各类院校开办老年社会工作专业或在相关专业开

设老年社会工作课程，积极培训在职老年工作从业人员，培养大学生参与养老服务的职业能力。以高校为主要培育基地，有计划地在普通高校和中等职业技术学校增设养老服务相关专业和课程，培养老年人养护方面的高等专业管理人才和职业技能型人才。建立职业资格标准，培养懂得老年人生理及心理常识、业务水平精、思想道德素质高的老年社会工作者队伍，为养老产业的发展提供基本的人才保障。老龄产业是一个新生事物，在理论研究方面的准备十分不足，许多基本的理论问题仍处于探讨之中。各高等院校和科研单位应该重视和加强这方面的研究，政府主管部门应该增大这方面的财政支持力度，在科学研究提供坚实的理论依据的基础上，提高政府决策和管理的科学化水平。

5.3.5 养老服务产业链

养老服务产业链是多种养老服务集合的结果。各种服务内容、功能及需求程度不同，在产业链的节点也不尽相同，服务差异化组合将产生不同的养老服务产业结构，将会影响养老服务产业发展进程。养老产业链延伸非常广阔，可以触及和拉动相关产业迅速发展，如餐饮业、旅游业、蔬菜特供基地、劳务市场、老年人产品市场等，将这些相关产业或产品重新进行整合后，可纳入集团化经营和管控，推动养老产业不断发展。

养老服务产业链向外延伸，既包含养老服务产业内部关系，还包括养老服务产业与养老产业其他部分(养老产品、设施)的关系。养老服务产业内部，各项服务之间相对独立，老年人普遍需求的基础型服务和高层次的享受型服务可以单独供给，也可组合供给；为配合其他服务的发展，需要加强金融、保险、咨询等支持型服务的供给，并不断创新供给方式。立足养老产业体系，养老服务可与老年产品、设施相结合，带动养老产品的消费，如养老服务与养老地产结合发展，相互推动。养老服务还可以结合、吸纳其他产业的服务或产品共同发展，挖掘养老服务产业与其他产品或产业之间的共性及利益共同点，吸纳新的产业、产品与养老服务产业结合。我国各地区、城乡之间经济水平、养老服务发展水平不一致，而且各个城市的资源、主要产业、自然环境、社会环境、政策条件等也都不尽相同，这意味着各城市之间无法走同样的养老服务产业发展路径，需要不断探索自己的产业链。在制订养老服务产业规划、构建和优化养老服务产业链的过程中，地方政府部门应紧密结合当地养老服务产业发展现状、条件以及产业特色，因地制宜，整合、拓展和延伸产业链条，不断创新养老服务产业发展模式。

养老服务相关企业间进行有效的整合、重组，可以实现各项设备及资源的共享，不断提高养老资源的使用效率，从而降低服务供给费用、成本，逐步实现企业间的互补与协同发展。不断优化养老服务产业链，可以有效促进养老服务企业间的竞争与创新，带动企业间的交流和相互学习，从而提高养老服务产业的整体水平，逐步推动养老服务产业发展成为现代服务业，带动相关产业的发展。养老服务产业链的完善有利于节约社会资源，实现养老服务产业集约化发展。同时，养老服务企业进行专业化经营，形成品牌效应，可以促进养老服务产业健康、可持续发展，形成养老服务产业集群，推动地方产业升级，为地方经济社会的发展做贡献。

5.3.6 养老设施

政府部门应通过合理规划部署，为居家养老服务提供必要的硬件设施，并纳入养老服务站点建设整体规划。地方政府部门应在农村大力推广建设或改造村级养老公寓，使 70 岁以上的老年人集中居住。在城镇，政府及社会组织部门可依托现有敬老院等养老服务机构，逐步建造不同档次的养老公寓，采取公建民营形式，在完成政府供养任务的前提下，进一步面向社会开放，弥补社会养老资源的不足，同时培养养老产业群，打造特色养老机构，为老人提供差异化服务，体现不同服务的价值，吸引有条件的老人选择服务更优质、特色更突出的养老机构。可针对部分高消费老年群体，结合房地产业的发展，在风景秀丽之地积极推进夕阳房产工程建设，吸引更多高端老年消费群体居住，并针对中低端老年消费群体，结合旅游发展的热潮，积极探索和开发休闲养老和生态养老服务项目。

5.3.7 老年养老产品

养老服务企业应根据老年人的健康状况、收入水平以及文化层次针对性地提供个性化、精细化的产品和服务，如舒适保健的老年用品、功能完善的专业护理机构、体系化的旅游服务以及高层次的文娱教育服务，从被动式的供给向主动式的发展转变，从辅助式的服务向独立行业转变，努力实现老年人自动化、便利性高的高科技管理，为老年人提供差异化服务，满足不同人群的养老需求。

第6章　老年人力资源开发

老年人力资源指具有劳动意愿与劳动能力的老年人口之和，也指在一定时期内老年人为社会所用，且对价值创造起贡献作用的教育、能力、技能、经验、体力等的总称。主要包括四个部分：①从事有报酬的生产与社会劳动的老年人口；②从事无报酬劳动、半劳动或辅助劳动的老年人口；③从事一切有利于社会和家庭活动的老年人口；④尚未从事任何经济社会活动但有意参与其中的老年人口。前三部分是实际已投入使用的老年人力资源，第四部分则是潜在的老年人力资源。从我国产业结构、劳动力结构和老年人口储量三个结构性要素与老年人力资源开发之间的关系的基础上，需要从文化、政策、经济三个层面分析我国老年人力资源开发的结构性困境，以推动我国老年人力资源投资从数量型向质量型转换。构建"智慧老年"的人力资源开发系统，极力消除线性年龄观下的老年歧视，努力探索老年人力资源开发的新路径。

6.1　老年人力资源开发动因

6.1.1　老龄化带来的经济压力

由于医疗技术与生活条件的改善，人口的平均预期寿命不断延长，老年人的生存期日益延长。2010 年，全国第六次人口大普查的结果显示，我国 60 岁及以上人口占 13.26%，比 2000 年人口普查时上升 2.93 个百分点，其中 65 岁及以上人口占 8.87%，比 2000 年人口普查时上升 1.91 个百分点。中国人口年龄结构的变化，说明随着中国经济社会快速发展，人民生活水平和医疗卫生保健事业有了巨大的改善，生育率持续保持较低水平，老龄化进程逐步加快。截至 2008 年年底，我国 60 岁以上老年人已经达到 1.6 亿，约占全国总人口的 12%，其中 70%是 70 岁以下、身体健康、有劳动能力的低龄老年人。他们当中相当多的人还具有较强的劳动能力。随着人口老龄化的加深,年轻人的负担也在迅速加重。人口经济学的研究表明,在过去的30年里,我国经济增长的27%归功于人口红利。随着劳动适龄人口的急剧下降,未来劳动力资源短缺是必然的,人口红利的衰退也是不争的事实。在如此严峻的形势下,我们不得不担忧,随着劳动适龄人口的减少,经济社会该如何保持可持续发展。随着老龄人口的增加,我国的养老金缺口将变得非常庞大。据马骏等人最新发布的研究报告《化解国家资产负债中长期风险》指出,2013年,中国养老金的缺口已达到18.3万亿元。

中国社会科学院编撰的《中国养老金发展报告2011》显示,从1997年我国各级财政部门开始对养老保险转移支付算起,补贴规模迅速扩大。2000年,我国各级财政部门补贴金额为338亿元,2006年为971亿元,2010年为1954亿元,2011年新增补贴高达2272亿元,财政累计补贴金额达1.2526万亿元。这意味着近2/3的养老保险累计结余(1.9万亿元)来自于财政转移支付。《中国养老金发展报告2014——向名义账户制转型》的分报告之一,《现行统账结合模式下隐形债务预测与测算》报告,以2012年为基准,社会统筹账户的隐形债务为83.6万亿元,个人账户的隐形债务为2.6万亿元,合计城镇职工基本养老保险统账结合制度下的隐形债务为86.2万亿元,占2012年GDP的比率为166%。2013年中国养老金隐形债务将高达18.3万亿元,2023年城镇企业职工含机关事业单位基本养老保险将出现收不抵支,2029年累计结余将耗尽,2050年累计缺口将达到802万亿元,占当年GDP的91%。根据《化解国家资产负债中长期风险》,如果不进行任何改革,人口老龄化冲击下我国养老金的统筹账户将给财政造成巨大的负担,从2017年起养老金要求的财政补贴将持续上升,至2050年养老金缺口将达到当年财政支出的20%以上。这一系列触目惊心的数字无不向我们揭示了一个残酷的现实:如不采取措施,急剧加深的人口老龄化危机将会使我国财政不堪重负。

6.1.2 老龄化对劳动力供给的影响

人口老龄化对一个国家的社会经济产生的巨大影响之一,就是对劳动力供给的影响。根据人的生命周期理论,随着生命的延续,当人步入老年以后,体力、智力等均会趋于衰退,劳动参与能力也就随着减退。对于总体人口而言,老龄化程度不断加深,老年人的劳动参与能力减弱,会导致劳动参与率降低,老年抚养比增加,从而影响到社会经济的发展。由于计划生育政策的实行,中国生育水平在短时间内迅速下降,少年儿童人口的比例急剧降低,老年人口比例相应迅速提高。

中国正处在人口年龄结构变动中。我国劳动年龄人口所占比率较高,社会抚养比较低，能够创造出有利于发挥人力资源和劳动力的优势，呈现人口年龄结构变动的“人口红利”。根据中国人口与发展研究中心的预测，15～64 岁年龄组的人口比重将继续增加，到 2013 年左右达到最高值 72.1%，随后将处于逐年下降趋势；从绝对数量看，劳动年龄人口在 2016 年前后达到最高值，为 9.97 亿人左右，随后逐年下降。2030 年以后，人口总抚养比必将随着老年抚养比的迅速提高而大幅度攀升，并最终超过 50%，而有利于发展经济的低抚养比的“人口黄金时代”也将于 2033 年结束。

尽管中国目前的劳动年龄人口比重还在逐年增加，但是劳动力出现短缺的信号早已经出现，在城市劳动力市场上，人们可以观察到劳动力供求紧张的状况。中国已经开始从劳动力“无限供给”转向劳动力“有限剩余”。从劳动的时间供给上看，随着人们平均受教育时间的延长和工作年龄延后，用于社会生产的有效工作时间已大大缩短，而人口老龄化所有的预测结果和客观事实都显示了劳动力短缺的重要信息。目前，我国的生产要素禀赋结构的比较优势并没有发生相应的变化，即还没有从劳动力丰富的禀赋结构，转向资本丰裕的禀赋结构，因而还没有在资本密集型产业中获得比较优势。此处所说的禀赋理论是一种古典国际贸易理论，是指现实生产中投入的生产要素不只是劳动力而是多种，而投入两种生产要素则是生产过程中的基本条件。根据生产要素禀赋理论，在各国生产同一产品的技术水平相同的情况下，两国生产同一产品的价格差来自于产品的成本差别，这种成本差别来自于生产过程中所使用的生产要素的价格差别，这种生产要素的价格差别则决定于该国各种生产要素的相对丰裕程度。由于各种产品生产所要求的两种生产要素的比例不同，一国在生产密集使用本国比较丰裕的生产要素的产品时，成本就较低；而生产密集使用别国比较丰裕的生产要素的产品时，成本就比较高。所以，各国生产和交换的产品形成价格优势，进而形成国际贸易和国际分工。在这种情况下，过早出现劳动力供给减少的现象，就会导致工资水平上涨，这意味着中国将失去劳动密集型产业的比较优势和国际竞争力。

我国的人口老龄化挑战在 2030～2050 年将进入最严峻时期。从时间表上看，留给我们的准备时间并不多。正如联合国和有关国际组织警示的：人口现象是一个长周期事件，解决人口问题必须要有足够的提前量。目前，中国应对人口老龄化的思想、物质、制度等各种准备还不充分，在未来的时间里，要全方位地做好应对人口老龄化高峰的准备，不仅时间十分紧迫，而且压力十分巨大。所以，在这个关键时期，我们必须找出对策来应对这些挑战。其中一个一举两得的对策，即是开发利用我国不可忽视的巨大劳动力储备——老年人力资源。

6.1.3 老年人力资源开发的可行性

我国可供开发的老年劳动力数量非常巨大。这是因为我国的退休年龄低于联合国的划分，而国内一些地区提前退休情况严重，也加剧了我国老龄化的程度。如果我们将65岁以前退休的人口数加上65～74岁之间的低龄老年人口数，就会得到一个庞大的劳动储备量。如果这些潜在的人力资源被充分利用，许多经济问题就会被很好地解决。

另外，我国老年人的身体素质也符合要求。随着生活水平的不断提高，我国老年人身体素质逐渐提高，退休人群中有很大一部分身体健康、精力旺盛，只要身体条件允许，他们就会劳动到自己不能劳动为止。

老年人力资源有着其他人力资源群体所无法比拟的独特优势，如经验优势、文化优势和关系优势等等，其中还有很大一部分老年人才资源，这都是我国经济建设发展所急需的。同时，老年人本身有继续为社会做贡献的意愿。尽管我国现在还没有形成一个老年人积极参与社会的氛围，但是有调查表明，越来越多的老年人具有参与社会的强烈意识。

6.2 我国老年人力资源的特点

6.2.1 资本性

老年阶段是人生最成熟的阶段。老年知识分子经历了多年学校教育、社会生活、生产实践的训练，积累了大半生的资本，进入了投入小、产出高的阶段。老年人力资源又被称为剩余人力资本，它是通过对人的教育、培训、保健等多方面的投资形成的。如果一个人一生的劳动价值能够超过对其投资的成本，则他具有人力资本产生的剩余价值，即人力资本收益，否则人力资本亏损；人们在劳动中不断学习、积累知识和经验，则人力资本增值，否则人力资本贬值。老年人中有很大一部分人拥有知识、技术、健康和经验等资本，如果他们能够在退出原工作岗位后继续参与社会活动，或结合市场上新的经济增长点再次进入市场，就会继续获得人力资本收益，给社会经济带来更多的收益，否则他们的人力资本就白白浪费了。

就老年人力资源中的知识含量(智力、技能)而言，很多人都具备了很高的技术、技能和经验。人与知识的关系阶段可分为吸收期、吸收兼释放期、释放期，人在中年后期基本转入知识产出期。人的脑力比体力衰退得慢，智力、技巧、技能不是随年龄增加而衰退，而是随年龄增长逐渐凝聚和提高。如果能有效利用退休人力资源，将会给社会带来不可估量的经济价值。

6.2.2　时效性

老年人力资源具有时效性。人力资本通过有效劳动创造价值体现出来，失去劳动能力的人或不参加劳动的人，因为不能创造价值，也就失去了人力资本，失去了利用价值。因为老年人的种种局限性，老年人力资本的时效性相对于青年人来说更为突出。老年人力资源不同于自然资源，自然资源如煤或石油蕴藏于地下，如果不开发，它们不会消失。而老年人力资源如果不被及时开发和利用，就会随着年龄的增长、时间的流逝而降低，直至完全丧失。有劳动能力的老年人是潜在的劳动力资源，不等于现实的劳动力资源。不失时机地开发老年人力资源，使一部分老年人从消费人口转变为生产人口，有利于经济的发展，可以减少社会福利开发，增加社会财富。

6.2.3　互补效应

反对老龄人口再就业的人们认为，我国就业问题严重，老龄人口就业必然冲击青年人口就业，使就业问题更加严重。他们主张禁止老龄人口再就业，以便留出位子，让青年人有更多的就业机会。其实这些说法似是而非，老年人力资源与劳动年龄人口之间有着很好的优势互补效应。

老年人力资源与适龄劳动力资源的互补效应，解释了“开发老年人力资源影响年轻人就业”这种说法在认识上的误区。互补效应通常分为特长互补、职业互补、阅历互补、知识互补、经验互补等效应。首先，老龄人口再就业的岗位多需要较高的科学技术水平或较高的劳动技能，需要丰富的工作经验，比如乡镇企业的技术、业务指导岗位，教师与科研人员、医务人员的指导与培训、技术工人的返场指导岗位等，这些都不是一般的刚毕业的大学生或高中毕业的待业青年所能承担的。这体现了老年人力资源与劳动年龄人力资源之间的特长互补、职业互补。其次，职位互补、性格互补的优势效应。有些岗位如机关、学校、工矿企业的传达员，多为再就业的老龄人所担任。这些岗位不需要高技术能力，但是需要稳健、沉静、仔细的心态，这些岗位往往是青年人所不愿、不屑或不适于承担的。最后，很多再就业的老龄人不占单位编制，是临时聘任人员，并不挤占编制以内的就业岗位。有些老龄人再就业时还创造了一些就业机会，有利于青年人的就业。如老年人对乡镇企业进行技术指导，使之得到发展，就能吸收更多的青年人就业；老年人进行个体经营，需要雇佣学徒与帮工，也有利于吸收青年就业。

欧盟的经验已经证明，年长的劳动力退出劳动队伍与年轻人就业率之间没有显著联系。因此，老龄人再就业同劳动适龄人口的就业是不矛盾的。现在的劳动力市场与前几年的形势大不相同，并不是劳动力过剩，而是逐渐显现出劳动力短缺的现象。目前呈现的是就业岗位短缺与就业岗位空缺、有岗无人和有人无岗、无业可就和有业不就、高级蓝领奇缺和高职学历人员就业率最低等并存的现象，即一方面有人没事干，另一方面有事没人干。这是一种劳动力供求关系的“错位”现象，可见不存在老年人再就业与年轻人争就业岗位的问题。

6.3 社会人口生态影响

6.3.1 我国老龄社会的家庭格局变化

6.3.1.1 家庭资源分化

家庭资源分为物质资源和精神资源，物质资源包括经济资源（金钱、财产、物品等）与劳动资源（智力、能力等）；精神资源包括文化教育、权威、地位、权力、品德修养、理想抱负、社会责任感等，也包括人的情感（爱情、亲情、乡情等）。家庭保障资源指经济、生育、赡养、生活、医疗、教育等权益的保障资源，它兼有物质与精神的双重资源。在我国的社会结构变迁中，农业社会向工业社会转变，乡村社会向城市社会转变，计划经济向市场经济体制转变，传统家庭结构和家庭规模发生变化，家庭资源状况也在变化。

我国多数家庭结构发生了变化，规模正在缩小。随着我国联合人家庭和几代同堂大家庭的解体，家庭结构呈现以核心化为主、多元化并存的状况。现代家庭和社会对个人生活的选择给予了更多的包容，家庭代际成员分居，家庭资源分化更为明显。传统大家庭分化为若干小家庭后，家庭成员来往从近距离走向远距离，代与代之间相互支持的资源减少，彼此之间的支持和帮助弱化，老年空巢家庭增多。不论城市还是农村，空巢老人家庭的数量都增加迅速。空巢家庭中的老人逐渐失去了传统大家庭的中心地位，不论是家庭物质资源，还是精神资源，老人的主导权都在缩小。

6.3.1.2 家庭责任弱化

家庭责任是指家庭成员分内应做的事。责任意识中包括家庭责任和社会责任，家庭责任意识是体现家庭成员相互关心、支持和保障的意识；社会责任意识则涵盖国家意识、集体意识和他人意识。

随着家庭生命周期延长，家庭成员的责任期也相应延长。传统家庭解体，家庭生命周期的阶段性开始显现。传统社会中早婚早育现象较为普遍，以 20 年为一个周期，传统家庭人口的平均寿命期短，每一代生命周期短，因而养老问题不突出；现代社会家庭以晚婚晚育为主，大约 25 年为一个周期，同时老年人生命延长，每一代生命周期延长，老年在家庭成员中的比例愈来愈大，出现 2～3 代人同时处于老年期的趋势，使老年家庭从空巢期到终结所经历的时间更长。养老已成为社会和每个家庭中实际存在的大问题，这使得赡养资源需求增大，家庭成员的赡养责任期延长。

在市场经济条件下，承担家庭责任的难度也加大了。传统家庭中，家庭代际间具有很强的依赖关系。"父母在，不远游。"子女在父母进入老年时尽赡养义务，回报父母、养老送终是子女的责任。子女对父母的"反哺"，形成权利与义务的对等。现代家庭，父母为使子女在竞争中得到优势，送子女上最好的学校。许多子女从小在外寄宿读书，毕业后又成为移民，远离父母、亲属，对父母、家庭的归属感和认同感都很弱，即使父母年迈，都感到陌生。另外，由于处于激烈的竞争之中，子女"反哺"的条件和机会都减少了。

6.3.1.3　婚育产生特殊家庭结构

我国推行的计划生育和晚婚晚育政策，已经改变了多子女养老的状况，我国形成了独特的"四二一"家庭，即两个独生子女结婚生育后，与其双方父母、子女之间形成的"四二一"特殊关系结构。随着大量独生子女人群陆续进入婚龄期，"四二一"结构将逐渐成为一种现实的人口现象，直接影响我国的人口再生产进程，这必将对我国社会经济生活的诸多方面产生深刻的影响作用，尤其是其所带来的家庭结构与亲属关系的变化以及引发的养老问题。

6.3.2　日常生活照料互惠

老年人生活照料一般经历自我照料、家庭成员提供帮助、家庭成员或社会养老机构完全承担照料的过程。老年人在身体健康或他们认为身体健康的情况下，基本上不需要子女或其他人给予生活照料和帮助，反而在他们闲暇时间较多和身体状况允许的条件下，还会帮助其子女料理家务、照看孙子孙女。因此，笼统地说，老年人在晚年需要生活照料和帮助，这样的结论是不切合实际的。在老年人健康状况允许的前提条件下，老年人和其子女在生活照料和日常服务方面更多地表现为以"互惠"为特征。但随着年龄的增高，老年人的体质日趋下降，健康问题就更为突出，需代内或代与代之间提供照料。

6.4 老年人力资源开发的国际经验

进入 21 世纪之后，随着科技的进步、经济的发展，人口老龄化趋势向全世界蔓延开来。许多发达国家都非常重视对老年人力资源的开发和利用，认为老龄工作者是一种不可多得的财富。世界上许多国家都在积极地采取策略，创造各种条件，吸引和维护老年员工就业已经成为政府的一项长期策略。相应的，传统上作为年轻时工作回报的“退休”正在逐渐失去它本来的意义。

6.4.1 美国老年人力资源的成功开发

近年来，美国劳动力市场上发生了新的变化，50 岁以上的劳动力成为市场的“新宠”，这样的变化不仅归功于人们从意识上认识到了老年人力资源的重要性，更应该归功于美国成功的老年教育。美国在老年教育方面的主要成功之处归结起来主要有以下几点：①美国有完备的终身教育制度和老年教育法律保障；②美国有众多的老年教育机构和组织；③美国的老年教育多为更加方便的社区模式；④美国为退休人员设立了退休生活指导制度；⑤美国有独具特色的老年人死亡教育。正是由于美国完备、多方式、多层次的老年教育，改变了人们的观念，充实了老年人的生活，培训了老年人的技能，提升了他们的价值，使老年人力资源的开发和利用变得顺理成章，这些经验非常值得我国借鉴。

6.4.1.1 提高法定退休年龄

随着人们健康水平的提高及预期寿命的延长，美国对“老年人”的界定以及老年人的价值作出了新的解释，认为有可能也有必要让劳动者工作到 70 岁。美国曾经在 1961 年为了缓解年轻人的就业压力把老年人的退休年龄从 65 岁降到 62 岁。然而在经过几十年的实践检验之后，美国官方发现提前退休不但浪费老年人的经验和智慧，而且还给社会保障体系带来了严峻的考验。美国社会保障咨询委员会对于是否有必要提高退休年龄研究的结论是：如果仍然保持现行的退休年龄界限，在 21 世纪之后，供养退休的老年人将会给美国的经济带来很大困难。预计到 2020 年，退休供养比大约将达到 21%，而如果将退休年龄提高三岁，届时退休供养比将会大致接近 20 世纪 80 年代 15%的水平，这样可以使美国的养老基金亏损减少一半。美国联邦政府在综合考虑多方面的意见之后，不再提倡提前退休，并将老人领取退休金的年龄提高到了 67 岁。另外，目前美国除了消防、民警、刑事管理等特殊工种外，基本上废除了强制退休的规定。

6.4.1.2　促进退休后的社会参与

大部分健康老年人在退休之后会以各种方式参与社会活动。美国从事非全日制工作的人占美国工人 20%，这其中以 65 岁以上的老年人比重最大。由“睦邻委员会”组织的《老年人抚幼计划》吸引了 17000 多名退休的员工自愿作为“出租祖父母”，他们愿意承担对社区内第三代人的校外抚育工作。还有更多的老年人通过其他方式参与到社区服务中来，其中主要包括环境美化、生活服务、组织健康娱乐活动等。这些老年人的劳动基本上为义务劳动，没有薪酬，最多就是由社区发放基本的膳食和交通补助。美国老年人组建了自己的民间组织，影响最大的是美国退休人员协会（The American Association of Retired Persons，AARP）。该协会的会员遍及全国各地，意在为老年人谋取福利，其宗旨就是协助老年人获得独立的生活，保持其尊严并达到其目的。还有全国退休教师协会（National Retired Teacher Association，NRTA），有纳费会员 50 多万，主要宗旨是改善退休教师的退休金收入和救济金状况。还有老年人的政治组织——灰豹党（Gray Panthers），老年人在改善医疗条件、制订养老金计划、废除强制退休等方面的特殊利益需求赋予了这个群体共同的政治色彩。

6.4.1.3　大力开展老年学研究

在认识到老龄化给社会经济带来的影响之后，美国政府和学术界都高度重视有关老年学的研究，在老年学研究领域成立了许多全国性的老年学研究机构，包括老年学学会、老龄协会、老年医学学会。同时，在芝加哥大学、南加利福尼亚大学等许多知名大学都增设了老年学的课程。到 1976 年，美国高等院校中开设老年学课程的有 1300 多所。这些机构的对老年学进行了广泛的研究，为政府应对老龄化、制定老龄政策提供了丰富的参考和建议。

6.4.2　日本的老年人力资源开发

6.4.2.1　政府重视与法律保证

在老年人资源开发方面，日本政府开设了老人福利课、老人保健课和保护课，以帮助老年人重点学习福利、医疗和保健知识，并启用专门人员负责管理老年人年金的发放、医疗保险等。日本还设立了老年人专属的管理机构，该机构归属于政府系列，有职有权，能够解决老人福利问题，并能随时调整老龄化与社会经济发展相适应的政策。日本政府把老龄工作纳入到社会经济发展的规划中，并且出台了《老人福利法》，以立法形式为老龄工作提供重要的保障。在医疗保险制度上，针对老年群体，日本政府新增了高额疗养费制度，对年龄超过 60 岁的因伤、因病以及残疾疗养人员实施高额疗养费补助。

随着人口老龄化的进程，老年人社会保障成为政府的沉重负担。为此，日本开始对养老保险模式进行改革探索，调整利害相关者的医疗费用负担比例，实行保险机构、政府、个人分别按照67%、29%和4%的比例共同承担医疗保险费用的制度，并且于1986年出台了《年金修改法》，实现了日本年金由基础年金、共济年金和厚生年金三部分组成的改革。日本政府通过《长寿社会对策大纲》强调："为了充分发挥人们一生中形成的各种能力和创造性，我们提倡老年人就业和参加各种社会活动。"为了缓解未来社会保障的压力，《老龄社会白皮书》鼓励政府及各社会团体为老年人自立创造条件，以增加老年人的就业机会。此外，日本政府还大力鼓励储蓄。日本政府指出，单凭社会保障，老人仅仅是能够维持最低生活水平，要想安度晚年，储蓄是必要条件。

6.4.2.2 老龄政策体系健全

日本政府为了减轻人口老龄化的不利影响，促进社会经济发展，采取了鼓励开发利用老年人力资源的政策和措施。

1.建立老龄雇佣奖金制度

《老年福利法》规定："应按照老年人的希望和能力，为其提供从事工作以及参与社会活动的机会。"对于大胆启用老龄工作者的企业或公司，政府通过减免税收、发放"继续雇佣奖金"、贷款优惠等一系列相关政策来进行奖励，以鼓励社会团体一起承担人口老龄化带来的压力。除了奖励鼓励外，日本政府还颁布法令，明令企业和公司雇佣的55--64岁的员工必须占到企业职工的6%以上。

2.延长法定退休年龄

日本政府提出要逐步延长退休年龄至60岁。对脑力劳动者及有条件的老年人，其退休年龄可延长到70岁。这项改革的宗旨是充分利用老年劳动力的经验、知识和技术，可以使老年人老有所用、老有所为，切实减轻社会保障负担。

3.设置提供老年人就业服务的专职机构

日本设置了提供老年人就业服务的专职机构，以为老年人再就业提供服务和帮助。其中比较知名的"银色人才中心"是日本政府认可的一个全国性连锁组织，该机构专门为60岁以上愿意继续参加工作的健康老年人服务。由于它的积极作用，政府为其提供了政策和基金上的大力支持，该机构的工作人员也相当于国家公务人员。该机构的主要运营模式如下：①通过编办刊物、报纸等向社会发布老年人求职和用人信息；②以向入会的老年人收取入会费、向用人机构收取手续费的方式来筹措基金；③定期组织老年人进行再就业知识技能培训；④掌握本地区老年人才的基本情况，向用人单位推荐合适人员；⑤承包机关及事业单位的委托任务，再选择合适的老年群体共同完成。

日本政府设立"银色人才中心"来开发老年人力资源应对老龄化的做法得到了日本国民的一致拥护，也为世界各国解决老龄化问题提供了有益的借鉴。

6.4.3 德国的老年人力资源开发

6.4.3.1 以部分退休代替提前退休

2005 年，德国政府将法定领取退休金的年龄提高到 65 岁，提前退休的员工必须接受在其早退的每一年减少 3.6％的退休金的规定。2006 年，德国政府决定在 2012～2029 年将国民领取养老金的年龄限制从 65 岁提升至 67 岁。考虑到从提前退休政策转换到推迟退休政策后会遇到的问题，加之部分老年劳动者不愿继续工作，为了缓和员工从工作到退休的过渡，并为在特定时期内减少工作时间提供机会，德国政府颁布了《部分退休法》。主要内容如下：

(1)德国公民从 55 岁以后的 10 年间，可以将工作时间从全天减少到半天；

(2)如果能确保周平均工作时间不少于 18 小时，工作时间可以按日、周、月或年的基础减少；

(3)如果由于非全日制工作导致雇员收入减少，人们可以在失业保险金之外获得补贴，期限最长可达六年；

(4)为确保德国公民收入至少达到最后一次税后薪资的 70％以及养老金保险缴款 90％的水平，补助费用由联邦劳动力办公室来提供；

(5)这一补偿的先决条件是可得的非全日制工作必须由失业者或者实习者从事；

(6)在企业或社会伙伴层面的部分退休协议的持续时间不得少于 3 年。

2004 年以来，大约有 23.5 万名 55～65 岁的老年员工使用了部分退休措施。部分退休政策可以说是对提前退休政策的改良，它既不强迫老年劳动者继续从事满负荷的工作，又避免了提前退休对财政的负担。

6.4.3.2 职业培训计划

老年劳动人员由于知识、技能相对陈旧，有时会出现不能融入新生产活动的情况。这不但会降低企业的劳动生产率，更会使老年失业者很难再找到新的工作。针对这种情况，德国政府出台了相关政策以提高老年劳动者的劳动技能，具体内容如下：

(1)促进职业培训。德国促进职业培训的措施覆盖范围甚广，既有短期计划，又有中期和长期计划，借此个人能获得职业知识与技能。此外，他们还能提供职业发展或职业转变的机会以及职业资格证书。该项资助的先决条件是这些就业服务措施对工作配置是必要的，而且大量的参与者有望随后得到就业安置。

(2)测试与短期训练措施。测试与短期训练措施已成为就业促进项目的一部分。这些培训措施旨在测试求职者的工作能力与工作意愿，并虑及短期培训与试用期培训。通过测试者最多可以获得八周的资助。这一措施适用于所有已登记的失业者，尽管有些人并不想接受失业福利。

(3)工资补助。分为一般工资补助和与年龄有关的工资补助。与年龄有关的补助是作为整合的补助支付给招聘 50 岁以上求职者的公司。一般来说，补助的支付期限为两年，金额是所有已付工资的 50%。如果工作机构认为补助对工作安置有必要，到 2003 年，补助金额可增至 70%，支付期限也可以增加至五年。

(4)促进自主创业。以前在德国自主创业的失业人员唯一可获得的资助是于 1986 年开始实施的“过桥津贴”。“过桥津贴”是一种由联邦就业机构资助的津贴，其金额相当于失业福利金，但二者只能获得其一。2004 年起，虽然仍然没有包括任何投资成本，但这种资助已被赋予法定权利。失业人员在业务创办期间，只要持得到批准的代表受益人的商业计划书，即可获得半年的付款。

(5)提供就业机会的措施。提供就业机会的措施是一个特别的工资补助计划，补助很少支付给民营企业，而是大多支付给公共机构与非营利组织。联邦就业机构支持的项目必须是代表公共利益的，并且是没有这种类型的支持就不能实施的。提供就业机会措施的目的在于给失业者提供临时就业机会，所支付的资助金额是正常工资的 80%。

6.4.3.3 反年龄歧视研究

针对劳动力市场存在的年龄歧视现象，德国政府于 2004 年制定了反对年龄歧视法律的草案，禁止在招聘和培训中有直接或间接的年龄歧视行为，并于 2006 年将该法案付诸实施。

但专家认为，仅有法律是不够的，还需要从人的认识上彻底铲除年龄歧视。首先，要让大众了解人口变化的影响。联邦教育与科学部门制订了一个项目，旨在提高公众关于人口变化对就业影响的意识、传播关于平衡年龄结构与保持企业创新能力的知识、保持就业并为年老员工创造新的职业领域。只有公众了解了人口老龄化带来的各种问题，才会理解并支持政府的举措，具有社会责任感的雇主则会更多地雇佣老年劳动者。其次，要探索老年人的潜能。由联邦政府、国家、社会伙伴、社会保险伙伴、贝塔斯曼基金会和商业界联合推出了“新的工资质量方案”(INQA)。这一方案旨在将人的兴趣带入工作条件，以改善员工的健康情况和就业能力。INQA 试图鼓励商业界在年老员工的技能与能力方面开发出更具建设性和现实性的方案。在德国，工人的工资与其工作年龄是成正比的，对雇主来说，雇用年老员工常常因更加昂贵而缺少吸引力，因而老年工人的这种“权利”就成了其再就业的障碍。联邦就业协会认为，减少与年龄相关的劳动成本将自动改善年老员工在内部和外部劳动力市场中的就业前景。于是政府提出了一系列建议：① 解除对劳资双方谈判中保护员工免受解聘的管制；②在失业福利计划中减少现存的特定年龄群的特权。③在公共工资补贴和创造就业机会的计划中减少特定年龄群的特权；④ 撤销对保护年老员工薪资的集体谈判的管制；⑤ 减少工资中的工龄规定；⑥为老年求职者提供临时工作；⑦对退休后工作的老年人实施经济激励。

6.5　老年人力资源开发的路径选择

在全球进入老龄化社会与知识经济时代的今天，老年人不再是衰落、乏力的象征，而是经验、知识、智慧的综合体，是一种重要的社会生产资源。通过继续教育、再培训和康复医疗等方式来发展老年人力资源，并不是对老年人的施舍，而是对老年人力资本的投资与开发。在老年人力资本的投资维度中，健康是基石保障，继续教育是价值增值，再就业是价值创造。如前所述，我国老年人力资源开发的阻力并不来自于老年人自身，而是由文化、政策、经济等力量构成的结构性障碍所致，因而开发老年人力资源必须注重从制度和结构的维度出发，消除线性年龄观下的老年歧视现象，逐步实现老年人力资源开发的可持续发展。

6.5.1　建设“智慧老年医疗系统”

对老年人而言，健康能为其个人提供未来的发展和经济保障能力。健康是劳动生产力、学习能力的基础，也是智力、体力和情感发育能力的基础。有的学者提出建设“智慧老年医疗系统”，认为智慧医疗是老年人顺利实现人力资源开发的前提与基础。“智慧老年医疗系统”包括：①整合交付网络/整合交付系统(Integrated Delivery Network/System，IDN/IDS)，即通过一个综合的中心医院带动一批基础和社区诊所，将专业职能(如放射、影像、化验等) 进行集中化运营，实现“整合交付系统”的运营。在 IDN 模式下，转诊和检验报告可以互认，从而有效延伸中心医院或专科医院的覆盖范围，增强优质资源的可及性，降低老年人口的医疗服务成本，保证在实现健康老龄化的基础上，充分发挥老年人的智力优势。②个人健康记录(Personal Health Record，PHR) 。在建立“居民电子健康档案的区域卫生医疗信息共享平台”的基础上，实现国内大型城市跨医疗机构隶属关系的卫生信息资源整合平台(市级电子健康档案及区域医疗平台) ，为每一个老年人建立个人健康记录和健康档案，以供医生、老年人自己和子女随时访问。个人健康记录系统必须要有一些组件负责保证个人的整体健康，而不只是应对急性症状及提供独立的程序，这样可以实现积极医疗干预向医学预防、医院信息化向服务临床的过渡。③医院信息系统(Hospital Information System，HIS)，为老年人的医疗服务内容确立一个共识的数据标准，包括企业服务总线

(Enterprise Service Bus, ESB),可以为老年人提供生理健康的完整信息,通过现有网络和信息技术使医疗机构更加智能化,提升老年人的就医体验,缩短滞院时间并减少服务差错。

6.5.2 构建智慧老年教育系统

此举旨在帮助老年人在人际互动与网络互动过程中,缩短他们接受"终身学习"概念的时间,从而为实现老年人力资源开发提供必要条件。"智慧老年教育系统"包括:①"老年大学网络"建设。在世界范围内,承担老年教育的主体机构均为老年大学。但由于老年人的特殊生理特征,为减少他们在学习过程中的体力消耗,应建设教学体制灵活的远程教育体系,使老年人可以结合自身的时间安排,既达到学习的目的,又为达到退休年龄但体力和精力尚佳的老年人再就业或开辟新的事业领域提供知识和能力。②"老年教育网站"建设。老年网络教育不仅是老年人获取咨询和信息的渠道,也是老年人参与社会、表达诉求的重要平台。应积极更新如"银龄网""老小孩""老年服务网"等专门为老年人提供政策咨询、健康教育、社会参与等信息的老年网站和"健康网"等内容上涉及老年服务和教育内容的非老年网站。老年人通过专业知识体系的学习,能够掌握分析问题、解决问题的科学方法,从而不断优化适应社会的心理素质,提升自我参与社会的能力水平,最终达到建构积极老龄化社会的目标境界。

6.5.3 建设智慧老年就业系统

老年人力资源是整体劳动力资源的一个重要组成部分,他们所从事的可能是有报酬的工作,也可能是无报酬的工作,还可能参与民间社团、老年协会、私营机构、老年大学、学术团体、文体团体、志愿者组织甚至宗教团体的活动等。但是老年人力资源开发不能停留在自发、分散、无序的状态中,应把开发老年人力资源纳入国民经济和社会发展规划。按照充分开发和合理使用劳动力资源的原则,结合老年人自身的生理特点,有组织、有计划地进行开发和利用,鼓励企业探索适合老年人工作的弹性时间工作制、远程办公制,制订出符合老年人精神需要、生理需要、工作方式特点的激励考核办法。尤其对于那些有特长、有专业技术和管理经验的退休者,应积极改变量岁使用人才的标准,由量岁返聘走向量才返聘。"智慧老年就业系统"包括:①在对老年人力资源状况和市场需求状况进行调查和预测的基础上,建立的老年人力资源信息网络数据库,以实现"信息公布—面试录用—上岗检验"的全程网络信息化管理;对老年人力资源有着特殊需求的企业组织和地区,举办的专业性的网络老年人力市场,实现老年人力资源在社会需求中的合理配置。②对进入再就业市场的老年人力资源实行的网络管理、数据库管理，以了解老年人力资源的总体工作现状、需求和问题，最终实现老年人力资源供给和市场需求双向选择的循环良性发展。③在社区设立的“银发人才中心”，以确保大多数退休职工能就近找到临时、短期和力所能及的工作；适合老年人特点的灵活用工制度，如在劳动时间安排下实行非全日制和弹性工作制，对有条件的脑力劳动者实行不坐班制，运用电话、网络信息等现代化手段，实现家居办公(Small Office Home Office，SOHO)。

第7章　老年社会保障

社会保障具有悠久的历史，它是社会发展过程中必然存在的一项福利制度安排。自古以来，各国政府为了维护社会稳定，援助弱势群体，都或多或少制定并实施过一些扶贫救灾等社会政策。社会保障主要分为社会保险、社会救助、社会福利三大部分。由于各国政治、经济、文化等方面存在巨大的差异，目前世界各国对社会保障还没有形成统一界定。西方福利国家的代表英国在其著名的贝弗里奇报告中指出，社会保障是代表社会进步的可理解政策的一个组成部分，其目标为消除贫困，概括为在国民失业、疾病、伤害、老年以及家庭收入锐减、生活贫困时予其以生活保障。德国将社会保障理解为社会公平和社会安全，对竞争中不幸失败、失去竞争能力的人提供基本的生活保障。美国社会保障总署将社会保障界定为根据政府法规而建立的项目，给谋生能力中断或丧失的个人以保险，在人因结婚、生育或死亡而需要某些特殊开支时提供保障。我国认为社会保障是国家和社会通过国民收入的分配与再分配，依法对社会成员的基本生活权利予以保障的社会安全制度。

我国现代社会保障制度起步较晚，还处于改革和发展过程中。我国社会保障制度正逐步由国家负责、单位包办、板块分割、封闭运行、全面保障、缺乏激励的“国家—单位”保障制转向国家主导、责任共担、社会化、多层次化的“国家—社会”保障制，建立了新型社会保障体系，即社会救助、社会保险、社会福利三位一体的基本社会保障体系及慈善事业、商业保险等补充保障，其中社会救助包括城市最低生活保障制度、农村五保制度、城市生活无着的流浪乞讨人员救助制度、农村扶贫、自然救灾以及其他社会救助措施，如医疗救助、教育救助、住房救助等；社会保险包括基本养老保险、基本医疗保险、失业保险、工伤保险和生育保险等；社会福利包括老年人福利、残疾人福利、妇女儿童福利以及职工福利等。

7.1　国外社会保障理论研究

7.1.1　国家主导或干预社会福利和保障

早在 19 世纪末 20 纪初，德国新历史学派的代表人物之一瓦格纳就提出，国家应在变更财富的国民分配的基础上使劳动阶级受益，一切政策应使其社会化，国家应当保护劳动者。他主张通过征收累进税率来缓和现在商业制度所造成的财富不平等，提高劳动者的所得，并主张通过国家建立社会保险体系，以保障劳动者的正常生活。英国的“费边社会主义”学说对现代社会保障制度在英国的建立产生了重大的影响。该学说认为，社会是一个有机的整体，社会有机体的继续存在是个体的至高目标，社会有机体也必须为个人提供健康发展的必要条件，在任何一个社会中，病人、身体羸弱者以及没有劳动能力的儿童永远都会存在，他们的一切需要都应该由公共福利来承担，而不能要求他们去承担任何公共的负担，那些在健康的时候以及在整个成年的时候曾经诚实地劳动的人们，在他们生病的时候以及在他们的整个晚年都应该享受到劳动的报酬，只有这样才是公平的。费边主义者提出应该把老年人与病人从成年贫困者中区分出来，给老年人建立一种养老保障制度，给病人建立一种疗养制度，使得老年人与病人的救济与普通成年贫民的救济制度区别进行。

两次世界大战之间，庇古的福利经济学和凯恩斯的凯恩斯主义经济学对养老保险理论产生了重要影响。在凯恩斯的国家干预思想中，社会保障占有相当重要的地位。他主张通过累进税和社会福利等办法重新调节国民收入的分配。在他看来，应向富人增加税收，然后转移给低收入者以减少储蓄，增加消费支出，从而实现宏观经济的均衡。庇古的福利经济学认为，对于一个国家来讲，经济福利的增大取决于国民收入总量的增大和分配的平均程度，为了增加经济福利，除了要解决生产资料如何配置的问题外，还必须考虑分配问题。在国民总收入一定的情况下，通过将富人的一部分收入转移给穷人可以增大一国的经济福利。所以他主张国家采取收入累进税来进行再分配，达到收入的均等化。庇古提出的转移性支付以及一些改善社会福利的理论，实际上就是社会保障的分配理论，该理论对后来的福利国家的社会政策调整及社会保障的发展起了重要作用。

1942 年发表的《贝弗里奇报告》，对第二次世界大战后的英国建立起“福利国家”产生了关键性的影响。报告首先对英国现行的社会保障制度的缺陷提出了批评，主张加强国家对社会保障制度的整体规划，并指出社会保障应遵循普遍性原则、保障基本生活原则、统一原则以及权利和义务对等四大原则。这些原则的提出和实施使社会保障理论更加丰富和趋于成熟。克罗斯兰是20世纪50年代英国民主社会主义著名理论家,他分析了英国资本主义发生变化的主要原因,指出政府应该采取行动对社会保障进行改正、补充,如果需要的话,甚至可以取代市场交换制度,以促进平等、民主与福利的提高和发展。蒂特马斯是对英国社会保障理论产生深远影响的民主社会主义思想家,他认为现代工业社会需要一种有效的国家福利制度,市场制度不利于人的社会责任与义务意识的发展。在工业社会不能只是简单地建立国家福利制度,而是要使这种国家福利制度具备普遍性。另外,私营福利不仅不利于促进社会平等,反而可以造成社会不平等范围的扩大与程度的加深。这些经济学家也被称之为民主社会主义学派。西欧、北欧福利国家将其理论作为制定福利政策的依据,政府在社会保障中担当了重要角色。

7.1.2 社会保障制度与自由主义

古典自由主义产生于18～19世纪,其代表人物有亚当·斯密、边沁、穆勒等人。亚当·斯密坚决主张实行自由放任政策,认为个人做主较之政府干预能发挥更好的作用。大卫·李嘉图也提倡自由放任的政策,主张国家不要对社会与经济生活施加不必要的干预。他坚决主张废除济贫制度,强调贫民应该通过个人努力摆脱自己的困难状态。马尔萨斯也坚决反对当时英国以家庭人口数量为基本单位的济贫法制度,认为济贫法制度存在重要的弊端,不但会助长一些人的浪费行为,而且对民众自由构成影响。穆勒则指出,自由放任主义将成为最普遍的原则,除非为了某些特殊的利益;否则,凡是背离这一原则,都是有害的。他反对政府干预,但同时又指出不干预原则在一些情况下不一定适用,或不一定普遍适用,如对社会弱势群体就不适用不干预原则。穆勒对18世纪末以来英国实行的以工资补贴为主要特点的"斯宾汉姆制度"表示坚决反对,但同时又对1834年实行的新济贫法表示欢迎和支持。斯宾塞的社会有机体学说对19世纪末20世纪初的欧洲社会保障制度产生了重要影响。他反对政府实施济贫法制度,并系统全面地阐述了反对的原因。但同时他又指出,这里反对的只是各种不明智的救济行为,至于那些可以帮助人们实现自助的慈善行为应该给予支持和鼓励。

20世纪70年代,以哈耶克和弗里德曼为代表的新自由主义,进一步倡导市场经济及自由竞争,反对国家对经济和社会生活的干预。在哈耶克的理论中,社会保障制度与自由的关系问题成为重要的组成部分。他承认建立完善社会保障制度的合理性和必要性,但坚决反对收入保障制度。他呼吁在社会保障制度中为个人责任的发挥尽可能留下空间,并指出在受到国家垄断明显影响的养老和健康保障领域，只要是国家尚未全部控制的地方，就有各种新方法自发产生且迅速发展，而由国家单一控制的社会保障制度会对个人责任意识的发展带来不利影响。在看待由国家实行垄断的养老金制度上，他指出对养老保障实行垄断经营必然带来严重后果。他还反对实行单一的国家健康保险制度，认为这种制度的实施往往是出于政治因素的考虑，而一旦引入，这一政治上毫无退路的措施就必须继续下去。

弗里德曼认为，经济自由使国家走向繁荣，经济控制使国家停滞落后。他主张个人的福利应通过市场购买来实现，个人的生活满足感或幸福也只有通过市场的交换才能得以改善，国家福利应是一种以非再分配形式体现的"公共利益"。在养老保障制度方面，他指出从一般纳税人那里提取养老保险津贴是毫无道理的："我们愿意帮助穷人，但是如果不分贫穷与富有，而仅仅因为他们恰好达到一定的年龄就对其提供帮助，这是一种毫无原则的再分配。"（陈谊娜，2012）他还反对养老金管理机构国有化，认为国有化的代价似乎要超过它的任何优点，并指出国有化往往使得养老保障专家控制整个养老金制度。他们成为国家雇员，不仅增加了官僚队伍，还会强调和扩展自己的职权。他还反对强制性购买养老金，认为实行强制性养老金制度纯粹是一种家长主义的做法，剥夺了个人对自己大部分收入的控制。自由主义学派的思想多年来都被英美等国普遍接受，但其对福利国家模式的全盘否定过于极端。

7.1.3　第三条道路

1938 年，英国前首相麦克米兰出版了《中间道路》，指出英国的政治家们太迷恋于自由资本主义与社会主义道路之争，而没有认识到这些社会问题的严重性。有鉴于此，在英国必须避开两条道路之争，通过实行混合经济政策建立有效的社会保障制度，确保为每一个公民提供一种不低于最低生活标准的生活水平。麦克米兰主张必须实施国家性社会政策，但他并没有否定私人与志愿性社会保障的作用。他认为，既然国家应该充分发挥其对经济的干预职能，以实现充分就业与最低生活标准，那么社会也就没有理由不依靠私人与志愿性社会保障。英国著名社会学家吉登斯在分析和概括左右两派社会保障思想分歧的基础上，提出了一种介于左、右两派的中间道路的主张，即"第三条道路"，提出了"无责任即无权利"的思想、"积极福利"的主张以及"社会投资国家"的概念。在关于养老保障制度的论述中，他认为应当逐步废除固定的退休年龄，把老人视为一种资源而不是一种负担。

《我们国家的新动力：新的社会契约》绿皮书指出，公共福利机构与私营福利机构应该紧密合作，政府不应该垄断经营社会福利事业，应该鼓励和提供私人养老金制度。曾担任过德国总理的施罗德是中间道路理论的支持者和实践者。他认为，退休制度和老龄化问题正严重威胁着现行的以再分配为主要特征的养老保障制度，提出要采用资本化的养老保障制度取代现行的再分配养老保障制度。他强调，社会保障制度中的个人责任，指出现代公民社会的核心在于实现更多地以公益为目标的自我负责，必须把个人与社会的价值和目标结合起来，要把社会保障网从一种权利变为通向自我负责的跳板。"第三条道路"学派是在矛盾和妥协之中发展起来的一种折中理论，在其理论构建和价值取向上明显反映出民主社会主义和自由主义冲突的痕迹，在其所提供的政策制定中呈现出左右摇摆和前后不一致的倾向。但是，它的社会保障理论对欧洲福利国家的建立与发展以及改革都产生了巨大的影响，并解决了福利国家的一些现实问题。

7.2 国内社会保障理论研究

自20世纪90年代我国城镇职工基本养老保险制度改革以来，围绕着城镇职工基本养老保险制度的目标模式与政策选择问题，学者们进行了多角度的探讨。国务院发展研究中心社会保障课题组认为，1997年的统一制度方案及1998年的政策调整不仅没有实现改革目标，养老保障体制本身也开始出现危机，这是由改革过程及具体政策执行中的偏差所致。该课题组提出了未来养老保障制度体系的框架：社会统筹与个人账户的板块式结合，即"社会统筹与个人账户应明确分属两个相互独立的组织管理系统，具有不同的功能定位，服务于不同的保障目标"(洪哲，2007)。有的学者在总结变革中的中国养老保险制度的现状和问题的基础上，提出了养老保险改革是要建立三个层次的养老保险体系，即政府举办的基本养老保险，企业补充养老保险和个人储蓄性养老保险。在适当的时候要把现在设计的统一基本养老保险中的个人账户部分转到企业补充养老保险中，使现在的"小补充"养老保险变为"大补充"养老保险，同时在基金的管理和营运方面分别做较大的调整。有的学者认为未来的养老金制度应当包括三个层次或三根支柱，分别是：将现行的基本养老保险制度中的社会统筹基金部分独立出来，改造成为一个由中央政府直接管理的公共养老金计划；将现行养老保险制度中的个人账户基金部分独立出来，改造成为政府监管下的强制性的、规定缴费额的养老金计划；未来养老金制度安排的第三个层次，包括自愿的个人储蓄和个人投保，以及必要的若干企业开办的职业年金计划。

有的学者按照责任的承担主体与承担方式，将整个老年保障体系分为五个层次：一是家庭或自我保障构成的基础或第一层次；二是普惠式国民养老保险构成的第二层次；三是差别性职业养老保险构成的第三层次；四是作为职业福利的重要组成部分的补充养老保险（企业年金或非企业单位提供的补充养老保险等）构成的第四层次；五是商业性人寿保险以及其他通过市场获得的老年保障构成的第五层次，而普惠式国民养老保险与差别性职业养老保险可以组合成中国未来的基本养老保险制度。另外，相关学者还进一步主张在现有基础上，将统账结合中社会统筹部分与个人账户部分分解并发展成为普惠式国民养老金与差别性职业养老金。中国政府的工作重心应当是在统账结合模式的基础上，促使其向普惠式的国民养老金与差别性的职业养老金发展，而补充性养老金（企业年金）显然还不是目前整个养老保险制度构建与发展的重点所在，它应当在已经搭建的基本养老保险制度平台上发展。

7.3　我国老年社会保障制度

国外关于我国老年社会保障制度选择的论述，主要集中于养老保障方面，并且主要集中于我国城镇基本养老保险制度改革时期。在这一时期，福利国家在老年社会保障制度变迁与路径选择上广泛推行高标准、广范围和多项目的普遍福利政策，随着社会经济的发展，这亦受到前所未有的挑战。具有重要影响的国际组织与专家学者对我国的改革提出了各种建议。世界银行人类发展业务局针对 2000 年朱镕基提出的有关养老保障制度改革的五大问题，指出中国目前的缴费率太高，必须加强未参保企业和个人的缴费；中国的养老保险制度尽管以个人账户为基础，但并不包括缴费确定制的许多可取特征，还不能为参加养老保险的大多数人提供强大的激励机制，如果中国不能对所有人的账户都进行基金积累，那么可以逐步将名义账户转为基金账户，建立起账户的基金积累；中国的养老保险系统在整个预测期内都可能面临现金赤字问题，而要减少债务，需要强调几项关键选择，包括退休年龄、预期寿命、指数挂钩、基金积累制账户的缴费率；中国应正确设计基金积累制个人账户养老金制度；在实行分权式方案的情况下，如果实行国家标准，各省总会采取种种欺骗性做法，中国最终还是不得不实行国家级缴费征收和统筹制度。美国经济学家马丁·费尔德斯坦通过对现收现付制和基金制的讨论，认为中国从现收现付制过渡到基金制是可行的，“因为它仅仅伴随着税率与储蓄率，两者结合在早期略有提高，而这种结合的重负将逐渐下降，最后变得低于开始的现收现付制的税率”（陈谊娜，2012）。

针对中国的社会养老保障制度的改革，费尔德斯坦提出了两种方案：一是以基金制去替代现行计划中的现收现付的财政开支；二是对那些在缴费养老金制中收益太低的人实行定额给付养老金，以替代对所有退休者全部给付的受益养老金。“这两种选择的有效结合，将使所需要的税收从预期的 9%降到低于 2%。”(陈谊娜，2012)费尔德斯坦还指出了中国养老金制度转轨的路径，认为“把一些国有资产、土地或房屋用更有效的方式实行私有化，然后将证券给予现在的雇主、雇员或者承担政府未来责任的养老机构，可以大大提高国民收入”(陈谊娜，2012)，并且“只用 1.5%的税收，在 40 多年的时间内这些债券就可以偿还”。约翰·B. 威廉姆森等研究了中国养老保险制度改革的基本内容，介绍了瑞典等国的 NDC(名义确定缴费型)模式、FDC(基金确定缴费型)模式、DB(收益确定型)模式与 NDC 模式在中国的优缺点，指出中国应该建立三层次养老保险模式：第一层次为强制性的、最低收入的 DB 计划，通过工薪税进行筹资；第二层次应该以强制性的 NDC 计划代替目前积累严重不足的 FDC 层次；第三层次为自愿的 FDC 层次，它包括 1997 年国务院 26 号文件所描述的职业养老金和个人退休储蓄计划。10 年或 20 年之后，中国或许应建立第四层次——强制性的 FDC 计划。当有明显证据表明中国拥有 FDC 计划所需的成熟金融市场和金融机构时，便应该建立第四层次的养老金计划。但在建立第四层次前，应对其会给经济上的弱势群体带来的后果仔细进行分析，如近年来农村人口的迁移、非正式部门的职工、低收入职工、女职工以及自主就业者。建议中国将目前的准 NDC 层次转变为真正的 NDC 层次。

彼得·戴蒙德和尼古拉斯·巴尔在分析中国三位一体的养老保障体系出现的问题(包括系统的不完整、持续的赤字和个人账户问题)的基础上，就养老金体系的进一步改革提出了建议。这些建议涉及总体结构和系统管理、完善基本养老金、改善个人账户、调整退休后的养老金福利、应对隐性债务、加强自愿养老金、调整退休及领取全额养老金的年龄、逐步扩展覆盖面等方面。在涉及养老金制度改革中的政策选择问题上，戴蒙德与巴尔认为，个人账户并不能解决贫困和收入再分配问题，尽管社会统筹的基本养老金与个人账户养老金的规模不一定是相同的，但是它们却同等的重要。对于个人账户的政策选择，在中国当前的情况下，通过市场化的债券或储蓄来投资的基金积累制个人账户既不理想，也不可行，而记账式个人账户养老金可以将现在的个人账户与将来基金积累制个人账户顺利衔接，因而具有十分明显的优势。

值得注意的是，两位专家对中国农村地区的养老保障制度给予了一定的关注。他们认为：“应该将加强农村地区的老年社会保障作为一项优先工作。最终的目标是实现城乡之间在结构上一致的养老金系统和最低收入保障系统，虽然二者在受益水平上可以有所差异。”此外，世界银行、国际货币基金组织、亚洲开发银行等国际机构在并不特指中国的情况下，就保险资金的收付方式发表了一系列观点，认为现收现付制对经济发展具有不利影响。世界银行在 1994 年发表的研究报告《防止老龄化危机》中，系统分析了现收现付养老保险模式存在的许多缺陷：不能应付老龄化危机；养老金待遇过于慷慨，导致缴费率过高，企业负担增加，失业率增加；现收现付的养老保险模式降低了国民储蓄水平；国家财政过多弥补养老保障制度的赤字，导致教育、基础设施方面的投入减少，从而影响经济发展水平等。相反，国际劳工组织（ILO）和国际社会保障协会（ISSA）等国际组织则认为，现收现付的公共养老金制度具有私营制度所没有的许多优点，如可以通过再分配体现社会公平、管理成本较低、能够自然避免通货膨胀的影响等。世界银行指出，没有充分的理由表明现收现付的公共养老金制度对失业、储蓄产生负面影响。公共养老金制度可以在老龄化来临之前，适当提高缴费率，积累部分基金，以供人口老龄化高峰到来之时弥补基金的不足。在应对人口老龄化方面，私营积累式制度并不比现收现付的公共养老金制度更有效，而且它是一个风险很高的制度。养老金制度下老人的待遇受投资回报率的影响大，具有很大的不确定性，不能给老人以安全感；而没有社会救济功能，又不能体现社会公平的社会保障基本价值观念。

对我国养老保险制度的研究，多数集中在制度选择、路径选择、现行制度解剖和解释上，就制度研究制度是普遍现象。运用全面、系统、动态的思维方式，对于养老保险制度至关重要的整体环境的研究论述和成果十分少见，这不能说不是一个缺陷。

养老保险是为应对老年风险，为社会成员提供养老金的社会化制度，是为避免老年人因失去工作和收入能力而中断生活来源，或因收入减少使生活水平下降的风险而建立的保险制度。它可以通过社会保险和商业保险的形式实现。社会养老保险并不等同于社会化养老保险，它特指国家和社会通过立法实施的，以收入再分配或保险为手段，对社会成员的老年生活提供经济保障的社会行为及其机制、制度和事业的总称，具有制度性、强制性、正式性的特征。慈善、互助、家庭养老等虽然也具有社会化养老的属性，但不是社会养老保险的范畴。

养老保险具有一般保险的共同特性，也具有自身的特性。主要特征是：①权利义务对等，公民只有支付保险费才能获得养老保障；②共同分担风险，在全社会统一筹集养老金并统一调剂使用；③主体普遍参与，最大化的覆盖面是养老保险的基本要求；④保险期限漫长，对个人一般是从工作到死亡，社会保险的资产和负债都具有长期性；⑤政府主导地位，社会保险由政府依法推动和实施，商业保险往往由政府的政策主导。

国内外理论界也非常重视老龄化背景下养老保险问题的研究，也有不少关于养老保险环境问题的论述，主要集中于政府责任、制度的公平与效率、模式选择、制度安排的可持续性等。

7.3.1 社会养老保险的福利效应

借鉴公共服务均等化理论，城乡社会养老保险均等化应当通过为城乡居民提供大致均等的社会养老保险服务，以实现社会福利最大化目标。在追求社会福利最大化的过程中，越来越多的研究者认为社会养老保险具有多重福利效应：一方面它影响居民收入分配，具有收入再分配效应；另一方面它也影响居民的养老储蓄、劳动力供给（即退休决策）以及资本流动等诸多方面，从而具有经济增长效应。一些学者以福利经济学和新古典经济学为理论依据，分析了社会养老保险的起源，认为具有代际收入再分配效应的社会养老保险是实现社会福利最大化的必然选择。因此，社会养老保险的基本目标是通过调节收入分配差距减少老年贫困，进而实现社会公平。

Mulligan 与 Salai (1999)系统阐述了社会养老保险的产生及其对社会福利的影响。他们采用功利主义的社会福利函数，为年轻人和老年人赋予了不同的权重。如果政府为老年人赋更高的福利权重，那么在社会福利最大化的目标约束下，社会养老保险将会出现。而且在社会养老保险中，年轻人承担较多的税负，从而可以实现由年轻人向老年人的收入再分配。由此可知，具有代际收入再分配效应的社会养老保险，保证了社会福利最大化目标的实现。除 Mulligan 外，一些研究者基于不同的视角，对这一结论进行了阐述。Asimakopulo(1968)认为，社会养老保险的产生从本质上讲是政府对养老保险计划的干预，而政府干预的真正目的是希望通过社会养老保险的实施使储蓄成为一种公共决策而非个体行为，并希望进而通过社会养老保险发挥代际收入再分配效应，调节公众的养老储蓄和消费行为，实现社会福利最大化的目标。Bhattacharya(2003)认为，社会养老保险通过诱使退休影响劳动力市场，实现收入再分配和社会福利最大化。具体而言，为实现社会福利最大化，应当通过一定的制度设计，降低老年人工作意愿，从而使得更多具有生产能力的年轻人进入工作岗位。社会养老保险就是这样一种制度，它通过发放社会养老金，给予老年人收入补偿，产生代际的收入再分配效应，在降低老年人工作意愿的同时实现社会福利最大化。

Merton(1983)则基于社会养老保险风险共担的功能，对社会养老保险的起源进行分析。他认为，养老计划之所以由政府提供，主要归功于以下两方面的原因：一是社会养老保险能确保老人在退休后获得适当的收入；二是所有的退休者能够公平获得退休收入，这是由于社会养老保险采用了二个全社会统一的替代率。原因如此，他认为社会养老保险本质上是每个面临同样风险的个体所达成的风险分担机制，这种机制实现了雇佣者和雇员之间的风险共担，能够确保所有参与者应对未来的不确定性以及由此引发的劳动生产率波动，从而确保社会福利最大化。随后 Bodie(1990)通过实证分析，验证了 Merton 的结论。他分析了居民所面临的养老风险，随后探讨了在确定给付制和确定缴费制的条件下，社会养老保险对居民养老风险的不同影响。结果显示，不同的制度设计将会影响社会养老保险的风险分担功能，但是总的来看，社会养老保险能够在一定程度上实现收入再分配和化解居民养老风险，进而增进社会福利。在此基础上，Clark(1983)、Andrews(1985)和 Gottardi(2006)分别论证了私人养老计划所面临的风险，从而阐明了社会养老保险在风险分担中的优势。

中国学者分析了我国社会养老保险制度的福利效应及权衡问题。由于我国各地在农村社会养老保险制度方面做法不一，且发展缓慢，因此研究大多集中于城镇社会养老保险制度。郑伟(2003)构建了一个两期的动态生命周期模拟模型，对城镇社会养老保险制度变迁的经济增长效应和再分配效应进行了模拟量化分析。结果显示，城镇社会养老保险体系由传统的现收现付制向部分积累制的转变，使得收入分配差距缩小。封进(2004)指出，社会养老保险制度改革需要更多地从增进社会福利的角度着手，并强调了社会养老保险在调节城乡收入差距中的作用。她认为，社会养老保险制度改革的初衷在于消除老年贫困并进行收入再分配，因此收入差距较大的发展中国家在改革中应更加重视社会养老保险的收入再分配效应。袁志刚(2005)模拟了城镇社会养老保险体系从 1998 年到 2050 年的运行情况，测算出养老保险体系的负担系数以及在不考虑城乡人口差异和移民等情况下社会养老保险体系的中长期运行情况。在此基础上，他基于社会公平的角度，提出应不断扩大我国社会养老保险体系覆盖范围，使之覆盖城乡全体居民，并改革相关体制，消除劳动力在城乡间转移的障碍。何立新(2007)则侧重分析了我国城镇社会养老保险体系的收入再分配效应。他利用相关数据，估计了城镇参保职工终生养老保险的纯收益，并从代内和代际的角度对中国社会养老保险制度改革的收入再分配效应进行了定量分析。结果显示，1997 年改革方案实施后，改革后的社会养老保险逆向收入转移效果得到改善，但在 2005 年改革方案下，2002 年时 40 岁以上的群体中存在明显的逆向收入转移倾向。

7.3.2　农村社会养老保险

Coronado 和 Fullerton(1999)分析了社会养老保险在不同寿命人群中的均等程度。他们在分析中假定人的预期寿命会因一生中收入的差异而有所不同，那么一生中收入较高的人有可能预期寿命更长，这必然影响其社会养老保险受益程度。通过实证分析，他们指出预期寿命较长的参保者享受社会养老保险带来的受益将会更多，而这部分参保者大多是高收入阶层，因此美国社会养老保险体系的收入再分配效应并没有想象得那么高。与Coronado等人的分析相类似，一些学者分析了社会养老保险在男女人群中的均等程度。从分析结论来看，由于样本数据和分析方法存在差异，研究者得出的数据分析结果有差别，但结论却比较一致，即女性参保者参加社会养老保险制度后的福利增进相对于男性更高一些，这在一定程度上是由于女性的预期寿命更长。一些研究者则通过实证分析认为已婚夫妇参加社会养老保险制度的福利增进要比独身主义者高(Duggan，1993)。除此之外，一些研究者还分析了种族、家庭规模以及教育背景等因素如何影响不同群体参加社会养老保险制度后的福利增进情况(Meyer & Wolff，1987；Choudhury，2002)。

尽管目前鲜有专门研究城乡社会养老保险均等化的理论文献，但是诸多研究者对统筹城乡发展中农村社会养老保险制度的研究，在一定程度上体现了城乡社会养老保险均等化的思想。诸多研究者指出，建立健全农村社会养老保险制度是统筹城乡发展不可逾越的过程，并在建立健全农村社会养老保险制度的必要性上形成了相对一致的认识。学者普遍认为，土地保障能力减弱(杨翠迎，2004)、家庭养老的社会基础弱化以及农村居民养老观念转变(吴海盛，2008)等因素削弱了家庭养老的保障功能，使农村社会养老保险制度成为必要。研究者还对社会养老保险城乡统筹的经济可行性进行了深入研究，认为我国当前快速发展的经济、不断增长的财政收入已经能够为农村社会养老保险制度的建立提供经济支撑(卢海元，2004；福建省农村社保模式及其方案研究课题组，2006)。在此基础上，很多学者分析了城乡社会养老保险在覆盖范围、参保比率、保障水平和监督管理等方面的差异，并以社会公平为出发点，针对上述差异探讨了统筹城乡发展中的社会养老保险制度改革，提出了具有针对性的方案和设想。

在统筹城乡发展中的农村养老保障体系设计方面，郑功成(2002)认为，应当对农村居民的社会养老问题进行分类处置，并提出优先考虑已经非农化、城市化的农村户口劳动者，优先考虑响应国家号召的农村计划生育夫妇，优先在发达地区推进等政策建议。杨翠迎(2005)则认为，应以推动城乡衔接为目标，在农村建立家庭养老、社会养老保险和社区养老三种保障方式相结合的保障模式，通过发挥家庭养老、社区养老等不同养老保障方式的合力作用，解决农村居民的养老问题。

郭庆旺(2007)对家庭养老和社会养老对人力资本积累和经济增长的影响进行了实证分析，结果显示社会养老保险对我国人力资本的积累和经济的增长具有明显的抑制作用，而家庭养老则有助于更好地促进人力资本积累和经济增长，因此我国在完善农村社会养老保险制度的同时不能忽视家庭养老的作用。

在建立健全农村社会养老保险制度方面，一是要强化政府财政责任，提高农村社会养老保险制度的保障水平。研究者普遍认为，农村社会养老保险参保比率低、保障水平有限，在很大程度上与政府财政责任的缺失有关。为农村养老保险制度提供部分必要的资金是政府对农村社会养老保险的最大支持和激励（尚长风，2007），政府应不断增加政策扶持和资金投入，以保障社会养老保险公平目标的实现（汪沅，2008；付淳宁，2009）。二是创新筹资制度。农村社会养老保险制度的推广还与农村居民的缴费和收入水平密切相关。基于此，一些研究者创新费用筹集方式，提出以产品换保障、土地换保障、股权换保障等制度创新的建议，让农村居民以其拥有的农产品、股权、土地经营权等以特定方式转换为保险费，以解决保费筹集困难问题（卢海元，2003；尚长风，2007）。三是建立针对流动人口的迁转续接制度。随着农村经济发展，农村居民出现了农民工、失地农民和务农农民等不同的群体分划。解决流动人口的迁转续接问题，除了提高统筹层次外，还应针对其流动性特征，设立动态个人账户，使账户随个人工作地点和单位的变动而变动，从而解决流动人口的缴费和迁转续接问题（杨宜勇，2009）。四是加强农村社会养老保险基金的保值增值管理。部分研究者提出应拓宽基金的投资渠道，适当进入国家重点建设和市政基础设施建设等投资领域，也可适当购买股票和债券（付淳宁，2009）。部分研究者还提出通过发挥第三部门在维持社会公平等方面的作用建立农村社会养老保险捐赠基金制度（孙涛，2007）。五是规范政府监管责任，保障农村社会养老保险制度的稳步运行。目前，社会养老保险制度多实行县级统筹，较低的统筹层次设计使社会养老保险制度的发展明显受制于地方财力，贫困地区的政府往往无法为当地农村居民参加社会养老保险提供必要的财政支持。这限制了当地农村社会养老保险的发展，也限制了社会养老保险的城乡均等和地区均等。因此，提高社会养老保险制度统筹层次，同时规范中央与地方政府在财政投入、制度监管以及基金运作方面的作用就成为了必然选择（尚长风，2007；杨翠迎，2007）。

总之，很多学者基于社会公平的视角分析了城乡社会养老保险制度改革，为城乡社会养老保险均等化研究提供了理论借鉴。与此同时，统筹城乡发展中农村社会养老保险制度的研究大多是基于城乡社会养老保险制度的比较并提出相关改革对策。这些更多是针对现实制度运行中存在的问题展开就事论事的研究，缺乏对社会养老保险深层次的理论研究。相对而言，城乡社会养老保险均等化研究尽管也涉及城乡社会养老保险制度改革，但它应是结合社会养老保险的基本理论，以实现社会福利最大化为目标，分析如何提供城乡均等的社会养老保险服务，并以此为出发点提出相应的制度改革对策，因此其研究不是局限于城乡社会养老保险制度衔接与改革层面，其内涵也更为丰富。

7.4 中国养老保障体制的现状

目前，我国将养老保险制度体系划分为国家基本养老保险、企业补充养老保险（企业年金）和个人储蓄性养老保险三个层次，形式上似乎是“三支柱”体系，许多研究者也将之与世界银行所提倡的三支柱养老金制度类比。笔者认为，我国目前三个层次的养老金制度事实上与世界银行所谓的三支柱体系仅仅是形态上有一点相似性，实质的差别甚大。将之与三支柱体系简单类比，包含了一些概念上的混淆和理论上的曲解，影响了对我国目前养老金制度体系的正确把握。

7.4.1 三支柱体系

我们可以引用世界银行报告的原文来澄清三支柱的本意：

(1)第一支柱——公共支柱。目标是有限度地缓解老年贫困，提供各种风险保障。由于有政府税收力量的支持，这一支柱有独特的功能，即能为刚实行该计划就退休的人支付津贴，向穷人提供收入再分配，并能应付长时间的低投资收益、衰退、通货膨胀和私营市场失误的风险。公共支柱有三种形式可供选择：它可以提供以生活状况调查为基础的津贴，这是对各年龄段穷人给予资助计划的一部分，区别津贴的条件是老年人丧失工作能力的情况，津贴水平则要考虑与年龄有关的需要；它也可以为强制储蓄制度提供一个最低的年金保障；还有一个选择是为更大范围的人口组别提供统一的普遍的或与就业关联的年金。但公共支柱在规模上应适中，以给其他支柱留下较大的余地，并应实行现收现付制，以避免出现国家公积金管理中常见的问题。由于目标明确并有限，公共支柱应大幅度降低税率，从而减少逃税和劳动力配置不当以及赤字和不适当的代内、代际转移支付的压力。

(2)第二支柱是强制性的、完全积累的由私人管理的支柱。它可以将精算的津贴与成本相联系，发挥在所有人口组别间平衡收入或储蓄的功能，这种联系将避免公共支柱容易导致的一些经济和政治上的不良影响。完全积累制会促进资本积累和金融市场的发展，由此带来的经济增长将使公共支柱的筹资更加容易。不过，第二支柱如果运作比较成功的话，将会减少人们对第一支柱的依赖。第二支柱可采用两种形式：个人储蓄账户或职业年金计划。两种强制性计划都需要严格的监控。

(3)第三支柱由自愿的职业年金或个人储蓄计划将构成，它为那些想在老年得到更多收入及保险的人提供额外保护。

归纳起来，第一支柱就是指现收现付的基本的公共养老金计划；而第二、第三支柱则是完全积累的养老金计划，包括个人储蓄计划和职业年金计划两种；第二、第三支柱的分界线是强制和自愿，但第三支柱的自愿积累并不完全等同于个人储蓄和购买保险，第三支柱的积累应是锁定于养老用途的，并且一般由国家给予特定的税收优惠。三大支柱共同完成再分配、储蓄和保险三大功能。分配和储蓄功能是分离的，保险功能则由三重支柱共同提供，因为面对一个变幻不定的世界，多样化是保险的最佳方式。

7.4.2　养老保障体系的整体格局

我国目前三个层次的养老保险制度分割为五个账户，它们分别是：

(1)全国社会保障基金账户。它指的是全国社会保障基金理事会负责管理的由国有股减持划入资金及股权资产、中央财政拨入资金、经国务院批准以其他方式筹集的资金及其投资收益形成的由中央政府集中管理的社会保障基金。

(2)社会统筹账户。此账户和西方的社会统筹账户(第一支柱)不同，西方政府会把税收收入注入社会统筹账户，而由于各种原因，我国的社会统筹账户以前并没有财政资金的注入。直到2004年，国家把财政收入的15%甚至更多注入到了这个账户。此外，按规定我国企业要把工人工资总额的20%左右缴入这个账户。

(3)个人缴费账户。我国的社会基本养老保险除了社会统筹账户外，还包括个人缴费账户，它是由企业和职工共同缴费形成的。按照政策，建立这个账户的标准数额是个人工资的11%，职工缴费比例为个人工资的4%到8%。如：职工出7%，企业出4%，以此类推。该账户也由政府管理，这样在基本养老保险中就出现了两个账户：社会统筹账户和个人缴费账户，目前两者都是由劳动与社会保障部门设立的经办机构分别进行管理，是分权式政府管理。就其形式看，个人缴费账户应属于第二支柱的范畴，即强制性的完全积累的私人储蓄，但就其实际内容来看，它已蜕变为社会统筹的辅助部分。

(4)企业年金。企业年金属于第二或第三支柱的职业年金的范畴，目前在我国，它是非强制性的。从1995年劳动部颁布发展补充养老金的建议后，有些企业就开始建立企业年金，主要以商业性的人寿保险为主，但这些都不是规范的企业年金。中国要建立这个支柱将面临很多问题，目前劳动与社会保障部正在制定《企业年金管理办法》，已经形成了一些基本原则，如雇主和雇员共同交费、建立个人账户、实行市场化运作等。

(5)个人储蓄账户。就其本意而言，个人储蓄账户应属于第三支柱的范畴，但实际上第三支柱并不简单等同于个人储蓄和投保。目前的个人储蓄和投保实际没有起到第三支柱的作用，因为个人可以随时支取存款，保险也可以退保，是非锁定的。要把它们当成养老金的第三支柱，就必须把它们锁定，这就要求国家出台有关的法规和政策，如减免收入所得税、对银行授权，一旦储户把钱当作养老金存入，就不能随便取出。同时，法规也要鼓励个人储蓄，鼓励金融机构开发出新产品。现在最关键的问题是，国家要采取一个合适的延税政策（延长时间交税），鼓励个人进行养老储蓄。美国的个人退休金账户是第三支柱的经典范例。

综上所述，实际上我国的养老金制度体系目前真正起作用的仅有现收现付的第一支柱，企业年金虽然有所发展，但还远未起到支柱性的作用，个人账户则完全形同虚设。

7.5 我国城镇老年人医疗保险的发展

老年医疗保险也是老年社会保障的一个重要内容，是指由国家或企业为老年人提供经济补贴和医疗保障服务的一种保险制度。老年医疗保险是保护老年人度过健康长寿的晚年和确保老年人生活质量的重要保证。老年医疗保险的任务就是要面向城镇职工及农民建立适合社会主义市场经济体制、符合财政、企业和个人承受能力，保障老年人基本医疗需求的基本医疗保险制度。

1998 年，国务院颁布了《国务院关于建立城镇职工基本医疗保险制度的决定》，该《决定》规定："退休人员参加基本医疗保险，个人不缴纳基本医疗保险费，对退休人员个人账户的计入金额和个人负担医疗费的比例给予适当照顾。"但是随着老龄化趋势的不断加深，国家和政府不得不越来越重视老年人的医疗保障问题，近年来也采取了一些可行的措施，如为了努力减轻老年人的医疗负担，发展补充性医疗保险，采取了公务员医疗补助办法等措施，并且开展了针对老年人的专项医疗救助和康复救助活动等，这些措施在一定程度上缓解了老龄化对老年人医疗保险的压力。至 2006 年年底，我国参加城镇职工基本医疗保险的退休职工为 4152 万人，比上年度增加了 391 万人。除此之外，国务院在 2007 年 7 月颁布了《关于开展城镇居民基本医疗保险试点的指导意见》，主要对城镇的老年人、未成年人和低收入者进行保障，有包括老年人在内的 2 亿多城镇非从业居民从中受益。上述的这些措施都取得了一定的成就，但是从总体上来看，我国基本医疗保险制度覆盖的老年人占老年人口比例仍然是偏低的。

目前，我国仅有少数几个大城市，如北京、上海、杭州、镇江、苏州等制定和实施了专门针对老年人的医疗保障制度，而其他城市和地区只是通过退休职工基本医疗保险和城镇居民基本医疗保险对老年人进行保障，对老年人这一特殊群体的医疗保障问题并没有予以很高的重视。

7.6 发达国家的医疗保险制度

7.6.1 美国的老年人医疗保险

目前，全球的整体医疗水平都有所提高。在美国，不断发明的新技术使人的平均寿命越来越长，老年人医疗保险也因此越来越受到关注。下面简单介绍涉及美国老年人医疗的几种保险：

(1)社会安全保险(Social Security)

这种保险主要是针对 65 岁或以上、已经没有社会收入的老人，由政府为他们提供 600 到 800 美元的生活保障。这种保险的享有者需要满足一定的条件，需累计满 40 个绩点(或工作时间满 10 年)，一般而言，积累的点数与领取福利的种类有关。

(2)长期护理(Long Term Care)

据统计，一半以上的美国人将会需要长期护理。获得此项保险和帮助，对许多劳动力衰退和患有疾病、无法独立生活的老人的帮助非常大。长期护理中还包括疗养院护理(Nursing Home Care)、协助性护理(Assisted Living)、退休社团的持续护理(Continuing Care Retirement Communities)和家庭健康护理(Home Health Care Services)。这一险种成长得很快，能减轻很多老人的负担。

(3)医疗照顾保险(Medicare)

此为美国联邦政府所主持的全国性与强制性社会医疗保险制度，包括所有缴纳社会安全税与老人医疗保险税的工作人员。凡年满 65 岁、符合资格领取社会安全保险的老年退休者(Old Age Retirement Insurance)，可自动获得老人医疗保险服务保障。其资金主要来自于雇主和雇员所缴纳的社会保障税、自愿投保人缴费、投资收益、铁路退休账户转入经费和政府财政补贴等五个部分。它由住院保险(HI，也叫作 Part A)和补充医疗保险(SMI，也称作 Part B)两部分组成。Part A 是一个典型的社会保险计划，用于支付给付期内的住院费用，包括床位费、伙食费、医院服务和药品的费用等。Part A 还支付其他机构，如收容所、专业护理设施 (Skilled Nursing Facility，SNF) 等提供给被保险人的相关服务的机构。Part B 为自愿性参加项目，享受 Part A 的老人中约有 99%的老人购买了补充医疗保险，其资金主要来源于单个被保险人所缴纳的保险费、投资收益和政府财政拨款，其中，政府承担了主要的责任。

医疗照顾对住院的条件有严格限制，首先要得到医生的同意且患者所住的医院必须参加了联邦医疗保险计划；其次还需要通过医院的效用评估委员会的批准。一般情况下，由于有些服务需要患者个人承担费用，因此参加者还要准备“预先指示”，即告诉医院你希望获得哪种服务，当病人在医疗急救中失去交流能力时，它可以供医生参考。

(4)贫民医疗计划(Medicaid)

这是联邦政府保险为低收入家庭以及资产有限的人设置的医疗保险计划。对于接受现金救助的贫困老人、儿童及其父母、残障失能者和盲人，均由联邦政府透过各州政府推行医疗救助制度。其中接受联邦政府补充安全收入(Supplemental Security Income)的老人救助福利金(OAR)就被列入了贫民医疗救助案。

(5)蓝十字和蓝盾

对于上了年纪的老年人，寻找一个合适的保险种类非常重要。但政府提供的“医疗照顾”或“贫民医疗”计划不能包括部分辅助险种，这些险种的保费有的高达每年1000美元。“帝国蓝十字和蓝盾”是美国蓝十字和蓝盾协会下的一个有多年历史的保险计划，也是帮助老年人的一个较理想的险种。

(6)牛津医疗保险(Oxford Health Plans)

成立于1984年的美国牛津医疗保险公司是美国东部极为成功的同类公司。“牛津特惠老人保险计划”也是针对65岁以上的老年人的一种特殊的保险种类。在政府的“医疗照顾”计划下，住院头一天病人要支付所有住院费的20%，政府支付80%；而成为牛津会员的老人，如果再加入牛津的特惠计划则无须增加一份保费，却可以免去所有的上述住院费用。该公司还对老人承保遍及全球的急诊医疗费用，如不需留医，只需付50美元的急诊定额手续费用。此外，公司的各个客户服务中心还定期为社区举办健康讲座，深受老人的欢迎。

作为当今最为发达国家，美国的医疗保险体系主要是以民营的商业保险为主，民众采取自愿参加的形式。这种自愿性参加的医疗保险必然会产生一个“双向选择”的问题，其覆盖面比较窄，这主要是美国的医疗保险偏向市场化运作的结果。在上述几种涉及老年人的医疗保险中我们不难看出，美国政府给予了老年人医疗保障高度的重视，且在市场明显失灵的地方充分发挥了政府应有的作用。

我国的医疗改革也采用了市场化取向。对改革中出现的“看病难，看病贵”现象，有些国内学者称之为“美国病”。但是我们必须看到，市场化医疗服务带来的优势是不可否认的。首先，市场化医疗服务体制可以满足不同层次人群的医疗消费需求；其次，政府颁布的卫生法体系和管制措施也为医疗质量的安全性提供了良好的保证；再者，政府有针对性地设立的一些私人不愿投资兴办的公立医院，也在很大程度上弥补了医疗服务市场化所造成的社会不公平。虽然美国针对老年人所建立的医疗保障制度我们不能照抄照搬，但是无论是市场化运营还是政府干预所采取的相关配套措施，对于我国研究老年人医疗保险还是具有一定的借鉴意义的。

7.6.2　法国的老年人医疗保险

法国是世界上第一个进入人口老龄化的国家，目前，法国 75 岁以上的老人有 400 万。老龄化同样给法国社会带来了一系列的问题，也给该国的社会保障系统及医疗保健部门带来了愈来愈沉重的压力。因此，法国政府非常重视老年人的医疗保障制度。在法国，享有老年养老金资格的老人均有资格享受医疗保险的各种待遇。

7.6.2.1　法国老人的医疗保险范围及支付方式

法国的疾病社会保险规定，被保险老人患病就诊时，除已交纳的社会保险费之外，还需交纳诊疗总费用的 20%，剩下的费用由疾病保险基金会直接付给医院。但是在某些特殊情况下，病人还可免去个人负担。对于患结核病、麻风病、肿瘤、糖尿病等某些需要长期治疗、花费较高的老年病人，可以实行全部免费。法国的医疗服务由公立医院和私立医院共同负担，虽然私立医院在数量上明显多于公立医院，但起主导作用的仍是公立医院。该国病人一般都可自由选择开业医生，药剂师医生会在病人的诊疗单上填写诊疗项目和诊疗费，由药剂师在诊疗单和处方单上盖章。病人将这两个单子交给疾病保险机构，由保险机构根据国家规定的费用标准予以报销。病人自己要负担一部分费用，但在某些情况下病人负担若有困难，可以全部报销。这些情况包括大手术，需长期治疗、巨额治疗的疾病，3 个月以上不能工作等。病人可到公立或私立医院进行住院治疗，其费用分为诊疗费和住院费，根据医院类型的不同来确定费用。公立医院的诊疗费、住院费由国家统一规定；私立医院医生的诊疗费与开业医生相同，均根据国家统一规定的标准来收取，病人的其住院费则根据地方疾病保险基金会与医院的合同（有的地方亦由国家）来确定。

7.6.2.2　法国老人家庭医疗制度

考虑到家庭医疗可使患病老人减少困难与隔阂感，应使他们在与平时相同的生活环境下接受医疗。早在 1962 年，法国即已建立起老人家庭医疗制度。这样不仅有利于老人的身心健康，还可以达到减少医疗费用支出的作用。家庭医疗制度把家庭医疗分为家庭病床和家庭护理两种，病人在医生的监督下进行治疗，并由护理人员予以护理、照顾。执行这项任务的主要机构不是医院，而是与公立机构有合同的团体，后者与家庭护理协会等协作，提供诊疗服务。目前，在法国约有50万老人需经常住院，而且住院期相当长。为避免医院里长期住院的老人过多，法国计划发展长期住院设施供需长期护理的老人使用，并积极促进家庭病床和社区医院的发展，现已开展了一些中期服务，提供治疗和康复措施。

从法国的老年人医疗保障制度我们可以看出，法国政府对老年人医疗保障予以了高度重视，并且还建立了专门的老人家庭医疗制度来减少医疗费用的支出，这在一定程度上缓解了老龄化趋势所带来的压力，这些举措都是值得我国政府借鉴和参考的。

7.6.3 日本的老年人医疗保险

众所周知，日本是长寿之国，其人均寿命已经达到82岁，居世界首位。早在1982年日本就制定了《老人医疗保健法》，对老年人的医疗保险政策进行了一系列的改革，其主要调整包括以下几个方面：

(1)为70岁以上的老年人单独建立了老年医疗保险基金，中央政府投入基金的30%(2006年达到了50%)，各医疗保险基金提供70%。

(2)提高参保人的年龄。由于科技的发展及医疗技术的进步，人的寿命越来越长。日本已将现有老年医疗保险基金的覆盖人群年龄由之前的70岁逐步提高到75岁，即从2002年10月到2007年10月的5年期间，分阶段性地提高到75岁。

(3)增加中央政府对老年人医疗保险基金的投入。

(4)2000年，将老年人医疗费的个人负担由过去的定额制改为10%，2002年已经提高到20%。

上述政策在一定程度上起到了积极的作用。但是日本国土虽小，其老龄化速度并不低于世界上任何一个老龄化国家，且伴随着人口高龄化趋势。据有关资料统计，2002年日本65～75岁的老年人人均年医疗费用为50万日元(占总医疗费用的23.2%)，75岁以上的老年人为79万日元(占总医疗费用比例的26.7%)，且75岁以上老年人的医疗费用呈上升趋势。随着人口老龄化的进一步加深，老年人的医疗费用支出明显上升，财政负担必然逐步加重。目前，日本政府正在积极地探索建立新的老年人医疗保险制度，确定合理的老年参保人自负比例，明确医疗费用的负担主体和缴费主体，力争实现年龄段之间、保险者之间的保险金公平化及制度运营责任主体的明确化。

日本的老人医疗保险模式虽然也未必能尽善尽美，但也还是有值得我们借鉴的方面：

第一，日本各界早在20年前就开始高度重视老年人的医疗保险问题，并且通过立法的形式建立起了老年人医疗保险的长效机制。发达国家基本上都是先经历工业化、城市化,然后步入老龄化,属于“先富后老”;而我国直接从工业化过渡到了老龄化,是典型的“未富先老”。相比发达国家而言,我国老年人医疗保险体系所面临的压力更为严峻。随着老龄化趋势的进一步加深,我国城镇基本医疗保险参保人员与退休人员的比例在逐步下降,医疗保险基金很快就会陷入入不敷出的境地,因此,老年人医疗保险必须引起政府乃至全社会的高度重视。

第二,将 75 岁以上的高龄老人从各个基金中分离出来,单独管理,是一个多赢制度的创新,值得我国借鉴。这种制度一方面可以缓解老年人口分布不均带来的基金风险,另一方面又避免了政府对老年人医疗保险政策倾斜的泛化,而且还可以为老年人提供其他更为可靠的保障内容或服务。

第三,日本早在 2000 年 4 月 1 日起就正式实施了老年护理保险制度,给老年人提供了必要的保健及医疗等护理服务。和日本相比,目前我国老年参保人员的年龄偏低。我国政府可以考虑将 65 岁以上的老年人分离出来,单独管理这一高风险人群,从而提高全国统筹层次。同时,国家应增加政府的财政投入。为了有效地应对老龄化趋势,建立老年护理制度,完善我国老年人医疗保险政策,这些举措都是值得借鉴和考虑的。

第8章　老龄化的政策与法规

人口老龄化会对国家职能、政党制度、政治环境等政治结构因素产生影响。老年人口的激增必然形成一个重要的压力群体，进而直接或间接地影响不同年龄群体间的政治力量格局与社会关系变化。政府完全可能为了维护庞大的老年群体的利益，而不得不以牺牲其他人口群体的利益甚至未来世代的发展潜力为代价求得政治上的稳定，这无疑给未来社会政治结构的稳定埋下了隐患。

中国人口结构的老龄化已对社会结构稳定性产生了较大影响，这些影响正逐渐波及社会结构中的各个领域和不同层面，如家庭结构、消费结构、组织结构、城乡结构、区域结构、产业结构等。人口老龄化正是通过影响这些社会结构而对我们的生活产生全方位的冲击。而从某种意义上讲，任何社会结构都是制度的产物，是制度体系运行的结果。因此，人口老龄化带来的所谓冲击并不完全来自于老年人或者老龄化本身，更缘于现有的制度安排阻碍了我们采取及时有效的行动来应对其所带来的问题，从而无法满足老龄社会的发展需求。

一般而言，制度是对社会政治经济结构及其中人类关系与行为的规定，它总随着环境的变化和人类自身理性程度的提高而变迁。现在，中国的人口年龄结构已急剧变化并将持续发展，人口老龄化不仅会成为中国社会的常态，更是中国社会经济发展所必须面对的前提之一，我们将不得不以更加理性的姿态使相关的制度安排尽快对此作出反应，从而营造积极应对老龄化的良好环境。尽管并非所有的制度变迁都可以在一夜之间完成，尤其非正式制度的改变更是漫长的过程，但制度由政策所维护，政府在应对老龄化中有着不可推卸的责任和无以替代的功能。政府通过重构公共政策体系推动相关制度变迁，使我们的社会针对老龄化而进行必要和及时的反应、适应和调整，已经势在必行，这无疑使公共政策的转变成为制度变迁的核心。

公共政策是政府对社会公共需求的应对，它不仅体现了政府的执政理念和社会的主流价值，还总是依赖于当前的社会现实与社会条件。如有研究指出，中国老年人目前面临的收入困境和养老保障困境都不是“未富先老”所致，而是源于社会收入分配政策和社会转移支付制度的不合理，以中国现在的国力完全可以使老年人生活得更好。这种人口年龄结构与现有公共政策安排之间的矛盾必须得到重视。过去我们的公共政策大多以青年型或成年型社会为中心，而现在我们必须考虑到老龄社会，因为在不久的将来，这个社会 1/3 的人都将超过 60 岁。

8.1　国内老龄政策的发展

老龄政策作为一种社会现象，有其形成、发展的过程。在我国古代就有敬老、养老的传统，这虽不是现代意义上的老龄政策，但已具备了老龄政策的雏形。新中国成立之后，我国老龄政策的发展历程可分为三个阶段：一是形成期，从 1949 年到 1981 年，人口年龄结构向成年型过渡，这个时期是我国老龄政策的初步建立阶段。二是发展期，从 1982 年至 1999 年，人口年龄结构从成年型向老年型发展，这个时期是我国老龄政策快速发展的阶段。三是扩张期或成熟期，1999 年以来，我国人口年龄结构开始迈入老年型，这是我国应对人口老龄化的国家战略全面启动的阶段。下面对这几个时期进行具体的阐述。

(1)初步建立阶段。在这一阶段中，我国人口年龄结构向成年型过渡，虽然还没有出现“老龄政策”这一概念，但出台了不少被后来的老龄政策包含在内的政策文件。如新中国成立后不久，国家就颁布了《农村五保供养工作条例》，20 世纪 60 年代又实施了农村合作医疗制度以及城市职工养老和公费医疗政策，初步建立了我国的老年社会保障制度。但由于这一时期人口年龄结构尚处于年轻型，老年人口规模在总人口中所占的比重不高，对社会经济发展的影响还不突出，所以国家没有从宏观经济和社会发展影响的角度制定老龄政策。

(2)快速发展阶段。在这一阶段，我国人口年龄结构已从成年型向老年型过渡，老年人口数量和占总人口比重呈持续上升的态势。我国人口老龄化宏观社会经济政策开始启动，老龄事业成为一个组成部分。该阶段有两个重要的标志：一是在 1982 年维也纳召开的“第一次老龄问题世界大会”的敦促下，中国从中央到地方陆续成立了老龄工作机构，老龄问题被列入政府的工作日程。1994 年，老龄委会同国家计委和民政部等部门联合制定下发了我国第一个老龄工作发展规划——《中国老龄工作七年发展纲要》(1994～2000 年)，对推动我国老龄事业的发展发挥了重要的作用。养老保险、医疗保险、低保制度、农村养老保险制度、农村初级卫生保健和新型合作医疗制度、社会救助制度等也逐步得到完善和健全。另一个重要标志是 1996 年全国人大颁布的《中华人民共和国老年人权益保障法》，该法从法理的角度确立了老龄工作和老龄政策在政府工作中的位置。

(3)全面启动阶段。1999 年,我国 60 岁以上老年人口占总人口比重超过了 10%,这表明我国人口年龄结构开始迈入老年型。面对人口规模和人口老龄化的双重挑战,政府做出了一系列的战略部署:首先进一步加强老龄工作机构,1999 年成立了全国和地方的老龄工作委员会;其次指明新时期老龄事业的发展方向,陆续制定和出台了《关于加强老龄工作的决定》和《中国老龄事业发展"十五"计划纲要》等重要的老龄政策文件,老龄工作正式列入政府工作日程。2005 年出台的《中共中央关于制定国民经济和社会发展第十一个五年规划的建议》,标志着我国政府对老龄工作的重要性和制定完善的老龄政策紧迫性的认识上升到了新的高度。

自 20 世纪 80 年代以来,我国在老龄工作的实践中不断总结经验,提出了"五个老有"的工作方针,后来在世纪之交又加入了"老有所教",将其发展成为"六个老有"(即老有所养,老有所医,老有所为,老有所学,老有所乐,老有所教),使其成为有中国特色的老龄政策基本框架。这表明政府不仅关注老年人的物质需求,而且也同样重视老年人的精神文化需求,反映了政府在引导老年人积极健康地生活、共享社会物质和精神文明发展方面的政策意向。

但是,"六个老有"是否能包括老年人各个方面的需求?该概述是一个完善的老龄政策体系么?事实上,这种简单的概述还存在诸多的不足。这种说法并没有涵盖老年人的全部需要,如老年人的发展需求和价值需求就没有得到很好的体现。它只是罗列了老年人几个重要方面的需求,既没有说明老年人需求的内在关系,也没有体现老年人需求满足和价值实现的本质关系,更没有明确挖掘出老年人在解决老龄化问题中的地位和作用,没有突出老年人的主体意识。可见,"六个老有"只体现了老年人需求的几个重要方面,是制定老龄政策的重要基础,但与完善的老龄政策体系还存在相当大的距离,不能简单地把"六个老有"归结为我国老龄政策体系。完善的老龄政策体系应该包括多方面的内容,而不仅仅局限于满足老年人的几个重要需求。"六个老有"只是老龄政策的几个具体的目标。

如果把"六个老有" 简单地等同于我国目前的老龄政策体系,是对我国老龄工作实践的一种错误认识,这种错误的认识将会把我国制定完善的老龄政策体系的实践引向歧途,延缓甚至阻碍我们建立真正意义上的完善的老龄政策体系。完善的老龄政策体系不仅涉及老年社会保障、福利与服务、卫生、文化教育和体育、权益保障以及老龄产业等多方面内容及其之间的关系,还包括立法、行政管理体制建设以及老龄理论研究等多方面、多角度的内容。所以,简单地把"六个老有"看作是我国老龄政策体系的做法大大缩小了老龄政策的范围,阻碍了完善的老龄政策体系的形成。在应对人口老龄化问题的过程中,用这样片面的认识、不完善的老龄政策体系来指导政府解决老龄化问题的实践，必然会缺乏现实的动力。

公共政策理论认为，治理是一个国家在经济和社会资源管理中行使权力的方式。在我国，由于长期实行集权制，严重窒息了社会和经济的活力。而随后进行的以市场为取向的改革，在政企不分、政府职能转换滞后和新的治理结构尚未建立与完善的情况下，又难以迅速避免由制度安排缺陷特别是制度真空所带来的一系列问题。此外，虽然我国的政府职能已向注重发挥市场和社会力量的方向转交，但这一进程恰恰是在市场和社会力量都十分薄弱的条件下开始的。因而我国的政府职能转变面临着“市场失灵”和“政府失效”的双重困难。由于一段时间里在政府职能转变中过多地强调了发挥市场作用，本该由政府承担的公共服务职能被推向了市场或者放松了必要的规制，出现服务真空或失调。

8.2　发达国家的老龄化政策

8.2.1　英国的老年人国家政策与法案

2001 年英国卫生署发布了《老年人国家服务框架》，通过地方健康与社会关怀部门负责执行。服务框架包含八项标准：根除年龄歧视、个性化的关怀与照料、中级护理、综合性医院治疗、中风治疗、摔倒治疗、老年人心理健康、健康与有效生命的促进。2004 年，英国又发布了《选择健康白皮书》，内容致力于疾病的预防，并确立了一系列行动。

2004 年，英国卫生部门发布了社会关怀绿皮书《独立、幸福与机会：我们对成年人的未来社会关怀》，更加注重预防性服务和针对性干预，强调各部门自上而下的合作，鼓励利用新技术发展新的服务模式。2005 年，英国政府发表《健康、工作与幸福——关注我们的未来：对于劳动者阶层的健康与幸福战略》，帮助政府关心老龄化劳动力和劳动力的减少。2006 年英国卫生部发布了《一个新的举措：国家服务老年人框架实施后的下一步》，列出了国家服务老年框架的第二阶段的三个主题：照料中的尊严，联合（综合）性保健，健康老龄化。

2005 年，由英国工作与养老金部提出了一份报告，该报告是应对人口统计学的变化和人口老龄化的挑战提出的战略管理，引入立法禁止在就业和职业教育方面的年龄歧视，并宣布强制低于 65 岁的公民退休为非法的、不合理的。另外，选择继续工作的人，以后可领取国家养老金作为回报。与此同时，英国政府还制定了推动老年人就业的政策，大致可归结为四种：规制改革、经济激励、工作条件改善、态度转变。2006 年以来，英国政府采取的措施如表 8-1 所示。

表 8-1 2006 年以来英国政府采取的措施

部门	举措
地方当局	建立"健康老龄化"计划；以社区为基础单位，确定资金和支持；界定公共机构的责任，促进年龄平等；确保平等和人权委员会消除工作中的年龄歧视
政府部门	确保综合开支的审查；设置贫困养老金领取的目标日期，并公布时间表和一些重要进展；对于长期的养老金安排，政府和外部利益相关者要达成共识；确保积极的老龄化计划，对老年人的身体、心理及幸福进行设计、发布及评估
健康部门	确保和促进老年人的心理健康
教育部门	确保学校课程能够促进良好的心理健康和幸福及健康老龄化的态度和行为；鼓励支持健康工作与生活平衡的员工，为长期心理健康和幸福做贡献
公共机构和企业	废除强制退休年龄，使老年员工弹性退休；为所有员工提供退休前的信息和支持；教育和培养与公众有直接接触的员工重视和尊重老年人
年龄关注与精神健康基地	与其他组织，包括媒体共同合作，以更好地了解老年人的态度及可能存在的心理健康问题
志愿者组织	鼓励和支持老年人充分利用各种机会参加有意义的活动，提供他们有权获得的信息、建议和支持

现行的英国养老金体系主要由"三支柱"构成。第一支柱为国家养老金计划，主要包括对全体符合条件的纳税人提供的国家基本养老金和对雇员提供的与收入相关联的国家第二养老金。国家养老金本着社会福利的普遍性和公平性原则，资金分配向中低收入者倾斜，发挥着社会收入"二次分配"的功能，充分体现了政府在现代社会保障制度中的责任。第二支柱是职业养老计划，第三支柱是个人养老计划。

8.2.2 美国的老年人国家政策与法案

美国是发达国家中生育率最高和人口增长最快的国家之一。据统计，2010 年美国的人口总量已达到 3.08 亿，居于世界人口第三大国的地位。早在 20 世纪 40 年代，美国就开始进入了人口老龄化社会，现 65 岁以上老龄人口占总人口的 17.4%，是典型的老龄化国家。

美国政府高度关注老龄化问题,设立了专门的管理老龄问题的机构。1935年,美国通过了以养老保险为主体的《社会保障法案》,之后又颁布了《美国老年人法》和《禁止歧视老年人就业法》,使老年人的合法权益得到了保障。另外,美国政府还通过修正《禁止歧视老年人就业法》,取消了强制性退休的法律条文,禁止强制70岁以下的雇员退休。1935年,美国国会通过了以养老保险为主要内容的《社会保障法案》,以建立完善的社会养老保障制度。为建立完善的老年人服务网络,美国政府在卫生与公众服务部设立老龄局和九个区域性办公室,并在州设立公共服务部负责老龄工作,在州及以下设老龄代理机构,在社区设立老龄服务中心,形成了覆盖全国的老龄服务网络,提供老年服务与照料,促进老年人身心健康。另外,有关数据显示,养老保险的开支数额占美国社会保障总开支的80%左右,属开支最大的一个项目。美国政府通过建立康复中心或者上门治疗,为患慢性疾病的老年人提供治疗和关怀服务,住在康复中心的老年人在支付完所有资产和收入后,由政府提供医疗救助。

2000年,美国政府的老龄化实施部门倡议"你可以迈向更健康的老龄化运动"。美国开展这个项目是为了促进老年人更好的营养和身体活动。在2005年的白宫会议上,与会者聚焦发展与完善国家、州和地方的老龄化政策,诸如长期护理、营养、照顾、残疾、劳动力医疗保健、老年工人、财务与健康知识和其他与老年有关的问题,与会代表提出的前十项决议非常接近积极老龄化。2006年,美国疾病控制和预防中心发布了两个文件:《健康老龄化:预防疾病和提高老年人的生活质量》和《到2010年解决社区卫生的种族和民族问题:疾病预防控制中心及其合作伙伴今后的方向是解决健康方面的差距》。

在2005年美国启动了针对目前与未来的积极老龄化战略,以走向一个更加包容老年人的社会,提高老年人参与的机会,扩大老年人信息使用的权利,更好地理解积极健康老龄化的挑战。美国健康与公共事业服务部疾病预防与健康促进办公室在2010年发表了28个重点健康老龄化领域,包括医疗服务、体育活动和健身、心理健康和精神疾病、食品安全、计划生育、环境卫生等。

美国现有的养老金计划分为三部分,分别为政府强制性养老金计划、雇主养老金计划和个人储蓄养老金计划。最先有的是雇主养老金计划,即目前的第二支柱,然后才出现了第一支柱即政府强制性养老金计划,个人储蓄养老金计划作为补充,是最后才出现的。美国的养老金计划结构完善,将政府、雇主和普通雇员有机地结合在了一起,政府在其中发挥着统筹协调的核心作用。美国政府在保障第一支柱的前提下,通过适当提供各种形式的税收及其他政策优惠,促进了其他形式养老金计划的健康发展。

美国在公民退休年龄的安排上采取了灵活多样的方式,将退休年龄分为三个层面，给不同的人群以不同的选择。首先是提前退休的选择，愿意提前退休的美国人可以最早在年满 62 周岁时退休并领取全额退休金的 70%。其次是正式的退休选择，美国人在年满 67 周岁时可以申请正式退休并领取全额退休金，大部分人能够领到的全额退休金为每月 1000～2000 美元，已可以满足老年人的基本生活需要，并且退休金数额每年根据通胀率有小幅调整。第三个层面是制度鼓励的延迟退休，美国人可以最晚工作到 70 周岁，"以年龄换金钱"，领到更多的退休金。

8.2.3 澳大利亚首都直辖区的老龄化应对策略与措施

澳大利亚评定了积极应对老龄化的五元素，即金融安全、积极参加社会活动、精神、身体和劳动力的参与。2002 年，澳大利亚首都直辖区卫生部门发布了《健康行为行动计划》。陈述了澳大利亚首都直辖区未来三到五年有关公共健康的方向，确定了社会因素中影响健康和幸福的十大决定因素：社会梯度、应力、早期的生活、社会排斥、工作、失业、社会支持、成瘾、食品与运输以及获得安全和负担得起的住房和一个清洁和安全的物理环境。该行动计划呼吁采用全面、跨部门的办法应对社会的健康决定因素。政府承认，这不是卫生系统单独的责任，但相信卫生系统可以带头在政府的辅助下在国家范围内实现高质量的效果。

2006 年，澳大利亚首都直辖区部长理事会发布了《健康和有意义的老龄化：2006～2008 的战略规划》，计划在 2006 年到 2008 年，优先在五个关键领域采取行动和研究。这五个关键领域是：社区应认可和重视老年人的尊严和价值；通过使老年人获得一些提高他们身体与精神健康的课程以及在社区内过安全与融洽的生活促进他们的健康和幸福；使老年人在参与教育，就业及终身学习时没有遭受歧视的恐惧；帮助老年人获得合适的、负担得起的住房；为老年人提供适合他们能力与需要的交通与停车的选择。在澳大利亚，老年人的金融安全是通过养老金、大量的政府支付和津贴方案、企业退休金以及通过国家老年人医疗保险体制获得的卫生保健服务补贴等实现的。

澳大利亚首都直辖区的老龄化政策的优点是将世界卫生组织界定的健康决定因素囊括在内，对社会健康决定因素的响应采取了跨地区的方法，认识到了不能只有卫生部门为健康促进负责，认识到了自然环境在健康与幸福促进中的重要作用，对于健康与有意义的老龄化形成了特定的计划；其缺点是没有足够衡量变化与进步的细节，没有宣布实施健康和有意义的老龄化计划的新资金。

8.3 中国老龄政策存在的主要问题

近年来，我国老龄政策在应对人口老龄化的挑战、保障和改善老年人的福利等方面发挥了积极作用，取得了一定的成效，但是随着人口老龄化形势的发展，也开始暴露出诸多的问题和不足，从政策科学的角度来审视现有老龄政策体系，其问题主要包括以下几个方面。

8.3.1 政策内容过于狭隘

由于政策制定者倾向于将老龄问题界定为社会问题，把老龄工作作为改善弱势群体的一项社会福利工作，将老龄政策归结为社会政策的范畴，较少考虑老龄问题的经济后果，导致了应对人口老龄化经济后果政策的匮乏。在当前，中国老龄政策规范和调整的领域主要局限于老年人的经济供养、医疗保健、照料服务、精神文化生活、权益保障等有限的几个方面，“老龄政策”似有等同于“老年人政策”之嫌。

8.3.2 政策功能比较单一

从国家、群体和个人的角度来看，理想的老龄政策应当具备三项功能：成功应对人口老龄化的挑战，实现国家经济和社会的可持续发展；有效保障老年群体的权利和福利；促使社会个体成功应对老龄化。从功能的角度来审视，现有老龄政策的功能主要集中在保障老年群体的权利和福利上，能够在微观层面促使社会个体成功应对老龄化的老龄政策并在宏观层面促进国家经济社会可持续发展的老龄政策相对匮乏。从老年人的需求角度来看，老龄政策在功能方面既要满足老年人的生存性需求，也要满足老年人的发展性需求和价值性需求。对老年人的发展性需求和价值性需求的满足是21世纪老龄社会持续发展的动力之一，只有充分关注和满足老年人这些需求的老龄政策，才能使老年人成为社会进步的建设性和推动性力量，才能激发人口老龄化的正面效应。然而，中国当前恰恰缺乏满足老年人发展性需求和价值性需求的老龄政策，这突出表现在严重匮乏的扶持老年人就业、志愿服务和社会参与的实质性政策措施，并已造成了老年群体人力资源的严重闲置和浪费。

8.3.3 政策对象定位不准

由于政策制定者对生命历程和生命周期视角认识的不足，使中国老龄政策的对象主要局限于老年期的个体,导致当前的老龄政策基本上属于"事后补救型"政策,而非以老年期个体为对象的"事前干预型"的老龄政策。从生命历程的角度来看,社会个体老年期出现的诸多问题,是其在非老年期遇到的各种问题累计的结果。老龄政策应促使全体国民树立终身准备意识,让全体国民正确对待老化和年老,对自己的老化过程负责,为自己的晚年生活负责,使尽可能多的社会个体在进入老年期后拥有健康的体魄和心智,具备较高的参与社会发展的能力,享有较好的社会保障。因此,老龄政策的客体不应仅仅局限于已进入老年期的群体,还应当扩展到非老年期的群体,以消除导致老年期问题的积累性因素,防患于未然,未雨绸缪。

8.3.4 政策效力总体较低

老龄政策按效力等级可以划分为法律、行政法规、规章和规范性文件,效力逐步递减。当前国家层面的老龄政策局限于部委规章和规范性文件层面,上升到国家法律和行政法规层面的老龄政策很少。目前,上升到国家法律层级的老龄政策仅有《老年人权益保障法》,绝大部分老龄政策在形式上是以"通知""意见""决定"等规范性文件的形式存在。效力的低下,导致政策的贯彻实施难以达到预期效果。

8.3.5 政策视野偏重短期

老龄问题具有渐进性、积累性和不可逆转性。老龄问题一旦出现,通常也意味着失去了解决问题的最佳时机。为解决老龄问题,老龄政策应当根据这一特性立足当前,着眼长远。中国目前的老龄政策主要着眼于解决老年人的"养""医""服务"等"当下问题",缺乏从中长期角度解决老龄问题的战略型老龄政策。这突出表现在中国目前仍然没有形成应对人口老龄化的国家战略,也没有出台促进老龄事业发展的中长期规划上。这种战略性、长远性老龄政策的匮乏,很可能导致国家错过应对人口老龄化挑战的战略机遇期。

8.3.6 政策"碎片化"明显

政策具有普适性,应当平等地对待政策客体,使政策客体公平享受政策分配的各项资源。然而中国老龄政策的地域差异明显:一是同城市相比,农村的老龄政策薄弱,这也是城乡二元差异在老龄政策领域的具体体现。二是不同经济区域间老龄政策发展的不均衡。东部发达地区的老龄政策相对完备,中西部欠发达地区的老龄政策相对粗疏。这种老龄政策的"碎片化"导致不同地区的老年群体难以平等享受国家经济社会发展成果。

8.3.7 政策完善过程不够规范

标准的老龄政策完善过程应当经过老龄政策的调研、制定、贯彻和落实、评估、接替等一系列紧密联系的阶段。中国老龄政策完善过程存在的主要问题有：在为制定和实施老龄政策提供信息的调研阶段，缺乏科学的调研方法和研究视角；在制定阶段，缺乏政策受众的深度参与；在贯彻落实阶段，由于体制不顺和激励机制的缺乏，导致“政策失灵”；在评估阶段，存在的主要问题是还没有建立完整的老龄政策评估体系；在政策接替阶段，主要问题是政策制定者的政策接替意识还没有完全树立，损害了政策的连续性和完整性。

8.3.8 政策体系还需完善

老龄问题具有结构性特征，需要综合应对。老龄问题的结构性特征，客观上要求应对策略的结构性。这种综合性和结构性要求老龄政策元素之间以及不同政策单元之间能够相互联系、彼此调适，形成有机的体系，以充分发挥其对老龄问题的综合治理功能。中国当前的老龄政策缺乏系统性，没有形成完整的政策体系，突出表现在两个方面：一是政策不配套，比如目前虽然有《老年人权益保障法》，但是缺乏相应的实施细则以及养老保险、老年医疗保健、老年福利等方面的配套法律法规，使《老年人权益保障法》的许多规定显得过于原则化，缺乏操作性。二是有些老龄基本政策和具体政策之间以及老龄具体政策之间存在不一致的内容，还需要及时修改和完善。比如《老年人权益保障法》规定“农村的老年人，无劳动能力、无生活来源、无赡养人和扶养人的，或者其赡养人和扶养人确无赡养能力或者扶养能力的，由农村集体经济组织负担保吃、保穿、保住、保医、保葬的五保供养，乡、镇人民政府负责组织实施。”该款与新修订的《农村五保供养工作条例》的有关规定不一致，目前农村的五保供养已由农村集体供养转为公共财政供养。再如，现行低保政策的测算方法是将老年人和子女的收入合并计算，不足低保标准的再给予补差，因而将部分老年人的离退休金平摊到子女身上。这与《老年人权益保障法》中“老年人有权依法处分个人的财产，子女和其他亲属不得干涉，不得强行索取老年人的财物”的规定相矛盾，这实际上在无形中硬性分割了老年人的收入。

8.4 我们需要什么样的公共政策

尽管相当多的研究将人口老龄化视为一种沉重的负担，但那些曾被描绘出的可怕景象并不注定是我们的未来。如果我们能因此而对社会的组织和运行进行再设计,并制定更为巧妙的公共政策,一个老龄化的世界仍然蕴藏着不可忽略的机遇与活力。就这一政策问题的性质界定而言,人口老龄化在宏观上是社会与经济如何继续“科学发展”的问题,在微观上则牵涉到“以人为本”原则的具体落实问题。然而,实际的政策设计却经常出现错位,即偏离或忽视了“人口老龄化已经成为中国社会的常态”这一政策制定的重要前提,而依然坚持着“非常态”或者“非老龄社会”的假设。其后果是:其一,政府过于注意对经济发展有影响的硬指标,而忽略了老年人群体的特殊性。其二,对当前老年人行为与认知新特征的研究资料极为匮乏,政府无从发现和掌握经济与社会变迁对老年人的影响以及随之产生的问题。其三,将老龄社会简单地等同于老年人的社会,忽略了人口问题的全民性与动态性。所以,应对人口老龄化的公共政策选择,在很大程度上已不再是一个技术性问题,而且包含着价值的判断与战略的选择。

8.4.1 寻求行政管理体制的突破

人口老龄化已经成为中国社会的常态,中国政府提出的“和谐社会”“科学发展”和“包容性增长”等执政理念与发展目标都将在这一前提下实施。政府有必要在长期发展和社会整合的基础上统筹考虑应对人口老龄化的战略规划,通过相关公共政策的改革与完善使中国社会尽快适应这种人口态势,以贯彻执政理念及实现发展目标。然而在中国现有的行政管理体制下,目前以部门为主导而形成的各种与老龄化有关的公共政策不断呈现“碎片化”的趋势。

不同的政府部门往往专注于各自的功能和职能定位,相关部门之间职责交叉但界限不明确的情况时有发生,政策之间相互制约乃至冲突的现象时有出现,老龄政策在部门发展序列中的排位以及政策优先对象的确定都要取决于相关部门对老龄事务的理解,这会使老龄社会中公共政策转变的许多基础性工作难以开展,源头性问题难以解决。因此,政府在应对人口老龄化的工作中应首先寻求行政管理体制上的突破,这是推进公共政策转变的首要保障。在政府管理体制改革的背景下,只有建立一个权威的常态统筹机构,从体制上强势整合人口计生、民政、卫生、人保等部门的相关职能与资源,在提供体制、组织和资金保障的同时,对政策进行统一的规划、管理、调控与实施,才能有效推进公共政策体系在老龄化背景下实现积极的转变。

8.4.2 建立健全老年法律体系

要切实保障老年人的合法权益、解决人口老龄化问题,必须通过立法把老年人的各项保障制度以法律的形式确定下来,通过法律的稳定性和连续性保障老年群体的权利，也使各项老年保障制度有效运作。法律不仅要规定老年人享有的各项权利，还要明确管理机构、人员、服务、资金的来源和使用、受益的主题等，并通过法律的监控和规定严格的法律责任来实现。我国有敬老、爱老、养老的传统美德和尊老、爱老、养老的风尚。但这只是从道德的角度来认识的，如果仅以道德规范行为，会缺乏从法律上对老年人各项权益的保障。进入老龄社会以后，老年人问题和人口老龄化问题都是重大的社会问题，这些问题仅靠道德规范不可能彻底解决，归根到底要依赖法律法规的保障。为了确保老年人的合法权益，不仅要形成尊老的社会道德风尚，更需要通过立法，制定法律、法规，通过司法机关用强制力来确保法律、法规的贯彻执行。建立健全老年法律法规体系，可以更好地调整老年人和非老年人的关系，制裁侵犯老年人合法权益的不法行为，保障老年人的合法权益，有利于促进家庭和睦，保证社会经济的健康发展。我国于 1996 年颁布了《中华人民共和国老年人权益保障法》，它规定“老年人有从国家和社会获得物质帮助的权利，有享受社会发展成果的权利”，使老年人在家庭生活中的权益受到保障，在社会生活中的权益也受到保障，确定了老年人有参与社会发展的权利以及法律责任和处理程序。老年法的制定和实施为亿万老年人安度晚年提供了切实的法律保障。但是，由于人口老龄化进程的快速推进，我国有关老年人的法制建设还不够完善，不能满足现实的需求，在处理很多涉及老年人的民事纠纷方面，还缺乏专项法律和法规依据。为了切实维护老年人的合法权益，发展老龄事业，我们要从下面两个方面进行：

(1)修改现在的法律，完善法律责任制度，包括行政责任、经济责任和刑事责任三个方面。首先，明确行政责任。《老年人权益保障法》能否得到有效的贯彻实施，关键在于各级各类组织，尤其是领导干部能否带头遵守它并维护它的尊严，认真履行法定职责。对有关部门或组织不履行保护老年人合法权益的行为及国家工作人员违法失职致使老年人合法权益受到侵害的行为，应当追究行政责任。其次，明确经济责任。经济基础决定上层建筑，实现《老年人权益保障法》提出的“老有所养、老有所医、老有所为、老有所学和老有所乐”的目标，离不开必要的经济支持。对那些不履行职责的单位或个人应视情况追究相应的经济责任，通过追究经济责任，达到教育有关单位或个人的效果，切实从物质上保障老年人的合法权益。最后，明确刑事责任。对一切严重违反《老年人权益保障法》规定，构成犯罪的行为及其当事人，都必须依法追究刑事责任，只有严厉打击各种侵害老年人合法权益的犯罪行为，才能真正维护法律的尊严和老年人的合法权益。

(2)制定新的法律，加强社会养老保险法制化建设。工业化国家及许多发展中国家在建立和改革社会养老保险制度时，通常都是以立法机关制定或者修订相关法律、法规为先导，以管理部门制定的相应实施细则为条件，然后才具体组织实施。我国的社会养老保险立法已比西方发达国家晚了100多年，从人口老龄化加速发展的趋势来看，加快我国社会养老保险立法步伐显得比历史上任何时候都更加重要和紧迫。当前我国应该尽快颁布《社会养老保险法》《社会保险法》《基本养老保险条例》等法律法规，使社会养老保险制度建设和改革进一步走上法制化和规范化的轨道。我国现行的立法存在层次不高，约束力不强，缺乏法律规范应有的强制性、权威性和延续性的问题。因此，我国的养老保险制度改革和体制建设迫切需要出台一部新的、具有权威性的、强制性的和延续性的《养老保险法》，以明确政府、企业与个人的权利和义务，维护法律的严肃性。

8.4.3 实行积极老龄化政策

积极老龄化是人到老年时，为了提高生活质量，使健康、参与和保障的机会尽可能发挥最大效益的过程，故而积极老龄化政策框架包含“健康、保障、参与”三个方面。

8.4.3.1 实现老年人健康的政策

“健康”一般是指身体、心理和社会功能的完美状态，因此健康分为身体健康和心理健康两种。应使老年人不仅在身体上能够健康，而且也在心理上健康。随着年龄的增长，人的身体机能渐渐衰退，容易患上各种疾病，老年人失去身体健康的几率越来越大。面对健康的丧失，老年人对健康的需求最为急迫。因此，实现老年人的健康首先就要保证其身体的健康，要建立完善的医疗保险制度，保证人人都能平等地享有卫生健康服务。具体操作如下：完善县、乡、村三级医疗预防保健网；完善社区老年卫生服务工作网络；实施农村地区老年医疗卫生服务计划，完善农村新型合作医疗制度；完善贫困老年人医疗救助制度；完善城乡基本医疗保险制度；发展商业医疗保险，提高个人健康意识；实施长期照料计划和家庭护理计划，促进终生饮食营养健康保健计划，加强老年病研究和防治。进入老年时期，老年人要面对包括健康在内的一系列的变化，这对其心理健康将产生强烈的冲击，使得老年期成为心理困扰或心理疾患的多发期，而心理健康在很大程度上影响着生理健康。

从根本上说，心理健康要求个体具有一定的心理调节能力。如果个体缺乏这样的心理调节能力，即使他人能够给予强大的心理支持，也很难维护与巩固其心理健康。因此，必须增强老年人的心理调节能力。心理调节能力可以通过接受教育、咨询辅导以及自我反省而不断加强。一方面，各级相关部门可以通过各种媒体或设立专门机构来加强中老年群体心理调节的自觉意识，普及心理健康调节方面的知识，提供必要的心理咨询或心理辅导服务，提高老年人的心理调节能力。另一方面，老年人或邻近老年的中年人应有意识地强化自己的心理调节能力。尤其需要强化由各种变化所带来的孤独、悲伤或恐惧等方面的心理调节能力。

8.4.3.2　实现老年人保障的政策

制定老年人保障的政策最强有力的理论支持就是脱离理论。脱离理论认为，老年人身衰体弱，不宜继续担任社会角色，而应该脱离社会，这既有利于老年人，也有利于社会。既然要老年人脱离社会，那必然要为老年人提供保障。

目前，我国实现老年人保障的第一步是要逐步建立有中国特色的安老、养老安全网。中国目前还处于由家庭养老保障向社会养老保障过渡的阶段，特别是在农村，建立完善的社会养老保障制度，还需要比较长的时间，还处在探索阶段。从中国的实际出发，实现由传统的家庭养老逐步向社会养老的部分转变是一种必然趋势。根据中国经济、政治、文化传统的独特性和家庭的经济承受能力，解决中国养老问题的正确选择是走家庭养老和社会养老相结合的居家养老道路。所谓“居家养老”即坚持和完善家庭养老，走家庭养老和社会养老相结合的居家养老道路，积极创造形成一个以家庭为核心、以社区养老服务网络为外围、以养老制度为保障的居家养老体系。另外，还要逐步建立适合中国国情的家庭保障安全网、社区养老服务安全网、社会养老保障制度和政策安全网。我们既要满足和改善老年人对物质生活的特殊需求，更要不断满足和丰富老年人对精神文化生活的特殊需要，千方百计提高他们的生活质量。促进老年福利、老年教育、老年文化、老年卫生、老年体育等事业进一步的发展，为广大老年人安度晚年创造必要的条件。

第二步是对社会保障制度进行专业的管理。一个贯通中央到地方的养老行政领导体系将直接影响老年保障制度的发展方向和进程。我国的劳动和社会保障部就是适应社会发展的需要而设立的权威性的专门行政机构。在确立行政管理机构的同时，还应设置对政府行政管理予以监督制衡的配套组织及加强老年人自我管理的意识和信心，大力发展老人们的自我管理组织。此外，老年社会保障作为一种制度体系，需要专门人才进行专业化的管理。直接从事老年服务的工作人员，要通过系统的专业学习，经过考核取得一定的资格之后才能担任。随着我国老龄人口的增多，对老年保障以及老人服务工作进行专业化管理具有重要意义，应在民政学校和一些大专院校设置老年保障的专业课程，对从事社会福利工作的专业人员进行培养。

8.4.3.3　保证老年人的社会参与权利的政策

老年人具有参与社会的权利，也有参与社会的需求。需要层次理论表明，老年人在实现生理需要和安全需要后，同样具有归属、尊重及自我实现等需要。连续性理论认为，那些中年期活跃的老年人，在进入老年以后同样具有积极参加社会活动的兴致。活动理论提出，老年人应该积极参与社会。只有参与社会，才能使老年人重新认识自我，保持生命的活力。通过鼓励老年人就业与再就业，可使其社会角色得以延续而重新认识自我，树立生活的信心。保障老年人参与社会的权利应主要做好以下几个方面：①宣传和教育，培养公众的“老龄意识”，树立老年人正面形象；②努力营造敬老爱老助老的社会道德环境和代际和谐的家庭环境，加强代际团结，减少老年人的孤独感和与社会隔离的危险；③鼓励老年人继续参与经济、政治、文化和社会生活；④发展基层老年群众组织，鼓励老人参与社区建设和村民自治；⑤完善老年法律保护体系，消除对老年人一切形式的忽略、虐待和暴力行为；⑥制订志愿者活动计划，特别是老年志愿者活动，承认志愿者活动的价值；⑦提升老龄化的积极形象，尤其是老年妇女的积极形象，承认老年妇女照料和参与非正式经济活动对家庭和社会的重大贡献：减少老年妇女参与的不平等；⑧减少对老年妇女权利和需求保障的不平等；⑨努力营造适合老年人的清洁环境和安全环境，鼓励“就地养老”；⑩帮助老年迁徙者融入新社区。保障老年人参与社会的权利，不仅是老年人的需求，而且也是社会发展的需求。老年人力资源丰富，对社会的发展有着重要的作用。因此，要积极开发老年人力资源，调整老年就业政策，支持老年人就业与再就业，对老年人口再就业的职业结构及时进行相应的调整，填补社会经济变动过程中的结构性的职业空缺。要尽力发挥老年人的作用，尤其是具有各种才能的老专家、老学者，凡愿意工作的，根据他们的健康和其他情况，要创造条件，使之继续发挥作用。这样既有利于老年人的健康，而且可以增加老年人的收入，提高老年人的生活质量。

8.4.3.4 扶持老龄产业发展的政策

人口老龄化无疑给经济社会带来了巨大压力，但从另一角度看，它也为我们提供了启动新的经济亮点的机遇，因为随着老龄化的到来，老龄产业也势必会发展起来。老龄产业是指与老龄有关的产业，其中包括第一、二产业，更多的是第三产业。随着人口老龄化程度的不断加深及人口平均预期寿命的延长，老年人口的数量将越来越多。在这部分庞大的人口数量规模的背景下，其对社会的需求将越来越大。而不同经济状况、不同文化背景、不同民族习俗、不同健康状况、不同心理素质、不同年龄阶段、不同人生经历的老年人对各种商品与社会服务的需求也各不相同。多层次、多元化的需求必将形成一个丰富多彩的消费市场。需求带动供给，老年群体特殊需求的扩大要求老龄产业快速发展，这给社会经济的发展带来了动力。我们要转变观念，用发展的观点来发展老龄产业，满足老年人多层次、多元化的需求，这是迎接老龄化挑战的战略选择。开拓老年市场可实现老年保障的社会化，使养老保障进入良性循环，并可创造就业岗位，增加就业机会，保持社会稳定。

为促进老龄产业的发展，必须制定必要的优惠政策。老龄产业的福利特征要求政府加大投入并实行优惠政策，包括税收、投资、信贷、价格和市场营销等方面。切实支持老龄服务产业的发展，做好产业的指导和产业政策的研究工作，对申请报批的项目，应在法律和政策许可的范围内，简化立项和报批的手续，降低老龄服务产业的各项支出费用；对政府部门的各种杂费，应实行减免政策，以保护和鼓励老龄服务产业人士的积极性，推动老龄服务产业的发展。同时，应把开发老年产品市场和发展老龄产业纳入市场开发和产业发展规划之中，并根据人口结构和市场需求的变化积极调整产品结构和经营战略，使新产品和新的服务项目能满足老年人的服务要求。在设置各项服务行业和项目的时候，应制定必要的标准和规章，逐步做到规范化、标准化、产业化。对从事老龄服务业的员工，要进行最基本的专业培训，要求持证上岗，保证质量。在当前，要重视发展适合老年人需要的饮食业、保健业、旅游业、医药业、文化业、教育业等各种服务业，以满足老年人不断增长的物质文化生活的需要。

发展老龄产业，还要积极开发老年人力资源，要把开发老年市场同开发中老年人力资源结合起来，调整老年就业政策，支持老年人就业与再就业。积极开发老年人力资源，一方面应设立老年人力资源库，构建老年人力资源信息网络。为加快我国经济的前进步伐，使老年人力资源开发和利用真正落到实处，各级单位必须尽快设立老年人力资源信息库，及时摸清、收集各系统内老年人力资源的整体状况，免费为老年人才登记入库，并在此基础上，由各级人事部门建立相应的老年人才信息网络，实现老年人力资源共享，进而为各级政府部门规划、开发与利用老年人力资源提供信息与决策依据。另一方面，应组建老年人才市场，举办老年人才交流活动。各级老龄工作部门应配合人事部门，积极将老年人才组织起来，让他们为政府与社会经济发展献策；还应向社会各界推荐老年人才，为供求双方牵线搭桥，使老年人才在参与决策咨询、组织科研攻关、承担教学任务、开展精神文明建设等方面充分发挥作用。

第9章　老年健康财经

9.1　国外老龄化与区域经济

人口老龄化早已引起世界各国政府和学者们的高度关注。自20世纪90年代以来，国内外学者对人口老龄化影响区域经济发展的研究成果颇丰，在理论和实践上都不断深入，主要侧重于以下几个方面：

9.1.1　老龄化与经济发展和社会福利

Peterson (1999)将人口老龄化对经济发展带来的负面影响归纳为以下六个方面：①医疗成本以惊人速度上升。由于老年人需要更多医疗保健，这将给年青一代带来庞大的医疗费用负担或者导致巨大的政府财政赤字。②不断扩大的养老费用支出，同样导致高额的保险费用或财政赤字。③不断上升的老年抚养比，导致经济不断恶化。④劳动力严重短缺带来经济总产出下降。⑤储蓄率下降(更少的年轻人储蓄，更多的老年人消耗他们的储蓄)，导致投资减少。⑥人们从事工作的热情减少，或者改革阻力大，导致经济缺乏活力。Feldstein(1994)利用跨国时间序列资料分析发现，社会保障支出增加，私人储蓄减少将近60%。

Brunow和Hirte(2006)认为，人口年龄结构影响区域的经济增长水平。通过对欧盟15国的截面数据的空间计量分析，他们发现不同年龄结构的区域的人均产出不同，30～44岁年龄段的人口对经济增长的贡献效应最显著。Bijak等(2007)应用三种不同的迁移方案对所选的27个欧洲国家的2002～2052年的人口和劳动力进行预测发现，人口迁移并不能抵消人口老龄化和劳动力老化对经济发展的负面影响。

Shimasawa和Hosoyama(2004)建立了一个具有固定格式且含有世代交叠的一般均衡模型来研究日本、韩国、新加坡、中国以及中国台湾地区等的人口转变效应，通过模型(孩子抚养成本在模型中被定量化)分析总变量和代际间的福利水平是如何相互影响的，结果发现人口老龄化对储蓄率、价格因素和经济福利影响非常大，人口老龄化将带来亚洲经济高速增长的终结。同时，他们还应用情景模拟分析说明政策改革可以在一定程度上减少老龄化所带来的负面影响。

Peter Broer(2001)分析了荷兰人口老龄化对经济增长和福利分配的效应，结果显示人口老龄化加重了社会保障的负担，当前的社会保障体系会导致税负的大幅增加和未来几代人口生命周期中大约4%的福利损失。

9.1.2　老龄化与消费、储蓄和资本积累

Wakabayashi(2008)运用截面数据分析发现，日本工作家庭退休时的预期和实际消费都远低于退休前的消费水平。这在很大程度上与莫迪利亚尼的生命周期假说理论相吻合，即每个人都根据他自己一生的全部预期收入来安排消费支出，处于生命周期的不同阶段，人们的储蓄倾向不同，人们在工作年龄阶段储蓄倾向为正，退休后储蓄倾向为负。Kim和Kim(2006)分析了人口老龄化对储蓄的影响，他发现许多已有文献在研究方法上很少采用时间序列分析。因此，他应用协整分析和向量误差修正模型对韩国的数据进行了分析，并发现人口老龄化与储蓄之间有长期的均衡联系，但是短期之内老龄化和国民储蓄之间没有格兰杰因果关系。Kaiji Chen等(2007)运用世代交叠模型分析了影响日本储蓄率的三个主要因素：人口老龄化、全要素生产率和财政政策，结果发现1960～2000年的全要素生产率变动是日本储蓄率变化的主要原因。

Yakita(2008)应用世代交叠模型分析了人口老龄化对均衡增长路径上的公共投资的影响。他认为，预期寿命的增加和劳动力的减少使得私人资本和公共资本积累面临两难选择，随着人口老龄化程度的加深，不仅要提高收入所得税，而且要增加维持基本需求的支出比例，才能达到最大化的公共投资均衡增长率。

在人口老龄化冲击下，资本积累的内生调整对经济增长非常重要。Ferguson(2011)指出资本积累对经济增长有长期效应。他认为，由于医疗保健和教育投资的"溢出效应"以及储蓄率和资本存量的提高，寿命延长在短期内能促进经济增长和资本积累，但长期储蓄率的下降会抑制资本积累，且教育投资私有化以及政府对医疗保健投资支持的下降会使资本积累情况加速恶化，不利于长期经济增长。

9.1.3　人口老龄化与劳动人力资本

Leibfritz和Roeger(2007)指出人口老龄化导致劳动投入增长的减速，如果劳动生产率增长也同时减少的话，社会总产出将下降。但是如果老龄化也导致

劳动生产率降低，那么产出下降的幅度将大于老龄化通过影响劳动供给而使产出减少的幅度。人均GDP也受到人口老龄化的影响，但其变化幅度不及产出的变化幅度。

Miyazawa(2001)研究了人口老龄化对人力资本的积累效应，他提出了计算人口结构变化代际效应的一种新方法，认为老龄化具有双重效应：非刺激效应和产品多样化效应。考虑到人力资本的积累效应，模型预测认为生育率下降意味着问题而不是机会；死亡率下降意味着机会而不是问题。

Profeta(2002)应用大量不同国家的数据分析人口因素如何影响退休时，发现一个国家的人口老龄化比重越高，劳动力的退休年龄就越大。考虑到财富效应的约束，他以老年人口的有效劳动参与率代替政府法定的退休年龄，发现退休政策和社会保障的规模严格相关，即社会保障转移支付的总量正相关于老年退休人口的增加。

9.1.4 老龄化与社会保障

Gerdtham etc(2005)应用瑞典23个县级区域1980～1999年的面板数据分析了人口老龄化对财政税收和医疗服务的影响，发现人口老龄化不但与医院床位天数正相关，而且与财政税收正相关。Wildasin(1991)认为，美国和其他发达经济体的人口正逐步老龄化，社会保障和医疗保健的负担相应加重，就业人口的消费税、收入所得税以及其他各种税收也将相应地增加。人口老龄化提高了就业人员享受社会保障的边际福利成本，也增加了教育成本，这些结果意味着就业者和限制社会保障及其他支出的压力将随时间而增加。Baumgartner 等(2006)通过将人口分解成六个不同年龄群体并对每个群体分性别建模分析，说明了人口未来的发展趋势，并从三个不同侧面说明了老龄化的影响：一是对纯粹人口统计发展的影响；二是增强了劳动市场的不完全性和不确定性；三是对生产的冲击而要求更高的经济增长。应用长期宏观经济模型模拟奥地利的人口老龄化对就业、产出增长和社会保障体系的偿付能力的影响。Tetsuo Ono(2007)认为，养老金会抑制人年轻时的储蓄动机并降低资本存量水平和工资率。在影响资本积累和工会工资的前提下建立的公共养老金就业效应模型分析表明越高保障水平的养老金制度将导致更低的失业率，经济发展将收敛于稳定状态。

Adema 等(2008)应用两个不同的养老制度国家两阶段的迭代模型探讨了人口老龄化通过资本市场对不同养老金制度国家的国际溢出效应。结果显示，从长期来看，基金养老制的国家会有负的溢出效应；而在短期，现收现支的养老制国家有负的溢出效应。Pecchenino 和 Utendorf(1999)应用三阶段的世代交叠模型，在各种人口假设条件下研究了量入为出的社会保障制度对资本积累、教育支出、社会福利和经济增长的效应，结果是很多情况下，该制度挤出教育投入、抑制了经济增长并降低了社会福利。Lacomba 和 Lagos(2006)认为，人口老龄化必然导致平均退休年龄的延长，为应对老龄化，应实行社会保障制度改革，如弹性退休制，这一改革应将养老金额与就业时的实际贡献相联系。Broer(2001)分析了量入为出(Pay As You Go,PAYG)社会保障制度改革的效应，并说明减少 PAYG 养老金支付制度改善了资金的使用效率，但会损害当前低收入群体的利益，这需要通过减少间接税来矫正。

9.1.5 老龄化与其他区域经济

Tetsuo 和 Maeda(2001)则应用世代交叠模型从生存的不确定性和环境的外部性分析了人口老龄化对环境的影响。研究认为，老龄化对环境是否有害取决于效用函数的曲率，即相对风险规避系数的大小。Quinn(2008)研究了城镇的健康老龄化问题。他认为未来的几十年内，全球人口城镇化和老龄化速度将会加快。目前，50%的全球人口居住在城镇，到 2030 年，该比例将升高到 60%，尤其是发展中国家的城镇化速度将会快速提高。同时，2050 年全球 60 岁及以上的人口比例将加倍，即由 11%增加到 22%，这部分人口将主要集中在不发达国家的城镇地区。这些发展趋势将对公共健康工作者、医生、研究人员和城镇规划者提出更大的挑战，同时也为老龄人口集聚的国家和地区的经济带来极大的影响。

9.2 国内老龄化与区域经济的关系

9.2.1 老龄化与经济和社会可持续发展

姜向群和杜鹏(2000)以 1990 年人口普查得到的分年龄人口结构数据为基数，根据由 1995 年全国 1%的人口抽样调查得到的生育水平和死亡水平数据，结合 1990 年以来的调查数据预测了我国之后 50 年的人口变化，并结合经济因素分析了当前和未来人口老龄化对劳动抚养比、劳动力资源供给、退休金和社会消费量等经济方面的影响。

在社会可持续发展的视野中，人口老龄化的社会影响是多方面的，表现在经济、政治、科学文化以及家庭、代际关系等诸多方面。经济方面的影响表现在对经济发展速度、劳动生产率、消费、储蓄等的影响，但是影响程度和方向(正向或负向)目前尚难得到定论，主要是因为缺乏有说服力的实证研究。可以明确的负面影响在于人口老龄化对老年社会保障和老年医疗保健的影响，即人口老龄化加大了社会保障和医疗保健的支出。

人口转变是挑战中国经济持续增长的一个重要因素。在这个过程中，个人的生命周期和代际更替之间相互叠加，通过劳动供给、储蓄和科技进步等渠道对长期经济增长施加影响。人口转变使得中国从20世纪60年代中期开始享受人口红利，并一直持续到2015年左右。为了迎接人口老龄化的冲击，中国需要通过扩大就业、加快人力资本积累和建立适合于中国国情的可持续的养老保障模式三条途径来充分挖掘未来潜在的人口红利，推动中国经济持续增长。

在国民收入分配中，人口老龄化导致消费基金增加和积累基金减少，同时还导致消费基金内部和积累基金内部的比例关系的变化。彭秀健(2006)运用“中国可计算一般均衡模型”(PRCGEM)对中国人口老龄化的宏观经济后果进行了量化分析。模型结果显示，中国人口老龄化将通过劳动力的负增长以及由此导致的物质资本的低增长，减缓中国经济增长的速度。中国的人均物质生活水平仍然会继续增长，但是增长的速度会不断下降。在人口老龄化背景下，技术进步和生产率的不断提高是维持中国经济可持续增长的主要动力。

9.2.2 人口老龄化影响储蓄和消费

投资是拉动我国经济持续快速增长的重要因素。多年来，我国一直不断提高的储蓄水平为投资增长提供了重要来源。人口老龄化过程中，人口结构的变化改变着国民收入中储蓄与消费的分配比例，这是人口老龄化作用于经济增长的重要渠道之一。生命周期假说指出，人口老化将引起储蓄率的下降。我国人口老龄化速度的加快，将会导致储蓄率水平的大幅下降。2000年，我国国内储蓄率达到43%。相关研究结论显示，在人口老龄化快速发展阶段，我国储蓄率将从43%下降到2020年的33%；在人口老龄化加速发展阶段，即至2050年我国储蓄率将进一步下降到20%，至2100年储蓄率将降至12%。人口老龄化加速导致储蓄率水平下降，主要将体现在两个方面：

(1)私人储蓄水平不断下降。随着人口老龄化进程的不断加快，老年人口的比例大幅提高，低生育水平使我国0～14岁人口所占的比重不断下降，其速度将低于老年人口比重的上升速度，我国将面临总抚养比不断提高的问题。从个人生命周期来看，个人储蓄将经历从提高到下降的过程。老年人口大多以纯消费为主，日常生活、医疗等费用支出往往通过消耗他们自身的储蓄来实现，必然使其储蓄水平下降。因此，老年人口的不断增加，将使整体储蓄水平逐渐下降。

(2)总抚养比不断提高，适龄劳动力将更多地用于赡养老年人口。另外，老人自身用于各项社会保障的支出也将增加，这都会降低家庭储蓄水平。与其他国家不同的是，城市中存在大量独生子女家庭，多以“四二一”的模式为主，这导致劳动力人口的负担将更加沉重，这也将进一步强化人口老龄化对储蓄率下降的影响。

人口老龄化社会中老年人口比例的提高将会导致社会储蓄水平的下降。老年人口大量增加，将会使国家用于老年社会保障、改善老年福利设施与老年服务的公共支出的比例不断提高。同时，企业用于支付社会保障的各项支出也将随着人口老龄化水平的提高而增加，使企业用于生产的投资比例缩小，在技术等其他条件变化较慢的情况下，这将使企业产出水平下降，进而导致社会总产出水平和人均国民收入增长速度的下降，对经济发展产生不利影响。

此外，需要指出的是，人口城市化不仅表现为农村劳动力向城市的流动与迁移，更主要的是他们生活方式的转变。这样一来，一方面，青年劳动力的储蓄倾向将有所下降；另一方面，大量农村劳动力陆续迁居城市后所产生的对住房、生活、城市公共服务等支出的增加，也会在一定程度上影响其储蓄水平。但同时，这部分人口消费需求的增加，将会刺激投资的增长，进而对经济增长产生正面效应。据此，我们认为，在人口老龄化初期阶段，这两方面对于储蓄水平的影响将是正面的，而在老龄化加速发展阶段，其负面影响将会提高。

老龄化将会降低未来的消费水平和消费比率。在社会总抚养比下降的条件下，老年人口比重每升高 1 个百分点，储蓄率可提高 0.37 个百分点。然而，当劳动年龄人口比例下降，特别是社会总抚养比超过 50%以后储蓄水平将下降。这是因为退休后的老年人一般由存款人变为提款人，老年人口增多意味着提款人增多，导致储蓄水平下降。王金营、付秀彬(2006)引入标准消费人概念和变量，通过对中国自 1978 年以来的时间序列数据的分析以及模型的检验分析证明，人口老龄化对消费水平、消费规模和消费结构均有一定的影响，老龄化程度加剧，使得人均收入增长所带来的消费水平提高的速度放缓。

王刚(2006)分析某国有商业银行 2004 年对北京市居民的收入、消费、储蓄数据所进行的抽样调查后发现，在 2020 年以前北京市居民储蓄率仍将保持增长态势，2020 年以后人口老龄化对北京市居民储蓄率的负面影响将会显现，居民储蓄率将开始下降。此外，他还定量地估算了从 2005 年到 2050 年北京市居民储蓄率各年的上升和下降幅度。

人口的消费水平与消费需求在很大程度上取决于其收入水平。在收入水平一定的情况下，人口结构的变化也将在一定程度上影响总的消费需求。有关研究表明，儿童与老年人的消费需求均低于成年人。对于老年人口来说，他们的收入水平和收入来源的稳定性以及消费倾向、消费行为等方面都具有与其他年龄人口不同的特点，这决定了老年人口的消费需求。从老年人口个体来说，其往往更加节俭，用于食品等生活用品的消费支出将会低于年轻人口。同时，老年人口在社会交往方面的消费需求将会显著下降，而他们用于健康保健、医疗、服务和护理方面的消费会提高，这在老年人口的消费支出中往往占有较大的比重。对于一个国家来说，老年人口的消费水平还取决于老年人口的规模。我国人口老龄化的过程中，老年人口规模庞大且快速增长，这将推动老年人口消费需求的迅速增长。但是有关研究显示，在我国人口老龄化初期，老龄化对消费的影响程度并不显著，而随着人口老龄化程度的加深，人均收入提高所带来的消费水平提高的速度将有所下降。总之，人口老龄化将会降低未来的消费水平和消费比率。

9.2.3 人口老龄化与医疗、养老保障

何平平(2006)依据我国改革开放以来的统计数据，对经济增长、人口老龄化与我国医疗费用增长的相关性进行了协整检验和 Granger 因果关系检验。分析发现，经价格紧缩因子调整后，我国医疗支出的收入弹性约为 1，经济增长、人口老龄化对我国医疗费用增长的影响是一种长期效果，但短期影响不大；人口老龄化对我国医疗费用增长的影响明显低于经济增长对医疗费用增长的作用；经济增长、医疗费用增长都是我国老年人口比例提高的 Granger 原因。张媛(2006)在分析人口老龄化发展趋势和其对医疗保险基金使用的影响的基础上，提出了进一步扩大基本医疗保险的覆盖范围、改进医疗保险基金筹资机制和探索老年人口健康祛病补助政策的建议。

李洪心(2005)利用以人口增长作为外生变量的一般均衡模型，基于联合国中国人口计划数据和中国经济指标数据，研究了未来 50 年中国人口年龄结构的变化对生产发展、政府税收和居民消费水平的影响，以说明人口老龄化对中国整体国民经济的冲击，并探索了现行养老保险制度所存在的问题和养老保险制度改革可能达到的经济与社会效果。计算机数字仿真结果表明，在未来的 50 年中，如果现收现付的养老保险制度不变，中国老年人口的增加将引起国民收入下降甚至出现负增长。如果改革传统的养老金支付方式，如逐步降低工资替代率等，则可能大大缓解人口老龄化对国民经济发展和人民生活水平提高的副作用。李辉(2006)依据国际人口年龄结构类型的判断标准，认为我国正从初步人口老龄化向全面老年型转变。通过对老年社会福利保障、城乡养老保险制度改革、特殊老年群体问题的深入分析，他提出了健全与完善养老保障体制，解决老年社会保障问题的对策建议，并从收入再分配角度实证性分析了我国城镇养老保险制度转轨对经济增长要素如消费、储蓄以及劳动力供给等的实际作用，从而探求“统账”结合基本养老保险的经济效应，为完善我国社会保障制度、推动经济发展提供了重要的依据。

发达国家的经验表明，人口老龄化带来的另一个直接后果是养老保障负担

的日益加重，这已经成为各个国家财政所面临的普遍难题。人口老龄化所带来的人口结构变化，使养老保险基金的来源逐渐减少，支付额不断增加，双方面的变化将使人口老龄化国家面临巨大的财政压力和社会负担。特别是对于养老保障制度建设不够完善、经济实力不足的发展中国家，持续增加的养老保险金支付数额是一个亟待解决的难题。对于我国而言，目前养老保险体系面临的主要问题包括：我国的社会养老保障制度尚不完善，城市养老保险范围尚没有实现全覆盖，养老保障基金来源不足；农村社会养老保障制度更是刚刚起步，部分环节甚至处于制度缺失的状态。在我国农村人口老龄化问题更为严峻的形势下，农村养老保障制度的欠缺使我国面临更加巨大的压力，而对于大规模进城的农民来说，其养老保障问题更为复杂。此外，我国目前还存在养老保障金支付额总体偏低的问题。因此，在未来几十年的时间里，人口老龄化的快速发展不仅将使我国面临越来越大的养老保障金与医疗保障金支付压力，而且也会加重改善规模庞大的老年人口特别是农村老年人口的生活与福利水平、避免老年贫困问题的任务难度。

总体来说，人口老龄化将加重社会养老金体系的压力，这主要体现在养老金来源不足与养老金支付额增加两个方面。目前，我国养老金缺口已经达 2.5 万亿元，这将使我国在未来人口老龄化加速发展时期面临更为严重的养老金支付难题。就目前而言，这并不是养老金支付问题，而是源于相关制度的缺失，由此导致的农村老年人口生活保障的不足，极易引发贫困问题的发生。另外，医疗卫生支出以及医疗保障也是老龄化所引发的财政负担之一。

9.2.4　老龄化与劳动力供给

劳动力供给将大规模减少。王金营、蔺丽莉(2006)在考虑人口老龄化、劳动参与率、年龄模式变动以及受教育水平提高等影响的基础上，对未来的劳动力供给情况进行了预测。结果显示，如果不考虑 65 岁及以上人口的就业，到 2016 年从业人员的数量将达到 7.58 亿的高峰，其后将持续减少，到 2050 年前后将减少到 6.4 亿；如果考虑 65 岁及以上人口的就业，我国的就业高峰将出现在 2022 年前后，到 2045 年以后，劳动力供给数量将大规模减少。届时劳动供养人口将会大大增加，这必须引起当代人在规划人口发展时的重视。

9.2.5　老龄化与产业结构

经过 30 年的持续快速增长，我国工业化进入中期发展阶段，产业结构调整步伐不断加快。目前在经济较发达地区的产业结构调整，已经从协整比例关系为主转向促进产业结构优化和升级为主。在这一过程中，劳动力结构也在整体调整，处于从劳动力粗放型使用向集约型使用的转变之中。然而，受我国现行户籍制度以及城乡二元体制的制约，我国劳动力就业结构的调整相对于产业结构调整，存在着一定程度的滞后。在这种情况下，人口老龄化进程的加快，特别是劳动力老化程度的加深，将对我国的产业结构调整产生双重影响。

我国提出走发展现代农业、现代工业和现代服务业的新型工业化道路，要求产业结构进一步优化。在人口老龄化进程中，短期内我国劳动力资源相对充足，劳动力老化程度和总抚养比均相对较低，能够保持较高的劳动生产增长率，而青壮年劳动力素质的不断提高有利于劳动密集型产业、资本和技术密集型产业的协调发展与合理布局，因人口老龄化而带动的以老年人服务为目标的老年产业的需求也将有效地推动第三产业的发展。

目前在我国尚未完成工业化且未实现现代化的情况下，人口老龄化的快速发展及尚存的1亿剩余农村劳动力的持续转移，将会加大城乡人口老龄化情况的差距。农村面临着更为严重的人口老龄化问题，农村老年人的文化素质偏低及科技创新和接受适应能力较差等特点，使他们难以适应以农业科技成果创新与应用、发展高效农业与生态农业为目标的农业结构调整的需求，会对农业结构调整带来消极影响。不仅如此，大量剩余农村劳动力受其文化素质与劳动技能偏低的制约，其转移大多在第一产业和第三产业中劳动生产率较低的“其他服务行业”与批发和零售贸易、餐饮业之间进行，加之现行户籍制度及以其为基础的其他社会制度与政策对城市化造成的阻碍，使劳动力产业转移的效应难以得到有效发挥，进而对产业结构调整产生了不利影响。

杨晓奇(2013)认为，当前经济结构调整面临着人口老龄化程度不断加剧这一基本国情。一方面，日益加剧的人口老龄化趋势改变了我国的人口结构，老年人在总人口中的占比持续上升，老年人消费规模不断壮大，这为老龄产业的发展带来了机遇；另一方面，人口老龄化导致劳动力的供给数量不断减少，劳动力的年龄结构不断老化，人口红利逐渐消失，这不利于劳动密集型产业的发展。因此，在人口老龄化日益加剧的国情下，调整经济结构已成大势所趋，我国要以社区服务业发展为龙头，加快相关老龄产业的发展，促进劳动密集型产业向资本和技术密集型产业升级。

我国人口老龄化在经济尚不发达的情况下出现，人口总量的不断增加和老龄化加速的交织，给社会保障体系的建立和完善增加了难度。面对老龄化的挑战，需要加快产业结构调整与升级，开发利用人力资源，把劳动力的数量优势转化为劳动力资源优势并积极发展老龄产业，改善供给结构，满足老年人不断增长的物质和文化需求，实现老龄事业与经济社会的协调发展。

9.3　经济学视角下的老龄健康

在经济学和其他学科参与研究“老龄健康”问题之前，健康更多地被作为医学问题来研究，这使得“老龄健康”领域的研究大部分集中在医学和老年学学科。近年来，决策者和研究者开始逐渐认识到跨学科研究的价值，越来越多的学者开始从经济学视角对“老龄健康”问题展开新的探索。他们开始发现社会经济、行为、环境、遗传因素及其交互作用对健康的影响以及必须由社会和自然科学家联合攻关的重大战略意义。另外，“老龄健康”的跨学科研究也日益成为重要的研究热点。例如，美国科学院于 2004 年底专门成立了由相关的著名社会和自然科学家组成的“社会经济、行为和遗传因素的交互作用对健康的影响评估委员会”，并于 2006 年通过美国科学院正式向学界、社会和国会发布了专题报告，建议切实加强这一领域的社会和自然学科交叉研究。

时至今日，我国关于“老龄健康”领域的跨社会科学和自然科学的研究仍落后于国际水平。生物学家们的实验室研究方法忽略了社会经济、行为、环境与遗传因素的交互作用影响，社会科学家们则较少参与国家科学技术攻关重大项目，因此也就缺乏研究这一领域的动力。这不利于我国科技兴国、赶超世界先进水平战略目标的实现。另外，在国际学术杂志上发表的本领域相关论文中，绝大部分是基于发达国家的研究，很少有基于发展中国家进行的研究。然而，中国作为世界上最大的发展中国家，其人口老龄化速度相当于发达国家的两倍。因此，社会科学家，特别是经济学家们更应该关注这一领域的研究，这不但可以拓宽中国“健康老龄化”问题的研究，也能够丰富现有的经济学理论。在众多人文学科领域的研究中，从经济学角度研究“老龄健康”具有重要的意义。

经济学在研究如何配置“老龄健康”资源方面，具有其他学科不可比拟的优势。现代经济学研究经济现象、人类行为以及人们如何做出权衡取舍选择，即用有限的资源最大限度地满足人们的欲望。正是由于资源稀缺性与人的欲望的无止境性这一对基本矛盾，才产生了经济学。老龄化社会中资源局限性和矛盾性更为突出。由于健康资本的折旧随年龄增加，老龄个体健康资本供给日趋下降，需要的健康投资日益增加。老龄化要求个体、家庭、政府调整资源配置，个体、家庭和政府为获得这些资源也将表现出各自的行为。那么，上述相关资源怎么配置，怎么规范这些行为呢？与其他学科相比，经济学最适合提高讨论这些问题的效率。

“老龄健康”的经济学研究在发挥老龄人口的积极作用方面不可替代。多数学科对老龄问题的研究。忽略了老龄化的正面意义。在传统观念上，老年人是需要社会抚养的对象，老龄化被看作是“人口红利”的对立面，研究者看到的多是养老保障支出和社会服务人员配备压力，但从现实生活中我们常常看到老年人在家庭和社会中的重要作用。世界卫生组织的有关报告显示，在家庭中有很高比例的老年人定期照护孙辈，或者是其他的亲戚和朋友，这本身是对家庭的支持；一些老年人以获取报酬或者不获取报酬的方式工作，他们照护家庭成员及朋友或在组织和协会做些退休后的工作，他们将经验传授给年轻一代，帮助其提高能力。因而，简单沿用“老年人被照顾”的理念会造成人力资源的浪费。随着人口素质的提升，目前60～80岁的老人大多处于健康状态，特别在他们70岁之前的10年里，大多精力充沛，而且有相当丰富的职业经验和工作技能，如果完全处于退出就业领域的空闲状态，这不能不说是一种社会人力资源的浪费。

经济学视角下对“老龄健康”的研究，能够与其他学科形成有效的互补。一个重要例证是Rana等(2008)的研究。该研究分析了健康知识教育对老年人关节病的发生及治疗支出的影响，发现正确的相关知识能够有效缓解老年人发病后的不适现象，同时降低治疗的成本。而同样是探讨老年健康相关知识影响的经济学者，Lim(2007)研究了医生与老年病人之间在获取医疗信息时，信息不对称现象对患者的影响。由此我们可以看出，教育学注重的是知识本身对老年健康的直接影响，而经济学则是以知识缺失程度来衡量信息不对称的程度，并探讨其对老年健康的影响，两个视角联合攻关具有重要的作用。

目前需要特别指出的是，“老龄健康”的经济学研究与卫生经济学针对“老龄健康”的研究，既有联系又有区别。一方面，卫生经济学中有大量针对老龄人群进行分析的内容，为“老龄健康”的经济学研究贡献了很多有价值的文献；但是另一方面，现有的针对“老龄健康”的经济学研究的一些重要内容，并不是卫生经济学所关注的重点问题，例如“老龄健康”服务市场、“老龄健康”福利、养老保障政策等。此外，从跨学科的角度看，卫生经济学更多与卫生、医疗等学科相关，但“老龄健康”的经济学研究可能不仅局限于此，心理学、管理学、社会学、政治学甚至生物学都是经济学家在研究“老龄健康”时可能涉足的一些学科领域。因此，“老龄健康”的经济学研究应该说是一个非常新兴的研究领域，它对现实和理论的价值都是重大的。

通过检索近百年来SCI(科学引文索引)与SSCI(社会科学引文索引)数据库的相关研究成果可以看到，经济学家们主要是在主流经济学的分析框架中，运用经验分析和经济计量方法讨论“老龄健康”问题。这主要表现在两个层面：在微观层面，经济学从消费需求、投资收益等方面人手，不仅分析影响“老龄健康”资本的各种因素，还讨论了相关的经济行为、福利、劳动力与“老龄健康”服务市场；而在宏观层面，经济学主要分析了与“老龄健康”有关的养老政策、保障制度、医疗制度改革、准公共产品的提供以及护理系统效率等。经济学家们的研究视野分布在微观经济学、宏观经济学、公共经济学、金融（养老保险）、产业经济以及信息经济等经济学分支领域。

9.4　老龄健康与财经

9.4.1　老龄健康对劳动力市场的影响

健康是影响老年人继续从事劳动工作、参与社会的重要个因。Kalwij 和 Vermeulen (2005) 发现劳动参与率随着人的年龄增长而下降，很大程度上可以由人的健康状况随年龄的恶化来解释，他们对欧洲 11 个国家的实证分析表明，健康的影响是多维的，在不同国家的影响明显不同，各国随总人口健康状况的改进能获得超过 10%的劳动参与率的提升。经济学家普遍认同人口健康是人力资本的重要组成部分，在当今老龄化社会中，老年健康人口常活跃于劳动力市场。一般来说，70 岁前的老人大多身体健康、精力充沛，而且有相当丰富的职业经验和工作技能。因此，如何对退休年龄进行合理选择，成为了政策设计者和年长劳动者非常关注的问题。尽管人们相信劳动者健康是这个选择的最重要影响因素之一，然而许多关于退休选择和老年人健康关系的研究，都仅限于证明个人面临退休选择时，健康因素要比收入因素更重要。这是由于研究者在度量健康状况时遇到的困难，他们很少能够对健康影响个人退休选择的程度做出合理估计。

McGarry(2004)讨论了自评健康对退休的影响程度，他的估计显示了被健康状况变化所驱动的退休预期变动的水平。Au 等 (2005) 运用加拿大国民健康调查的纵向数据研究了年长劳动者的健康情况与就业情况之间的关系，得出的结论是健康状况在经济上对就业率有明显的作用。但仅是简单地基于自评健康状况的回归评价二者的关系将低估这种作用。最近的一项研究在“老龄健康”与就业选择的关系上有了更大突破，Iskhakov(2010) 基于一个动态结构模型(Structure Form)克服了简约式(reduced form) 回归中健康的内生性问题。除了讨论健康状况对老年人退休选择的影响，在分析“老龄健康”对劳动力市场的影响时，现有研究还关注老年人劳动参与的行为解释：一种解释认为，经济压力是老年人继续劳动的重要原因。Green(2006)认为，由于老年人经常面对各种健康支出，他们不得不寻求更多的工作，这主要是为了享受到公司提供的医疗保险,因而健康状况不好的老人工作时间更长。另一种解释基于马斯洛的自我实现需求层次理论,即老年人工作是为了自我充实,保持年轻的生活方式和精神状态,从而赢得社会对自身价值的认可,这是使其与年轻人群并肩工作的重要目标。举例来说,日本老龄人口的劳动参与率处于高水平,而且从实际退休年龄来看,日本男性的平均退休年龄达到 69 岁以上。日本的经验表明,让健康的老人发挥余热不仅可以减轻社会压力,而且有助于老年人自身的身心健康。两种劳动动机的解释在老年人群中同时得到证实,经济压力和社会参与提供老年人可能的劳动参与动机,但劳动意愿转换为行动还需要其他因素,比如退休政策、社会保障制度。不少学者和政府的决策者开始对政策和制度进行反思。这些针对老龄就业和退休行为的研究也深化了关于"老龄健康"对劳动力市场影响的认识。

老龄健康还会间接影响老年人家庭的其他成员参与劳动力市场的状况。因为老年人的照顾者一般为老年人的孩子或直系亲属,他们的照顾精力和时间构成了其参与劳动力市场的机会成本。这是独立于老年人健康却影响老年人健康的外部因素,因为恰当的照料有利于改善老年健康。如何照料可以既不影响年轻人的正常生活,同时又对老年人产生积极的成效?经济学家们将被照顾的老年人与照顾方置于一个市场,分析参与劳动与照顾行为之间的平衡关系,并在照顾时间分配和照顾压力之间寻找平衡点,同时为实现这一平衡提供了建议。他们认为,应该为护老者的照顾提供便利,同时发现照顾者数量和责任承担类型会影响分配在照顾上的时间,休闲和就业的决定主要取决于照顾者的财务状况及照顾者与老人双方的健康情况,而照顾老人的人数、方式和照顾老人的时间有很大关系(Gaymu 等,2007)。此外,经济学家对中国老年人照料的机会成本也进行了实证研究,他们发现照料老人的负担将会显著降低子女的周工作时间和劳动参与率,这种影响对于与老人合住的女性照料者来说更为显著。

9.4.2 老龄健康与资金投入

老龄人健康水平的普遍提高有助于减少老年人口对医疗及相关照顾与照料费用的支出,从而减轻个人、家庭、政府及社会保障系统的资金负担。增加健康的投入,就是减少未来的支出。在中国未来家庭将呈现"少子化"趋势的状态下,增进老龄健康对家庭及社会都具有非常重要的意义,对缓解社会保障支出的财务压力将产生系统性影响。

9.4.3 健康对个人经济行为和福利的影响

从经济学角度看,健康表现为一种耐用消费品,每个人都继承了一个初始健康存量。个人健康存量随着年龄的增长,存在折旧或损耗,维持健康需要相应的支出。一般而言,人们在老龄时期的健康支出水平远远超过了其他的年龄阶段,健康对老龄人口经济行为的影响主要反映在他们的健康支出上。早期研究者比较关注老年人群健康状况本身对相关支出的影响,但最近的研究更多地把重点放在讨论老龄健康支出的用途、支出方式以及其他因素对健康支出的影响上。例如就支出用途和方式而言,Davidoff(2010) 分析了家庭资产以何种方式取代长期护理保险(LTCI)。老人使用保险方式作为支出方式的抉择,说明家庭资产对老年护理支出的影响。而在其他影响因素方面,经济学家更重视收入水平对老年健康支出的影响,他们认为不同收入水平的老年人在医疗费用支出选择方面存在着机会成本。对于收入水平较高的老年人,其医疗支出的支付能力更高,机会成本也较低;而对于收入水平较低的老年人,医疗支出会在一定程度上影响必需型消费支出,机会成本也会比较高。研究者发现,影响机会成本的因子有公共交通,甚至还有人接受教育程度所折射出的社会经济条件。有两项重要研究值得一提:一是 Rittner 和 Kirk(1995)对 1083 位低收入老年人(平均年龄 78.9 岁)的调查,该调查分析了社会文化和生活质量等变量对老年人使用医疗保健和交通服务的影响。研究显示,多数贫困老人与家庭或者邻居存在沟通困难。老人需使用公共交通去接受医疗服务,而公共交通本身对于老人来说就是一个障碍,影响老人使用医疗服务和支出的水平。多元回归分析表明,性别、受伤得病时的恐惧、友谊支持系统、与亲友的联系以及交通的便利性影响着紧急医疗服务的使用效果。二是 Grimard 等 (2010) 利用墨西哥"卫生和老龄化调查"中 50 岁及以上个体构成的面板数据,考虑教育及收入状况,进行的墨西哥人童年时期的社会经济等条件对年老后健康支出的长期效应研究。

健康对老龄个体本身福利的影响主要表现为财富效应,分为长期效应和短期效应(Lee & Kim, 2008)。健康对财富的影响在社会生活中体现为"健康—财富梯度"现象,即个体社会经济地位(SES) 和健康之间的正向关系,在许多工业化国家重复出现。健康引致财富(健康原因论) 和财富引致健康(财富或社会原因论) 是对这个现象的竞争性解释。针对"老龄健康"和财富的关系,Michaud 和 Soest(2008) 根据美国"健康与退休研究"面板数据进行了一个因果关系检验,尽管并没有找到"财富导致健康"的证据,但他们发现,夫妻双方的健康对家庭财富有因果性效应。此外,一个丈夫的健康状况会对他妻子的心理健康发挥作用。老龄个体健康水平的福利效应还包括对他人健康水平的影响,这样的影响主要是对家庭其他个体健康状况的效应。老年人健康的状况能大大地缓解家庭的照顾压力,同时有益于改善老年人子女的健康(Coe 和 Houtven, 2009),而且这些效应表现为短期效应、长期效应及性别差异性。Jin 和 Christakis(2009)

通过数据模型分析丧偶与死亡率之间的关系，对这些效应进行了总结。上述研究从不同角度力证了健康对个人经济行为的积极影响和对福利的正向作用。

9.4.4 老年健康服务市场的供求影响

老年人健康服务市场的供求研究也是老龄健康研究中的重要问题。服务市场的供求问题不仅是市场均衡与发展问题，而且直接关系到老龄人口健康水平的提升。老年人对健康服务的需求是一种引致需求（Induced Demand），是由健康需求派生而来。从供给方面看，相关研究主要集中在供给的主体或供给的成本。研究人员发现，由于老年人在接受社会服务和健康服务时存在的角色差异，不同的供给主体与老年人会形成不同的服务关系。因此，具有针对性的医疗计划和综合性的社会服务，对老年健康服务市场的供给而言至关重要。此外，这些研究也评估了竞争的存在对医院支出以及老年护理质量的影响，说明了服务机构的供应、竞争机制对市场的作用，讨论了服务供应市场中应采取的有效管理方式，为服务的供应给出了相关的启示。

从需求方面看，经济学家首先关注影响老龄健康服务的需求因素。Spence（1993）分析了老年人医疗服务、疫苗注射、家庭协助等需求的影响因素。Lee（2007）探讨了接受家庭护理的老年糖尿病患者未满足的需求，其中包括社会工作服务、家庭健康照顾、家政服务、医疗器械的需求等，发现了预支付系统（PPS）对病人需求的影响。此外，他们还探讨了老龄化和长期护理（LTC）市场发展之间的关系，Lakdawalla 和 Philipson（2002）发现，由于老龄人群中无行为能力的人口比重在下降，长期护理需求的增长率并没有人口老龄化的速度快，即老龄健康状况的改善使得护理市场的单位产出呈现先增后减的规律。这在发达国家和发展中国家都有表现。因为家庭护理形成了对市场护理的部分替代，健康老龄化意味着需求和供给的同时增加。值得一提的是，人均寿命的提高引起了长期护理需求（特别是家庭护理）的增加，经济学家对它的关注形成了近期的热点。社会普遍认为，家庭护理有助于提高老人在家独立生活的能力。家庭护理应该考虑被照顾人的独处能力和功能性健康的状况，老人在家疗养的需求、疗养的策划和疗养的提供方式应与老年人的诊断情况、自理能力及身体机能相符。被照顾人的独处能力和功能性健康状况是评估家庭护理的必要性和规划补充护理、非正式护理时应考虑的重要变量。非正式的成年子女照顾是一种常见的长期照顾老年人的形式，如果它能成为正式照顾的替代品，就会有效降低医疗费用。子女的非正式照顾如何影响正式照顾，这个问题是极其重要的。

Bolin 等（2008）基于“欧洲卫生，老龄化，退休调查”数据库的截面数据分析发现，正式和非正式的家庭护理是相互替代的，而非正式的护理是医生和医院探访的补充。在欧洲国家两者之间的关系不同，在某些情况下存在南北梯度。Bonsang(2009) 使用相同的数据库，通过建立两部模型分析正式护理使用的决策与数量。他们发现，老年人子女的非正式照顾可替代专业的家庭护理，然而随着老人残疾程度的增加，这种替代效应趋于消失。

第10章　老年健康监护网络平台

近年来，随着社会经济的快速发展、人民生活水平的迅速提高及生活方式的巨大转变，我国国民的主要疾病模式及死因构成已由原来以传染性疾病和营养缺乏性疾病为主，转变为以慢性病为主。以心血管病（包括高血压、冠心病、中风等）、癌症、糖尿病、慢性阻塞性肺部疾病等为代表的慢性病的发病、死亡病例以及相关危险因素日益上升。慢性病正在严重威胁我国人民的健康和生命，并给个人、家庭和社会带来巨大的经济负担和损失。根据《中国慢性病报告》《慢性病防治有效措施在基层卫生机构应用的保障机制与政策建议》《2002年中国居民营养与健康状况调查》（综合报告）及卫生部发布的相关信息，高血压、糖尿病、冠心病、脑卒中、恶性肿瘤和慢性阻塞性肺部疾患是目前严重危害我国人民健康的主要慢性病，血压高、血脂高、血糖高、超重和肥胖是导致上述大多数慢性病发生的重要生物学危险因素。生活方式，特别是膳食不合理、身体活动不足、吸烟、过度饮酒等则是这些慢性病和生物学指标异常的主要行为危险因素。对慢性病人和高危人群的管理，引导他们合理膳食、进行中等强度体力活动和戒烟是三种重要的干预策略。我国慢性病的基层防治模式为：在国家基本卫生保健制度框架下，以基层卫生服务机构为平台，利用健康管理和疾病管理两大技术手段，以控制危险因素和慢性病管理为目标，由基层卫生服务机构和辖区居民签订慢性病相关服务合约，为居民提供连续的、相互衔接的公共卫生服务、基本医疗服务及其他医疗服务。

国家对慢性病人的管理虽然已经有了明确的规定，但由于慢性病人管理的信息化水平不高，无法对慢性病人提供较高的卫生服务。慢性病人特别是老年人，由于行动不便，无法经常到社区卫生服务站去做常规检测，得不到经常性的卫生服务，易造成病情加重。有些病人，特别是独居的病人在病情突然加重时，可能会因无法报警呼救而得不到及时救治，造成不必要的死亡。要提高医生与慢性病人的交流能力，提高医生对慢性病人的公共卫生服务水平，就必须实时了解慢性病人的生命体征状况，根据病人的生命体征状况实时给出健康指导（如用药指导），还要确保病人病情突然加重时能获得及时的救治。

10.1　患慢性病老人的远程跟踪监护

近年来,国内外对运用全球卫星定位系统(GPS)、地理信息系统(GIS)及现代通信系统(GSM)技术来实现定位导航和跟踪监控等功能,开展了许多的研究工作,并取得了一定的成果。为实现实时监护功能,提高对慢性病人的卫生服务的水平,提高医生的监护效率,必须运用高科技手段,依托区域数字化卫生服务平台,建立一套基于 GPS/GIS/GSM 的慢性病人管理互动系统,应用该系统可实现以下功能:

(1)调度和监控中心能够统一调度所有的慢性病人信息资源,实现管理上的扁平化,减少中间环节,提高了工作效率;

(2)医生可以实时地获得自己所监护的慢性病人的健康状况信息;

(3)提供慢性病人病情加重或异常预警功能,当慢性病人病情加重时,系统能及时通知负责对其进行监护的医生;

(4)提供慢性病人手动或系统自动报警呼救功能,当慢性病人生命出现危险时,慢性病人可以通过终端设备手动报警,或由终端设备自动地向中心报警呼救;

(5)医生对慢性病人下发日常医嘱的功能,医生可以通过系统下发医嘱到其监护的慢性病人的终端设备上;

(6)实现与 120 急救平台等其他系统的衔接。

10.1.1　实时数据传输

慢性病人在手上佩戴带有管理互动系统的移动智能终端设备,这个设备每隔一段时间就测量病人的生命体征参数(如血压、体温、心跳),通过终端设备的 GPS 模块进行自身定位,获得病人的地理位置参数,然后通过 GSM 短消息,把病人的生命体征参数和地理位置参数经短消息服务中心(SMSC)中转,发送到慢性病人管理互动控制中心。控制中心可通过与短消息服务中心的数字数据网(DDN)专线或者无线通讯控制器(GSM Modem)接收信息。控制中心提取生命体征参数和地理位置参数,通过健康状况评估子模块进行健康状况评估,根据评估的结果进行相应的处理。如果正常,则把生命体征参数和地理位置参数记录到数据库中。

医生通过慢性病人监控子模块,可以获得自己所监护的慢性病人的生命体征参数和地理位置参数,并显示在自己的监控屏上。如果参数不正常,系统不仅要把病人的生命体征参数和地理位置参数记录到数据库中，还要向慢性病人的监护医生发出预警短信。医生收到短信后，立即通过慢性病人监控子模块调出该慢性病人的生命体征参数和地理位置参数，根据病人病情做出合理的行动。如果病人有生命危险，则系统不仅要把病人的生命体征参数和地理位置参数记录到数据库中、向慢性病人的监护医生发出预警短信，同时还要向120急救系统发出呼救信息，提交地理位置参数。在日常的监护中，医生可以根据慢性病人的健康状况，向病人的终端设备通过短信方式发送医嘱，实现对病人的实时护理。

慢性病人管理互动系统的基本技术核心就是GPS技术、GIS技术、信息收发技术等。系统的控制中心是该系统的核心，控制中心的GSM通信模块负责接收和发出信息，控制中心计算机分析接收到的信息，进行健康状况评估，根据评估的结果作出相应的处理，并根据医生的需要把病人的地理信息送到GIS地图显示台上显示。

10.1.2 监护网络

基于GPS/GIS/GSM的慢性病人管理互动系统由控制中心、无线通信网络(电信短信息)、移动智能终端三部分组成。

(1)控制中心是整个系统的核心，也是通信枢纽，负责与移动智能终端的信息交互，完成各种信息的分类、记录和转发，控制业务信息的流动。

(2)无线通信网络是移动智能终端与监控中心间进行信息交互的通道。

(3)移动智能终端。移动智能终端由生命体征监测单元、GPS接收单元、无线通信单元、控制单元、显示单元以及天线等组成。移动智能终端通过无线通信网络与监控中心进行双向信息传输，它接收GPS定位信号，并将地理位置数据传送到监控中心，同时接收监控中心的下发信息或控制数据。

(4)其他系统的支持。在以上三个部分之外，还有如地理信息系统、全球定位系统、120急救指挥系统等其他系统的辅助，最终形成了完整的慢性病人管理互动服务体系，以做到信息处理及时、服务到位。

10.1.3 远程实时监护功能

(1)实时接收病人的地理位置信息。通过GPS定位系统解算病人的地理位置，根据医生的需要可显示在监控显示设备的电子地图上。

(2)信息查询。医生可随时查询慢性病人的生命体征数据，动态观察慢性病人生命体征的变化。

(3)健康状况自动评估。系统根据实时传输过来的生命体征参数，对照健康评估模型，可以评估出慢性病人的健康等级。

(4)自动报警。监控中心根据健康状况自动评估出来的等级,可以有选择地向120急救指挥中心报警。

10.1.4　远程实时医嘱

医生通过监控中心可以把医嘱发送到病人的移动智能终端,实现移动远程护理,以医嘱的形式远程实时下达护理流程。

(1)责任医生通过自己的监测终端,查看或实时监测某个慢性病人的生命体征指标的变化情况。

(2)如果发现没有异常情况,则医生只根据日常护理要求,向慢性病人发送日常护理医嘱,如吃药提醒。

(3)如果发现有异常情况,医生会先调阅该慢性病人的护理历史信息,并实时地向慢性病人发送新的医嘱,或直接上门做随访。

(4)慢性病人可通过移动智能终端设备接收到新的医嘱,并按照新的医嘱进行自我护理。

10.1.5　移动智能终端

(1)全天候卫星定位。GPS接收装置接收全球卫星定位系统的导航信号,将慢性病人当前的经纬度位置信息按预设的时间间隔发往监控中心。

(2)手动报警。遇紧急情况,病人可通过手动按钮向监控中心报警。

(3)生命体征监测。生命体征监测单元可以监测到病人的生命体征参数,并发往监控中心。

(4)医嘱接收。通过移动智能终端,病人可以接收到医嘱,及时获得健康指导和用药指导信息。

10.1.6　管理支持

(1) 数据记录与分析。通过记录的慢性病人生命体征参数在时间维度的发展变化趋势,可以更好地分析慢性病人的健康状况和病情发展情况,为医生制订慢性病人疾病干预方案提供了科学的支持。

(2)图形及数据维护。系统可实现地物、地貌图层及其属性数据及各种基础数据的数据转换、更新和维护,并对系统用户进行监控、操作权限的分配与维护。

(3)和其他系统集成。系统可在区域数字化卫生服务平台中与慢性病人常规管理系统、120急救指挥系统进行交互,实现服务业务的联动。

10.2 老年住宅的智能监护

为了应对人口老龄化形势，顺应老龄化社会发展的客观要求，提高老年住宅的质量，根据老年人的生活方式和特殊生理需求，可在老年住宅中引入安全防卫自动化系统、身体保健自动化系统、食物烹调自动化系统、文化娱乐/信息自动化系统，从而完善老年住宅的使用功能，方便老年人的日常起居生活。

老年住宅智能化，不仅是人口老龄化的社会需求，也与老人的心理、生理特征密切相关。老年人随着年龄的增长，身体健康状况也日趋下降，其生理特征主要表现为：

(1)感知能力退化，视觉、听觉、味觉、触觉、嗅觉反映比较迟缓，对外界反应迟钝。

(2)肌肉骨骼退化，再生能力减弱，行动灵活性下降。

(3)新陈代谢减慢，对温度、湿度、气候的变化更敏感，适应能力减弱。

(4)产生老年疾病，失去生活自理的能力。

由此可看出，为老年人提供智能化的无障碍生活环境和完善的社会化服务，将有利于这些老人更方便地独立生活。

另外，老年人退休在家，儿女不在身边，老人的孤独感倍增。因此，老年住宅建设还应力求为老年人建立一种安全、私密、舒适的心理环境，并通过网络的信息传输和管理服务，提高老年人与社会的共生性，加强其与社会的交流、沟通，从而真正满足老年人的心理需求。

10.2.1 宠物机器人

这种机器人看起来和普通的毛绒玩具差不多，但它还会说话、会唱歌，能与老人进行简单的对话。老人可以通过“宠物”获得各种信息，如健康生活理念、外出娱乐活动信息以及有关身体健康的各种医学常识。当老人有话要对管理中心说的时候，可以直接对“宠物”发出“请传达”的呼唤，然后“宠物”就会把老人的问题录下来反馈给中心。中心的职员可以通过对记录的观测掌握老人的身体状况，并视具体情况决定是不是需要派人去老人住处进行必要的护理服务。这种“宠物”已经脱离了单纯的玩具功能，成为了老人的伙伴。使用过这种“宠物”的老人表示，能够听到人声和歌声真让人感到高兴，而生病的时候可以有所依靠，更是让他们非常安心。

10.2.2 语音识别仪器

语音识别是一种人机语言通信技术，属于计算机智能接口技术。语音识别仪器利用计算机语音处理技术为人们提供一种更方便的人机界面，使人与计算机之间、人与人之间的交互更加简便。语音识别系统分多个部分，其中预处理包括语音信号采样、反混叠带通滤波、去除个体发音差异和由设备及环境引起的噪声影响等涉及语音识别单元的选取和端点检测问题；特征提取部分用于提取语音中反映本质特征的声学参数，如平均能量、平均跨零率、共振峰等；模式匹配部分是整个语音识别系统的核心，它根据一定的准则（如某种距离测度）以及专业知识（如构词规则、语法规则、语义规则等），计算输入特征与库存模式之间的相似度（如匹配距离、似然概率）判断出输入语音的语意信息。在实际使用过程中，通过让讲话者多次重复语音，可以从原始语音样本中除去冗余信息，保留关键数据，再按照一定规则对数据加以聚类，形成模式库，以便于系统精确识别用户的语音指令。

10.2.3　智能保健系统

智能紧急呼救系统是针对老年人开发的一种智能保健系统。如果患者突发疾病、活动能力受阻，如何准确快速地报警是亟须解决的问题。智能急救呼叫系统特别适合老年人在日常生活中遇到困难或遇到危险时使用。智能急救呼叫系统由住宅中安装的紧急呼叫器、安全报警系统、医疗救助系统和家政服务系统连接构成，它具有电话通信、大屏幕显示及智能紧急呼叫功能，通过随带式紧急无线呼叫器可在室内外实现紧急呼叫和自动播放语音留言、来电显示、远程遥控及对讲功能，可以方便地实施最佳救援方案。当老年人遇到突发事件时，只要点按随身携带的无线紧急求助器的按钮，即可通过电话网络及时将求救指令用数码语言准确无误地传送给家人的电话或联网的医疗部门（或小区管理中心的电脑终端上），从而获得紧急救助。另外，针对老年人身体状况的不稳定性及实时了解老年人的健康状况的需要，还可建立健康检测系统。通过遥感、遥测等技术，健康检测系统可以记录老人一天的身体状况（包括体温、心率、血压），在相关的显示设备上清楚显示老人身体状况的各种指标数据，并对超标的数据项目发出警告，以引起老人注意。

10.2.4　短距离无线通讯技术

在给老年人提供便利的同时，家用电器也会造成安全隐患。由于记忆力减退，老年人会经常忘事，如出门时忘记关电视、做完饭忘记关煤气、忘记做饭的时间等，这些往往会造成一些隐患。一般家用电器造成火灾的主要原因有超负荷、短路、过热、电火花、线路老化等，如果能够远程控制电源插座的通断，就可以达到控制家用电器电源通断的目的，及时消除火灾隐患。用户还可在回家途中，提前让家中的热水器烧好热水、电饭锅打开等。由此看来，在老年之家安装短距离无线通讯设备是十分必要的。

10.3 养老监护信息化共享云平台

通过对民政机构养老信息化建设情况的实地调研，我们发现各地养老信息服务平台的建设都得到了当地政府不同程度的支持和来自社会不同方面的资助，且资助力度通常较大。但是由于国家养老信息系统缺乏完整的架构设计，信息服务平台也缺少自上而下的统一规范和标准，既有的养老信息系统均不同程度存在以下几个方面的问题：

(1)养老服务信息平台的结构、配置差异性较大，系统的稳定性和成熟度有待提高。

(2)目前在建和已建成的养老服务信息平台的扩展能力不足，难以方便、灵活地应对业务量的发展和需求变更。

(3)平台缺乏统一的数据标准。地方系统各自为政、独立建设，无论横向、纵向均与相关业务领域、部门以及信息系统间的操作性难以互联的互通。

(4)跨机构和部门的业务流程还没有整合。现在的服务中心只能实现帮助用户呼叫急救中心，并没有与急救业务紧密整合。

(5)各地的养老信息化基础设施情况差异巨大。

建设资金是主要因素。由于经费不足，各地在养老信息化方面的投入和支持力度参差不齐，因此信息系统的开发及维护人员极其缺乏，系统的更新和利用效率也普遍不高。总而言之，目前在全国范围内已经投入使用的养老信息系统普遍存在信息孤岛的现象，缺乏行之有效的信息安全、高效管理机制。

10.3.1 云平台规划设计

通过云计算技术将服务器、存储设备、网络及各类中间件进行整合，可以为社会养老服务及管理机构构建一个以云计算为基础架构的养老服务综合信息共享平台，通过云计算技术、互联网技术全方位满足未来养老服务业的各项需求。

各社区养老机构和服务商以及各级民政部门，可以通过光纤或互联网经出口路由器和防火墙接入社会养老综合信息共享云平台，服务平台包括主数据库服务器、应用服务器集群和管理服务器，另外包括用于数据存储和备份的存储设备，各部分均可独立扩展部署。整个云计算平台为养老服务公共数据连接中心提供了一个独立完整的基础 IT 架构平台，为养老服务提供最先进的 IT 技术支撑。

依托养老服务云共享平台能够实现各个养老服务应用间的数据交换和资源

调用，实现养老服务系统内、外不同业务应用间的互通互联，能够充分满足老年人养老服务的基本需求。养老服务公共数据连接中心是老年人服务需求与养老服务提供方之间实现交互的枢纽，是对外提供的访问共享数据的接口。

10.3.1.1　整合信息资源，优化资源利用，降低成本

通过部署相应的存储设备，构建存储资源池。通过部署虚拟机集群(通过在物理服务器上配置虚拟化软件，如 VMware、XenServer、KVM 等，将服务器虚拟化)及物理机集群构建计算资源池。存储资源池为计算资源池提供存储空间支撑，从而实现云平台资源池。

10.3.1.2　实现用户及相关应用对资源的弹性利用

云平台在为养老服务平台提供计算及存储服务时，通过整合各种养老信息资源，建成一个共享的信息服务基础设施，对养老服务平台的所有资源进行统一管理和整体部署，从而提高对养老服务各个业务系统的部署和管理效率，降低使用成本。同时，平台的共享资源池可根据养老服务平台的业务需求动态扩展系统资源，满足养老服务不断增加的资源需求，并通过整合各种养老信息资源，建成共享信息服务基础设施，对养老服务平台的所有资源进行统一管理和整体部署，从而提高对养老服务各个业务系统的部署和管理效率，同时可极大节省服务器等物理资源，降低使用成本。

10.3.1.3　灵活的资源供给

随着我国老龄人口数量不断增加，养老信息数据量也在不断增长，因而在养老服务平台建设过程中，养老服务体系将会不断扩充，整个养老服务平台的各个应用系统也会随之扩充，整个云平台的共享资源池可根据养老服务平台的业务需求动态扩展系统资源，满足养老服务不断增加的资源需求。

10.3.1.4　安全的数据共享

云平台具备虚拟网络的分割和隔离功能，可以阻止其他虚拟机的未授权接入，确保整个养老服务平台的信息安全。另外，云平台的安全防护体系可为养老服务数据中心的系统提供从系统到物理设备的深层防护，为云设施提供机密数据和关键应用的保护，这避免了数据外泄，并可确保业务稳定进行。因此，基于云计算平台的信息共享平台可以更好地满足数据共享的需求。

10.3.2　云平台应用

10.3.2.1　居家养老平台

该平台运用先进的移动互联网技术、云技术和物联网技术等先进技术，积极整合通信网络、智能呼叫、互联网等科技手段，通过信息化、智能化呼叫救助服务平台，构建老年人信息数据库。其基本的功能是提供紧急救援、生活照料及家政

服务，以社区为重点，有效整合社会服务资源，构建完善的居家养老服务体系，打造“没有围墙的养老院”。

10.3.2.2 档案动态管理子系统

对老人的子女信息、所在社区信息、卫生医疗信息及病史、自救方式、收入来源、特长及爱好等信息进行收集和档案动态管理，在政府的主导下，构建适合养老服务开展的老人信息档案。

10.3.2.3 智能呼叫子系统

智能求救系统和智能求助系统是居家养老服务平台智能呼叫系统的两大组成部分——当遇到突然生病、家中着火等紧急情况时，客户可按下智能求救系统的红色按钮，管理人员通过客户端，可以在第一时间获得求救者的信息并及时进行救助；当客户需要一般的生活性帮助时，通过按下智能求助系统的绿色按键，可获取管理服务人员的帮助。比如，购买一般生活用品、家庭保洁等。

10.3.2.4 老人定位子系统

当老人外出迷路，或突发疾病无法回家时，可以按呼叫终端的紧急按键(SOS)，平台可以迅速找到老人的具体位置，子女也可以通过平台查询到老人的方位。

10.3.2.5 视频关爱子系统

当家里子女因工作长期不在家，致使老人独居时；老人长期依赖护工的护理，子女需要及时了解护理状况时；某个家庭里有患慢性病的老人，但是子女白天上班无法照顾，又担心老人会出事时，子女或系统中心服务人员可以通过居家养老服务平台的视频关爱系统，随时了解老人的身体和生活状况。

10.4 老龄化信息系统建设

信息化社会的显著特征是各行各业都要建设符合行业特点的各类信息系统。在老龄化社会到来的今天，以提高企业经济效益、运行效率为主要目的的信息系统建设已经取得了令人瞩目的成绩，但是围绕具有战略性的社会问题为目的信息系统的开发与建设尚未引起人们的足够重视。很多运行中的信息系统都能够提供有关老龄化社会信息管理与辅助决策的相关功能，可以使有关研究人员和管理者方便地应用信息系统的数据搜集、数据处理和辅助决策等功能，从而为科学、高效地解决老龄化社会问题提供服务。目前，急需加强有关老龄化社会信息管理的信息系统建设，包括医药卫生信息系统、地理信息系统和人力资源管理信息系统等。尚未建立或正在规划中的信息系统，应该在设计阶段加入关于老龄化社会信息的内容。建议有关管理机构、项目监理等中介机构对于应该包含老龄化社会信息处理功能而没有设计相关功能的待建项目，在项目立项、审批和资金发放等方面加以限制，从而使信息系统的建设与老龄化社会的发展现状相适应。下面探讨具有老龄化社会特征的信息系统建设的相关策略。

10.4.1　老龄化医药卫生类信息系统建设

医药卫生类信息系统发展较快，包括医院信息系统、临床信息系统、护理信息系统、城镇居民卫生保健信息系统、医疗养老保险信息系统等。进入老龄化社会之后，在这类信息系统的建设过程中，必须充分考虑老龄化社会的具体特点，具体的建设策略包括以下几方面：

1. 全面改善现有的医疗服务程序

在老龄化社会到来之际，传统的医疗服务程序已经不能满足现实的要求。建设好的医药卫生信息系统，首先必须改善原有的医疗服务程序。由于有效劳动力快速减少、社会总体赡养能力严重不足，病人承受不起到医院就诊的昂贵费用(物质上和人力上的双重费用)。由于医院数量和覆盖面积的不足，医务人员上门服务也很难实现。这就要求医疗卫生主管部门将过于集中的医疗卫生资源重新布局，大量增加服务网点，使得在老龄化社会条件下，人们能够享受到方便快捷的医疗服务，从而解决劳动力有限和社会赡养力不足的问题。

2. 赋予信息系统人性化服务的理念

“以人为本”是现代化管理的核心，具有老龄化社会特征的医药卫生类信息系统应体现全方位为客户服务的理念。以医院信息系统中的门诊子系统为例，这类系统对于前来就诊的老龄病人应该提供专门的导医服务，以便让那些没有亲属陪同就诊的老龄病人能够感到方便；同时，要为无人陪护的老人建立详细档案，以便提供高质量的、社会满意的医疗服务。

3. 建立完善、准确、可互用的电子病历

在具有老龄化社会特征的医药卫生类信息系统中，电子病历的建立是各种不同的信息系统的核心内容。电子病历应该具有信息的完备性、准确性，还要具有可互用性，即病人的所有既往病历可在任何医疗部门互用。这样做不仅可以方便各类病人(包括老龄病人)就诊，而且可以为社会节省出大量的重复检查费用，以便将这笔节约出来的费用用于更为需要的病人。

10.4.2　老龄化地理信息系统建设

随着数字地球概念的延伸，地理信息系统作为地理数字信息的管理平台，其信息管理的范围已经遍及人类社会的方方面面，发挥了重要的作用。目前，地理信息系统正在城市交通信息查询、旅游信息查询、生产销售信息查询、各类人文信息查询等方面发挥着越来越重要的作用。然而在地理信息系统中加入有关老龄化社会信息的工作尚没有引起有关信息系统建设部门的关注，有关的研究工作也相对滞后。在老龄化社会到来的今天，地理信息系统的建设应该体现出对老龄人的关爱。具有老龄化社会特征的地理信息系统的建设策略包括：

(1)GIS 应该为老年人提供信息查询功能。由于老龄化社会中，老年人日常生活很少有人陪护，因此地理信息系统的查询终端应该布设在家庭、老年大学、养老院等等老龄人口集中的区域，以方便他们随时得到查询服务。老年人在信息查询方面的特殊性应该引起设计者的高度重视，应该以智能化和便捷为根本宗旨。另外，不能连接图像终端的地方可以借助电讯线路提供声讯服务。

(2)GIS 应该提供信息咨询服务，以便老年人的家人了解老年人的生活。使家人能够利用地理信息系统了解老年人的实时状况，是老龄化社会给地理信息系统赋予的新的功能，这就要求信息系统的建设者充分利用信息技术、网络技术和计算机技术，从老年人数据的属性、空间和时间三个要素出发，为老年人提供精确、完整的地理定位信息。

(3)GIS 应该为政府进行与老龄人口相关的决策提供支持。目前，政府在制定老龄化社会的相关政策时，主要依据是国家人口和统计部门每年作出的年度统计报告。报告中涉及的数据主要有老龄人口的数量及变化(增长)情况、老龄人口的年龄结构、老龄人口的文化素质、老龄人口的流动情况。在经济发展程度不同的区域，人口流动的情况差异很大。目前，主要的人口流动趋势为经济欠发达地区向经济发达地区流动，流入的人口均为适龄劳动人口。然而在各地进行人口统计的时候，这些流动人口又往往回到户籍所在地进行统计，从而造成了数据的区域统计错误。

10.4.3 老龄化人力资源管理信息系统的建设

老龄化社会给人们带来的不仅仅是负面影响，老年人群体实际上是人类社会中最大的有待开发的人力资源宝库。假如 60～70 岁的老年人中有 50%得到充分利用，即将到来的适龄劳动人口缺乏的社会问题将得到有效缓解。在建设人力资源管理信息系统时，我们建议将这些知识、经验和技能型的人才纳入到信息系统管理范畴之内，具体的策略包括以下两方面：

1.细化老年人才类型

老年人具有丰富的阅历、知识和技能，但是他们的再学习能力受到年龄的制约。因此，需要将老年人可能从事的工作进行细化、分类，而不能简单地描述为“可从事计算机教学”“具有丰富的市场营销经验”等。应该更具体地描述一下他们的知识和技能，同时根据老年人的身体状况给出他们可能承受的劳动强度，以便用人单位参考。

2. 加强人力资源信息系统的管理力度

老年人虽然具有丰富的阅历、知识和技能，但是他们的心理承受能力一般都较差，如果不能够在人力资源管理系统的管理下找到满意的职业，会极大伤害他们的积极性。应该提高老年人在人才市场双向选择的成功率，以免打击他们再就业的积极性。这就要求加强人力资源信息系统的管理力度，使系统的运行体现“以人为本”的管理理念，从而在根本上体现有老龄化社会特征的信息系统建设的主旨。

10.4.4　老龄化信息系统建设中的共性问题

需要关注老龄化问题的信息系统有很多，这些信息系统的建设过程中存在的共性问题包括以下三方面：

1. 体现“以人为本”理念的难度较大

在现代化管理理念中，“以人为本”是最为核心的部分，然而看似简单的四个字，实现起来的难度却比我们想象中要困难得多。信息系统大多以服务性为主旨，系统规划者和建设者应群策群力、时刻以服务对象(系统的使用者)的需求为核心，才能真正实现“以人为本”的理念。对具有老龄化社会特征的信息系统，老年人是直接或间接的受益者，系统的应用会对各类老龄化社会问题的解决起到巨大的推动作用，在建设的过程中应该坚持“以老年人为核心”和“以推动解决老龄化社会问题为核心”的原则，才能真正体现“以人为本”的理念。

2. 传统户籍制度亟待改革

在目前流动人口大量涌入城市的今天，各类人口数据的统计以户籍所在地为统计单位的做法已经不合时宜了，改革户籍制度和采取人口动态统计方式显得日益重要起来。这一点需要有关政府职能部门的高度重视，才能使有老龄化社会特征的信息系统的建设真正步入正轨，进而达到实用的目的。

3. 相关信息系统的信息共享问题

在各种有老龄化社会特征的信息系统的建设过程中必须强调一点，这就是各种系统所包含的老龄化社会信息应该能够实现无缝共享。这样才能提高信息的利用率，才能最大效力地发挥各种信息系统的优势。

第11章　老年体育组织的发展

11.1　老年体育管理机构

老年人体育事业的发展以1983年在河南洛阳成立的“中国老年人体育协会”组织为重要标志。1999年全国老龄人工作委员会成立之后，伴随着《全民健身计划纲要》的实施，全国相继建立了全民健身计划纲要实施领导小组。组织机构（实际上应该属于临时机构）的工作职责，也都涵盖着对老年人体育工作的领导或指导职责。除此之外，拥有管理老年人体育组织权限的还有行业老年人体育协会及政府民政部门以及妇联等部门。

在传统的计划体制下，由于国家是配置社会资源的唯一主体，在制度安排方面基本上未给社会或市场留下生存空间。一般来说，老年人体育活动的基本单元都落实在他们所隶属的各个单位之中，老年人基本上都是依托其所在的工作单位参加体育活动，组织该类体育活动的常常为离退办、老干部局等机构。现代研究将这种体育活动形式称为老年人体育“单位化”现象，这是中国单位制的一种特殊产物。该类组织体系一般具有以下几个特征：①全国老龄委主要负责离退休老干部工作，老年人体育工作仅是其职责中的一小部分；②全民健身领导小组的主要职责是管理全体国民体育健身事业，老年人体育也只是其中一部分；③各级各类的老年人体育协会大都是事业编制，占用着公共财政经费。

目前，社区体育管理服务机构主要有两种：社区全民健身活动领导小组与社区体育协会。社区体育服务体制又表现为两个层次、三条系统。两个层次主要是指街道办事处层次和居委会层次。三条系统表现为：①街道社区全民体育活动健身领导小组负责的行政性系统；②以社区体协负责、以辖区机构为单位的职工性系统；③全民健身领导小组和社区体协共同管理的体育活动站，主要开展以体育爱好者为对象的社会体育。目前，我国社区体育服务的机制仍以行政部门为主，在实际运作中三条系统往往缺乏互动。

社区体育管理是指在街道范围内由街道党工委、街道办事处主导的社区体育职能部门、社区单位和社区居民积极参加的区域性、全方位的自我体育服务和自我体育管理。现阶段城市社区老年体育的管理主要依托于社区，是以老年体育协会为主导，以各社区老年体育协会、体育辅导站、社区晨晚练点和公园广场晨晚练点为主要表现形式的管理体系。老年体育协会是辖区内老年人的非正式民间自治组织，社区对老年体育的管理只是集中在老年体育宣传和竞赛组织。正式社区体育组织与自发性社区体育组织的脱节，直接导致了非经常性的大中型社区体育活动与日常性的小型分散体育活动的脱节。大中型活动的促进功能未得到充分开发，缺乏向下的辐射力，多流于形式；而晨晚练点的小型活动缺乏必要的交流和促进，长期处于较低水平，与我国先进社区体育组织管理水平相比还有一定差距。究其原因，其一，无论是社区晨晚练点还是社区老年体育协会，都是我国改革开放以后出现的新型体育形态，这些新的体育形态已经突破了过去群众体育"以条为主"的界限。尤其是已退休在家的老年人群，已由原来的"单位人"变为"社会人"，他们的体育活动场所主要是社区晨晚练点和公园广场晨晚练点，"以块为主"。怎样建立一个"条块结合"的新的老年体育管理体制，还需决策部门的考虑。其二，目前街道社区老年体协是社区老年体育实施的关键环节，但社区的体制还不适应城市社区老年体育管理工作的客观需要，主要表现在社区建制散，服务少，人员配备、经费来源与承担的责任不相适应，社区办事处在引导老年体育健身方面，协调和管理老年体育活动的能力不足。其三，老年人体育协会作为老年体育的职能部门，一般享受相应数量的事业编制及一定额度的财政拨款，经费来源主要依靠会费收入、社会资助与捐赠及有关部门团体赞助。若要满足城市社区老年人日益增加的体育活动需求，这些经费只是杯水车薪，只有通过改变管理方式，运用市场机制来解决这一基本问题。

11.2　社区老年体育的组织管理机制

目前，我国社区老年体育服务管理体制还处于整合、完善阶段，各种体育活动形式仍呈现出以居民自发的健身活动为主、社区组织管理为辅的形式。具体组织服务形式有如下几种：

(1)完全民间组织形式。这种形式是由有体育特长的人担任组织者，一般在公园、社区空地上晨练或晚练，整个组织属于自发的、非正式的群众组织，与政府的体育部门没有密切的联系。其弊病是完全自由松散，内部不存在管理，缺乏经费，组织成员体育意识不稳定。

(2)街道社区与民间半官半民性组织形式。这是一种目前在我国普遍存在的组织形式，其活动内容除了晨练外，还包括在社区开展的体育单项比赛及社区体育运动会。但是，该类组织大多没有专职管理人员，且活动计划性差，常年处于应付上级检查的状态，工作持续性不够强，多数为临时性任务。

(3)由挂靠型向实体型转变的组织形式。这是充分依靠和运用有关政策、法规，改变政府包揽的做法，向经营型转化，积极开拓体育市场，实行多渠道集资，逐步实施相对独立的经营管理的组织。这种类型的组织更能适应市场经济体制的运作。它由经济实体来经营，完全改变国家办体育的福利特性，实现真正意义上的"管办体育分离"。它的发展前景是未来社区体育经营公司，但目前只局限于个别的运动项目上，实际的组织实体包括健身房、游泳馆及少数球类馆等。

(4)体育协会和体育俱乐部相结合的组织形式。这是一种比较成熟的社区体育组织形式，多见于经济发达城市的社区，其基层组织包括城市街道办事处辖区和农村乡镇辖区。社区体育俱乐部是在法定性社区内，由企业或事业单位、社会团体和其他社会力量以及公民个人所举办的组织机构。该类组织提供的社区老年体育服务内容与当地社区的实际情况尤其是当地的经济和社会发展状况密切相关并随着社区体育的发展不断充实和完善。目前，我国社区老年体育服务的内容主要有组织服务、设施服务、指导服务与信息服务四大内容，各项内容是一个有机的整体，但地位、作用各不相同。

社区老年体育的组织网络是社区老年体育健身活动的保障体系。开展社区老年体育服务，需建立健全以街道政府为主导，以社区体育协会为核心，以群体单项和体育协会、晨晚练指导站以及企业、事业单位的体育协会为基础，以社会体育指导员和体育志愿者为骨干，以社区广大成员为主体，以社区内各种体育健身场所为依托的社区组织网络。社区老年体育服务具有组织的中介性、协调性特点，是动员广大老年人参加体育健身活动的重要手段之一，对于帮助社区老年居民实现健身目标、进而实现社区体育工作目标具有重要作用。

11.3 国外非营利体育组织

作为非营利组织的发源地，西方发达国家的非营利组织规模庞大，有着非常完善的组织管理体系及健全的法律法规政策。非营利组织遍及西方社会的各个阶层和角落，在政府的宏观调控下，成为了社会发展过程中的主力军。其他国家也不同程度地向西方发达国家学习，社会的发展重心也在向非营利组织的方向倾斜，如加拿大、日本等。总体看来，中国关于非营利组织的研究成果较少，从20 世纪 90 年代开始，集中于社会学领域和管理学领域，主要介绍西方理论界学者对非营利组织的研究成果、对非营利组织概念的界定与争论，描述西方社会中的非营利组织发展的作用与功能，说明西方国家对促进非营利组织发展的手段与措施，并对我国当前一些非营利组织活动的案例做尝试性评估研究。

11.3.1　非营利组织理论

11.3.1.1　政府失灵理论

政府失灵理论是美国经济学家韦斯布罗德(Weisbrod)提出的。韦斯布罗德最早从政府失灵和市场失灵的角度来解释非营利组织存在的原因，采用剩余分析的策略来论证非营利组织存在的必要性。他认为，消费者的偏好和需求是有差异的，由于政府和市场在提供公共物品方面的局限性，导致了对于非营利部门的功能需求，这是非营利组织存在的主要原因。政府提供的任何公共物品的数量和质量都是由特定的政治决策来决定的，而政府对公共物品的提供倾向于大众选民的需求，以至于公共物品对部分选民过度供给，同时对另外一部分选民供给不足，导致了政府失灵。

11.3.1.2　市场失灵理论

公共物品有两个突出的特征：一是公共物品的消费非竞争性，二是公共物品的使用非排他性。公共物品的这两种特性，使得市场提供公共物品是无效率的。在政府失灵的情况下，公共物品无法由个别消费者和生产者通过市场交易来提供，即市场失灵。而非营利组织则可以通过灵活多变的方式，使一些人把他们的资源汇集起来进行再分配，使需求较高的人得到额外的公共物品或服务，需求特殊的人得到特别的公共物品或服务，起到了拾遗补缺的作用。因此，当某些成本高而效益低的公共物品的生产受到排斥，部分民众对公共物品的需求得不到满足时，非营利组织作为市场和政府之外的制度形式，可以针对特殊对象提供公共服务，其存在和发展有着客观的必然性。

11.3.1.3　契约失灵理论

契约失灵理论是由美国法律经济学家汉斯曼(Hansmann)在 1980 年发表的《非营利企业的作用》一文中最早提出的。他从营利性组织的局限性入手，分析非营利组织部门的功能需求。现有的经济学理论认为，在满足某些特定条件的前提下，营利性组织会以体现社会效率最大化的数量和价格来提供商品和服务。营利性企业很可能利用自己在信息不对称中所占的优势地位欺骗消费者，谋求自身利润最大化，导致契约失灵。但当这类商品和服务由非营利组织来提供时，生产者的欺诈行为就会少得多。这是因为非营利组织受到了“非分配约束”,即非营利组织不能把获得的净收入分配给对组织实施控制的任何个人,而必须将其保留,完全用于组织的进一步发展。在汉斯曼看来,“非分配约束”是非营利组织区别于营利组织的最重要特征。

11.3.1.4 慈善理论

罗斯·阿克曼(Rose Ackerman)从供给的角度来解释非营利组织存在的原因,认为非营利组织领导人通过创造非营利组织来传递他们的价值和理念,为了传播他们的价值和理念,建立了非营利组织,这也成为非营利组织领导人的激励因素。这种类型的人有时更多地在非营利组织里面可以涌现出来。非营利组织只提供较低的劳动报酬,有时甚至无报酬,一些志愿者愿意为非营利组织提供无偿服务。慈善理论认为,非营利组织企业家提供产品完全出于利他动机。用经济学术语来说,非营利组织企业家的效用通过慈善行为来实现,捐赠带来的良好声誉和社会地位让他们感到满足。

11.3.1.5 依存理论

罗伯特·伍思努(Robert Wuthnow)认为,政府、市场、非营利组织相互依赖,在概念上,三者之间的关系看起来比较清楚;但在实践中,三者的关系正变得日渐模糊。在政府和市场之间,由于政府和商业部门在科学技术方面的共同投资以及政府以管制、税收等方式介入市场,彼此之间的界限已经很难分清。在政府和非营利组织之间,由于政府把一些福利项目承包给非营利组织并为其提供资金,两者之间的项目合作也模糊了彼此的界限。同时,在很多情况下,复杂的组织计划把营利性活动与非营利性活动置于同样的管理体制下,非营利组织与市场的关系也很难分清。以上情况使得在不同的社会中,这三个部门之间存在着不同程度的重叠与依存。除了上述主流理论之外,还有一些学者从其他视角,解释和进一步论证了非营利组织的存在和发展。例如,公共产品提供主体的多元化理论、自利理论、政府治理理论等。

11.3.2 非营利组织的界定

20世纪80年代以来,北美和欧洲学术界对于非营利组织的研究急剧增加,但不同国家对非营利组织的概念有着不同的看法,其中较为常见的有“慈善组织”“志愿者组织”“免税组织”“非政府组织”等。美国约翰·霍普金斯大学的萨拉蒙(Salamon)教授指出,在非营利领域研究中存在着名称上的模糊性,其中包括“慈善领域”“独立领域”“志愿领域”“免税领域”“非营利领域”“第三部门”等。

非营利组织(Non-profit Organization, NPO)是指那些以服务公众为宗旨,不以营利为目的,不为任何个人牟取私利,自身具有免税资格,提供捐赠人减免税优惠政策的合法组织。联合国国民收入统计系统将经济活动划分为金融机构、非金融机构、政府、NPO 和家庭五大类。NPO 与其他四类社会组织的区别在于，NPO 的收入主要不是来自以市场价格出售的商品和服务，而是来自其成员缴纳的会费和社会支持者的捐赠。如果一个组织有一半以上的收入依靠市场价格的销售取得，该组织就是营利组织；而若一个组织的资金主要来源于政府的资助，那么该组织就属于政府组织。

萨拉蒙通过对 22 个国家非营利组织的比较研究，概括出了 NPO 主要运作特点。他认为凡符合以下条件的组织即是 NPO：①组织性，即实现一定程度的制度化。②私有性，即组织与政府在制度上相分离。这并不是说组织不能接受政府部门的资助或援助，也并非政府官员不能担任组织的理事。③非营利性，即组织不向其经营者或所有者提供利润。组织资金的运用符合组织宗旨，必须将每年的盈余积累起来，而不是分红给管理层、组织成员或者组织的创立者。④自治性，即基本上处理各自的事务。组织必须能够在很大程度上控制自己的活动，拥有自己的内部治理程序，并享有相当的自治权。⑤自愿性，即可以接受一定程度的志愿者参与。

有学者将美国所有的非营利组织划分为两大类：互益性组织和公益性组织。互益性组织主要目的是为组织成员提供服务，公益性组织的目的是为社会大众提供公益性服务。非营利组织分为四大类：①公益法人，又分为社团法人和财团法人，类似于中国的社会团体和基金会。《日本民法》(1896 年法律第 89 号)写明，设立公益法人需要三个条件，即实施公益事业、不以营利为目的、得到主管政府机构的许可。②特别法人，是在民法基础上，针对相关社会事业发展，如学校、宗教、医疗、社会福利等，设立的由政府有关业务部门纵向管理的法人等类型，实际上是对民法中公益法人的补充。③NPO 法人，以有助于增进不特定多数人利益为目的的活动为基本准则，设立了特定非营利活动法人，简称 NPO 法人。这类法人与中国的民办非企业单位有些相似。④中间法人，相当于互益组织，是以成员的共同利益为目的，且不以将剩余金向成员分配为目的的团体，即非公益同时非营利性质的团体，按照中间法人进行注册登记。

11.3.3　体育非营利组织的作用

体育非营利组织是我国体育管理体制中具有管理与协调职能的重要社会体育组织形式，它作为非营利组织的一个重要组成部分，在我们现代生活的各个领域发挥着不同的重要作用：

(1)在经济领域，体育非营利组织能够降低社会运行成本，对体育消费者市场的发育起到积极作用，它通过社会资源再分配、经纪机构重组、服务传递、公众教育等方式促进公民参与体育活动的热情，加速社会资本、资金的转化，促进市场经济和社会的全面发展。

(2)在社会领域,随着我国社会的转型及政府在社会管理职能上的分化,体育非营利组织已能够逐渐控制由政府让出的部分社会公共体育服务职能,提供丰富的体育公共产品,以满足社会群众对体育活动的多元化需求。

(3)在文化领域,体育非营利组织在开展社会活动的同时,完善了体育文化的教育、健身、娱乐、审美、创造等功能,注入了更多的活动内容和表现形式,并且还增加了志愿、服务、示范、带动和指导等文化功能,对社会文化进行了融合和创新,进一步丰富了社会文化的内涵。

(4)在体育领域,体育非营利组织的迅速成长和壮大,使得原有的群众体育供给系统和服务体系发生了变化,出现了体育营利组织和体育非营利组织共同发展的局面。随着公民社会的不断觉醒,体育非营利组织将逐渐在体育公共服务领域中占据中心地位。

(5)在公共服务领域,体育非营利组织由于具有机制上的灵活性,可以使群众广泛参与体育活动和体育公共服务,满足公民的体育需求,缓解资源短缺与需求增加的社会矛盾,减少社会转型期经济发展所带来的负面社会效应,克服政府职能的局限。

11.4 影响体育非营利组织发展的因素

体育非营利组织最早来源于民间结社,而民间结社是由社会基层人民群众因为各自的目的、需求而自发性组织起来的,其成立和发展背景依赖于社会条件、国家政策或特定环境下的导向条件等外部条件。影响基层体育非营利组织发展的主要因素有:①管理体制。体育非营利组织的多样性建设和发展,暴露出当下现行管理体制的某些不适应,体育非营利组织只有在多样性和多元化中发展,才能适应不同社会服务对象的各种需要。②经费问题。我国体育非营利组织的经费来源主要有三种渠道:一是国家行政事业拨款;二是各类组织的赞助;三是会费及向社会提供服务的收入。③组织内部问题。我国体育非营利组织的自律机制不完善,严重影响了作用的发挥。一些民间体育组织内部的议事制度、财务管理制度、章程履行制度、人员录用与考核奖惩制度等均不健全,无章可循、有章不循的问题也同时存在,超出章程规定范围开展活动、损害会员利益乃至违法乱纪的问题时有发生。④领导班子素质低。一是领导班子不团结,二是班子成员多系兼职,三是年龄结构老化,四是班子配备行政化,五是领导班子中专业人员明显不足。

综上，目前影响我国体育非营利组织发展的因素主要有经费问题、管理体制问题、领导班子问题、组织整体素质问题等。可见，现阶段我国体育非营利组织尚处于发展初级阶段，存在明显不足，体育非营利组织研究相对落后，对体育非营利组织的研究任重道远。

11.4.1　组织服务体系多元化不明显

目前，组织松散、组织形式单一、组织权责不明确等一系列组织管理层面的问题阻碍着老年体育事业的稳步发展。伴随我国构建多元化全民健身服务体系的步伐，我国的老年体育组织机构也正在努力朝构建多元化组织服务体系的方向迈进，基本上形成了以各级政府、体育事业单位为主导，以街道社区、老年体育协会为核心，以老年群体单项和老年群体协会、企业及事业单位的老年体育协会等为基础的条块结合的网络组织体系。但从目前情况看，由于我国协会组织本身对政府的依赖性，在这个系统中，政府的主体意识仍然十分严重，其他组织“等、靠、要”的思想依然存在。据有关调查显示，目前老年体育干部主要以兼职为主，专职为辅。一方面，老年体育基层组织管理者以及大多数基层政府（街道办事处）还不懂得或不习惯向社区老年体协、居委会体育小组、体育活动点这些居民自治组织进行政策上的指导。正由于这种横向联系的缺失，造成了组织管理的漏洞，以至于无法真正体现老年体育的需求。另一方面，各种社会自治组织也不习惯或不善于与政府进行合作，其本身之间联系也不多，影响了组织管理的有效性。在市场经济和老龄化社会的双重背景下，单靠政府投入的传统方式已然行不通，必须吸纳广大的社会力量，将社会体育服务组织整合起来，共同承担我国老年体育事业的建设。那么，就老年体育组织建设来说，必须要重视社会组织的自治，加强政府与社会的合作。

我国老年人体育活动的基本单元一般都落实在他们所隶属的各个单位之中，呈现老年人体育“单位化”现象。从中央到基层均存在老年体育管理无序的问题。在我国大众体育管理体制中，由于政府不是从领导和监督的角度去进行宏观管理和调控，而是直接插手具体事务，这就必然影响体育社团参与体育服务的积极性，从而影响群众体育的发展。全国老龄委、全国全民健身领导小组以及各级各类的老年人体育协会都负责老年人体育活动，但缺乏统一领导。作为体育领头羊的老年体协的领导作用也没有得到充分的发挥。这些组织受客观物质条件、经费和组织管理水平等因素的影响，其对老年群众体育的辐射带动作用并未得到发挥。政府的体育职能部门对社区体育的指导和督促也不够，没有形成有效的群众体育组织管理系统，对群众体育活动的指导、体育比赛的组织、管理工作好坏的奖惩、塑造有特色的社区体育工作等都未深入展开，大部分社区老年居民的体育活动都是自发而无组织的。目前，虽然许多城市已经建立了以街道办事处为依托的街道体协，但现有街道办事处工作职责中并没有明确提出有关体育方面的职责，街道办事处抓体育工作没有充足的法规依据，社区体育处于可抓可不抓的地位，因而社区体育人力、物力、财力等方面的问题也难以解决。此外，在实践中，社区的建设没有将社区体育提到应有的位置，社区体育以自发且松散的形式存在，缺乏科学管理。因此，有必要加强社区老年体育服务管理的规范性，理顺管理制度。

11.4.2 社区老年体育管理服务体制不完善

首都体育学院教授王凯珍等人的研究指出中国老年体育组织的管理体制存在的问题有：①政府与市场的关系处理不当。由于计划经济体制的"惯性"，直到目前，在体育行业中市场的生存空间依然非常有限。目前，最普遍的现象是老年人体育协会一般都配给一定数目的事业编制，享受一定额度的财政拨款。但是，随着老年人数量的不断增多，其所要求组织的体育活动也相应增多，若试图满足老年人对体育活动出日益增多的需求，单纯靠政府投入是不够的，只有改变管理方式，借助于市场机制来解决这一基本问题，并辅之以政府相应的制度安排，方可以摆脱困境。②理顺政府体育职能部门对老年人体育组织管理的内部权限不清的问题。在市场经济条件下，"逐利"的特性成为人最经常性的动机，在老年人体育事业发展方面，各种权力主体在客观上就难免要考虑成本和收益的问题，这就可能出现"有利争着上，无利躲着让"的现象。因此，关于老年人体育事业发展的管理权责问题，应该考虑其横向和纵向两个方面的制度安排问题。在横向权责上应坚持"一事一主管"的管理原则，否则会因组织结构不合理造成体制性损耗，管理主体多元化势必造成交叉管理和管理死角。其次，在纵向权责划分方面，对于管理层次过多所造成的成本负荷以及可能由此引发的寻租问题，应该考虑减少管理层次，能直接交给市场解决的问题，就力求借助于市场机制解决。③政府职能部门专业管理制度安排短缺。社会资源一方面存在着闲置现象，而另一方面却出现老年人体育需求无从满足的现象。很显然，这说明政府在老年人体育方面的制度安排仍然存在着效率损失的弊端。④政府保护功能弱化。在社会资源分配的过程中，各种利益团体都是凭借自身势力构成与政府谈判的能力，并以其能力吸取着各种社会资源。虽说市场在资源配置方面是有效率的，但它却顾及不了绝对的社会公平，也容易忽视弱者。年老体迈、远离权势的老年人群体显然是一个弱势群体，在分配资源方面很容易被忽视。因此，政府应对老年人给予多方面的保护和政策倾斜。⑤老年体育活动的法律、法规尚有待完善。《老年人权益保障法》已不能适应现代老年人的需要，只有政府通过法律、法规形式对老龄化问题、老年体育活动给予充分的关注，老年人的权益才能得到真正的保障与实现，老年人参加体育活动的经费、场地等条件才能得到充分的保证。⑥政府管理观念的滞后以及“政社分开”原则贯彻不力，致使作为区政府派出机构的街道办事处和居民委员会的关系没法理顺，出现了社区居民委员会的“角色错位”。街道办事处与社区居民委员会的关系仍然处于领导与被领导、命令与执行的状态，居民委员会的自治性无法实现，这影响了社区老年体育活动的顺利开展。

11.4.3 社区老年体育管理服务质量不高

目前，社区老年体育活动的开展主要由街道社区体协下设的活动性组织具体承担，体育组织形式比较单一，各个项目、各类人群的社区体育协会和俱乐部和居委会体育小组以及各种晨、晚练活动站尚未健全，还未形成网络化的社区体育组织管理体系，加上社区体育管理者、指导者队伍薄弱，科学指导不够，导致社区老年体育服务质量不高。调查发现，体育健身设施多为露天设置，经历风吹、雨淋、日晒，难免磨损生锈，对老年人健身活动的安全构成潜在的隐患。作为社区体育管理者和指导人员的街道办事处文体部门负责人，应有较高的科学文化知识和体育专业素质，高度重视社区体育健身路径的维护和管理问题，确保老年人体育锻炼的安全。据长春市调查结果显示：长春市街道办事处的文体部门负责人中，虽然受过高等教育的人占78.3%，然而在这中间却没有受过体育专业教育的人，这势必会给社区体育工作造成一定困难。调查显示，大部分体育指导员是业余的，缺乏专业知识、技术与技能，老年体育指导员更是寥寥无几。从理论上讲，老年体育活动指导员必须具备人体解剖学、运动生理学、运动医学、体育保健学和中华传统养生学等学科的知识。因此，应该培养适合老年人的社区体育指导人员，以提高社区老年体育服务的质量。

11.4.4 社区老年体育的法律、法规尚有待完善

随着科技的进步，劳动力的需要日益减少，老年人退休年龄逐渐提前，而那些仍有旺盛的精力和体力的中老年人在从事简单的户外活动之余还有更广泛的活动需要，如旅游、登山等中等体力的户外活动越来越受到他们的青睐。到目前为止，我国出台的《老年人权益保障法》已不能适应现代老年人的需要，所以政府必须努力改变老年人的一些权益和自由得不到保证的现状。只有政府通过法律、法规形式对老龄化问题、老年体育活动给予充分的关注，老年人的权益才能得到真正的保障与实现，现有的老年人参加体育活动的经费、场地等条件才能得到充分的保证。此外，制约我国社区老年体育组织管理服务的因素还有：①多渠

道投资落实不到位。目前,社区服务的投资来源主要来自有限的政府拨款、街道办经济实体的资助、民政部门从社会福利彩票收入中划拨以及来自民间的投资和赞助。但由于社会宣传不力,社会服务的参与意识不强,加之市场疲软、竞争激烈,而社区老年服务大多又是微利或无利经营,难以吸引各种社会投资,使得问题更加严重。同时,一些旨在促进社区老年体育服务发展的扶持和照顾等优惠政策,在实际落实过程中仍有很大难度。②市场化运作不到位。在市场经济条件下,要把社区服务当作第三产业的一个特殊组成部分来经营,就应该按照市场规律进行运作,讲求投入与产出效益,并使之成为一个新的经济增长点。但目前社区服务业的内部还缺少一整套规范健全的产业化管理制度,政府手段较强,市场运作空间不足。③社区服务资源不共享。虽然在过去的十几年中,全国社区服务设施和网点不断增加,但仍不能满足全体国民的多层次需要。因为体制等原因,一些大型企业虽然有较完善的福利设施,但由于项目分散、功能封闭、对广大社会老人不开放,因此利用率较低。另一方面,体育场地和设备偏少,商业运动场所价格太高,加上社区没有充分利用社会体育资源,如学校、单位或公共的体育场馆,极大地制约了社区体育的消费增长。④社区体育信息管理较为落后,缺乏有效的管理软件系统,处于混乱无序的状态,严重制约了社区老年体育服务的质量。⑤社会体育指导员的人员配备滞后于社区体育的发展,专职的体育指导人员匮乏现象普遍存在。

11.5 老年体育组织的未来发展

11.5.1 以公共治理理论为依据,构建老年体育组织

公共治理理论形成于20世纪70年代,其内涵与治理概念的基本含义有着密切的联系。公共治理是指政府、社会组织、私人部门、国际组织等治理主体,通过协商、谈判、洽谈等互动的、民主的方式共同治理社会公共事务的管理模式。与传统的公共行政相比,公共治理不再是自上而下,依靠政府的政治权威,通过发号施令,制定和实施政策,对公共事物进行单一化管理。它强调的是主体多元化、方式民主化、管理协作化的上下互动的新型治理模式。

格里·斯托克(Gerry Stoker)对公共治理提出了五种主要的观点:①治理意味着一系列来自政府但又不限于政府的社会公共机构和行为者。它对传统的国家和政府权威提出挑战,认为政府并不是国家唯一的权力中心。②治理意味着在为社会和经济问题寻求解决方案的过程中存在着界限和责任方面的模糊

性。表明各种私人部门和公民自愿性团体正在承担越来越多的原先由国家承担的责任。③治理明确肯定了在涉及集体行为的各个社会公共机构之间存在着权力依赖。④治理意味着参与者最终将形成一个自主的网络。⑤治理意味着办好事情的能力并不仅限于政府的权力，不限于政府的发号施令或运用权威。公共治理理论倡导的是多元、民主及合作的公共行政。它将政府、社会与市场三个部门看成一个合作的互动过程，为老年体育组织体系的构建提供了新的理论视角。

治理主义认为，政府组织在整个社会中依然充当着非常重要的角色，但不再是实施社会管理功能的唯一权力核心。这意味着非政府组织、非营利组织、社区组织等第三部门和私营机构将与政府一起共同承担管理社会公共事务、提供公共服务的责任和权力。非营利性社会体育组织在组织开展群众体育活动方面发挥了重要作用，已成为我国群众体育活动开展的重要主体。老年体协、全民健身工程(点)为老年体育活动的稳定开展提供了重要保障。但非营利性社会体育组织的发展往往受制于资金不足等问题，尤其是经济欠发达地区，老年体育组织的发展也不例外。因此，一方面，应充分发挥群众体育组织的作用，进一步健全老年体育组织的机构设置，扩充组织机构的数量；另一面，对居委会、志愿者组织和业主委员会等居民自治组织要加强引导，发挥其自治、自立功能，对企业、事业单位、私营机构等要加大政策诱导，积极吸引更多的社会组织加入老年体育治理主体行列。

11.5.2 积极调整政府与老年体协、私营机构关系，强调平等合作

任何机构，无论其为公有或私营，都不可能拥有知识和资源两个方面的充足能力来独自解决一切问题。而从治理的视角来看，统治也是一个互动的过程。因此，公共治理下的政府和各个公共机构、个人之间是一种权力依赖和互动的伙伴关系。这种相互协调合作的关系，要求政府部门改变传统的控制管理方式。政府部门在整个网络治理行动体系中，不仅要树立为民服务的意识，而且要树立为整个网络服务体系服务的意识，发挥行政部门的引导、沟通和协调的作用，改善网络中组织之间的互动关系。具体而言，在管理实践中，要将传统的“控制”管理方式转化为“平等”的服务方式，强调以民众为中心，树立为民服务、为社会服务的思想；要进一步强化体育行政部门制订发展规划、完善相关规章制度、进行宏观调控等职能。对于体育治理来说，要将“办体育”的工作进一步“放权”给体育事业单位、体育社会团体和其他体育社会组织，引导更多的社会力量共同参与全民健身体系构建。同时，对少数未健全的体育行政部门，当前最主要的任务就是加快其组织机构的完善和人员配备。对于老年体育组织来说，一方面要强化服务型管理的理念，根据老年体育的特殊性，从实际出发，进一步完善老年体育

的相关规章制度，保障老年人享受体育的权利；另一方面，应积极推进老年体育协会、老年活动中心、全民健身活动点等社会体育组织的建设，吸引更多的老年人主动参与到体育锻炼中来。

11.5.3 优化资源整合，积极形成自治网络管理体系

该体系可以界定为非正式且相对稳定的群体，且能够获得体制化的资源，使之得以在统治决策中发挥持久的作用。建立体系，在有些政策领域要比在其他领域容易些。若是与富有资源的行为者相联系，或是目标的实现要比其他目标少一点困难或问题，也较易于建立体系。显然，老年体育组织服务体系的构建不仅需要政府提供资源，也要积极吸取第三部门和私营机构的重要资源。因此，对于公共物品和服务的供给可以通过政府与非营利性部门以及营利性部门的合作来共同实现。目前，实现多元化主要有两条途径：一是政府推行竞争招标投标制，与其他部门合作共同实现公共服务的供给，即政府先确定某种公共服务的供给数量、质量和服务标准，然后向执行机构、营利性部门或非营利性部门招标，再由中标的承包商按照与政府签订的合同来执行供给项目，提供公共服务（这不仅包括通过当前的政府采购物品，还包括通过与其他部门的合作来提供有形和无形的公共服务）；另外一种就是政府通过吸纳社会力量和民间资源来共同从事公共基础建设，一起承担公共事业责任。我国自 2000 年 10 月 1 日起就颁布了个人所得税优惠政策，规定个人通过非营利性的社会团体和政府部门向福利性、非营利性的老年服务机构的捐赠，在缴纳个人所得税前准予全额扣除。通过政府部门与其他部门的合作，有助于提高公共物品供给的经济效益，弥补政府供给能力的不足。当前，由于投入大、回报慢等原因，我国对于老年体育服务的供给仍然由政府承担。但随着体育产业的发展和老年人体育意识的增强，随着“花钱买健康”等思想的渗透，市场机制的作用会越来越凸显。

11.5.4 政府对老年体育组织的积极扶持、引导、协调与管理

(1)政府强化宏观调控和整合职能，加大对非政府组织的资金支持，积极扶持、引导老年体育组织的发展，进一步鼓励、支持和引导民间体育组织的发展，使老年体育组织建设不断丰富和完善。

(2)政府启动职能的变换和机构改革，变“全能政府”为“有效政府”，实行“管办分离”“政企分离”，行政权力逐步退出社会组织的领域，在政策制定、总体指导、宏观调控等基本维度对老年体育组织提供支持。

(3)法规政策方面，政府健全和完善公共体育设施资源和学校体育场馆向社会开放的法规、制度，出台一系列的政策措施，对老年体育组织的投入不断加大，

在社会资源分配的过程中，加大对老年体育组织的政策倾斜和支持，并逐步健全农民健身工程、城市社区健身路径。同时，政府加强对体育指导员、体育文化等的建设力度，通过一系列的政策、措施，使老年体育组织可以在相关领域独立地组织开展活动。政府针对老年体育组织的组织管理制定相关的政策法规，包括保障老年体育组织的独立法人资格的法律、俱乐部享有的财政优惠政策等。此外，各地政府应结合国家相关政策法规，制定出适合本地实际的老年体育法律法规，树立老年体育组织机构的权威性，保障老年体育组织持续健康发展。

11.5.5　老年体育组织不断走向市场化

在市场经济的社会条件下，老年体育组织的组织形式向实体型转变，充分依靠和运用有关政策、法规，改变政府包揽的做法，向经营型转化，逐步成为相对独立的经营管理组织，实现真正意义上的“管办体育分开”。老年体育组织的基本关系和合作机制是建立在市场机制的基础上，因此老年体育组织与市场机制的结合是必然之势。引入市场机制，可以为各参与方之间长期稳定的合作构建内在的有机联系。政府重点支持公益性体育设施建设，鼓励和支持企业、事业单位及个人兴办面向大众的体育服务经营实体，积极引导群众的体育消费，大力培育体育市场，通过市场不断开拓新的渠道。

11.5.6　老年体育组织的能力不断提升

老年体育组织正逐步建成学习型、服务型的和谐社团，进一步发挥提供服务、反映诉求、规范行为的作用，与其他社会组织形成社会管理和社会服务合力，不断提高为广大老年人提供健康服务的能力，充分反映老年人在健身方面的要求，保障老年人平等参与体育健身、享有科学体育生活的权利。同时，老年体育机构的组织化程度也在不断提高，老年体育组织的开放性增强，组织稳定性不断提高，管理机制不断完善。组织管理人员是发挥和提高组织效率的重要保证。体育组织管理人员的配备正在逐渐增加，管理人员的专业素质不断提升。老年体育管理、体育指导层次的专业化进一步加强。体育指导员资格认定制度进一步健全，老年体育指导专业人员，从量与质两方面齐抓共管，在增加专业指导人员数量的同时，不断提升体育组织管理者的实际操作能力和业务水平，确保老年人更加科学合理、安全有效地进行体育锻炼。

11.5.7　老年体育组织数量不断增加

我国老年体育治理的载体大都由各级政府的行政组织、各体育事业单位组织构成。政府作为老年体育治理的主要机构，既是老年体育公共产品和公共服务的提供者，也是大部分政策的具体议定者和执行者。体育事业单位主要通过协会或活动小组等规划老年体育发展，开展多种多样的体育活动。参与老年体育组织服务的除政府行政组织、企业、事业单位之外，还包括许多非营利性社会组织和团体。

我国的老年体育组织体系正在日趋健全。2006 年发布的《中国老龄事业的发展》指出，至 2005 年底，全国县以上各级行政区划及 70％的城市社区和 50％的农村乡镇已建立了老年人体育协会，全民健身工程(点)已建成 3 万多个。一些省市的统计数据也表明我国老年体育机构的队伍在不断壮大。同时，我国政府也在不遗余力地推动老年群体健身活动，努力增强老年人体质，提高老年人健康水平。国家通过实施“全民健身工程”，正在不断加大老年体育协会队伍建设，加强公益性体育健身场地和设施建设，为老年人开展体育健身活动提供场所。

第12章 老年人健身设施管理

社区体育的开展，设施建设是基础。场地设施是构成城市社区体育健身娱乐服务的重要物资要素。我国正处在经济转型期，社区体育的大发展，首先需要解决的是设施服务的问题。健身设施管理包括场地、器材的建设服务，活动开展的经费保障，社区、单位及企业和事业资源共享服务以及良好的健身娱乐环境建设和配套服务设施供给。同时，随着人们健身需求的增长、健身娱乐取向的改变，全民健身计划的实施和社区的发展必将推动社区体育健身娱乐设施建设和辖区现有体育场地资源的重组和完善。

12.1 体育设施的分类与比较

城市社区体育设施是为满足社区居民休闲、娱乐、健身等多元化需求，在社区内规划建设的休闲运动场地、场馆会所、相应的配套服务设施以及周边生态环境等人工实体与自然要素的集合，是社区居民开展体育休闲活动的物质载体和重要保障。

体育设施是发展体育事业的重要物质基础。《体育建筑设计规范》对体育设施的解释为：作为体育竞技、体育教学、体育娱乐和体育锻炼等活动的体育建筑、场地、室外设施以及体育器材的总称。英国体育学者克劳森(Clawson)和尼奇(Knetsch)认为体育设施指提供体育活动的所有媒介，并将体育设施划分为三个类型：①使用开发型，是专门为进行体育娱乐活动而建设的设施；②自然资源型，指可进行体育娱乐活动的天然土地资源，如树林、河流、山岳等；③中间过渡型，介于资源型和开发型之间，系自然资源经过改造用于体育活动的场所。美国体育学者雷·温斯科(Neil Ravenscroft)认为，从广义上看，能容纳体育活动的场所都可以被看作是体育设施，并根据使用方式将体育设施分为四类，如表12-1所示。从表中我们可以看出，四项分类方式以更加广义的视野界定了体育设施的概念。其中专业性体育设施是以比较常态的体育建筑的形式出现，而改造建筑型体育设施更多的是建立在城市或社区的休闲空间之上，其意义远远超过体育设施概念的外延。第三类资源型体育设施是在进行功能转化和多样化的过程中进行了一定的资源和场地改造。从第四类的非专门性体育设施的主要形式来看，其设施作为体育运动的使用相对其他使用功能比重较小。

表 12-1　体育设施的分布与比较

	专门性体育设施	改造建筑型体育设施	资源型体育设施	非专门型体育设施
名称、内容、主要形式	体育场馆、体育场、游泳中心、网球中心	工业厂房、历史建筑、仓储设施	森林公园、河道、江滨、林荫道、跑马场、高尔夫球场	农业用地、水道、湖泊、水体、街道、人行道、山岳、沙漠、草原、水库
使用方式	主要以专业体育建筑为场地设施，以竞技体育活动为主要内容	针对城市中的大空间建筑进行改建、加建，强调设施本体的多样性	对天然资源加以改造利用，对场地和资源加以整合	对自然资源、城市基础设施加以利用，但其体育功能相对较弱

由以上分析得知，体育设施应该具有相当广泛的功能，如果将其局限于竞技功能，似乎略显狭隘。本研究对体育设施概念的理解主要是从广义的角度出发的，并基于城市规划学科范围探讨社区体育设施的建设问题。为了突出本文的研究目的，综合前述概念要义，本研究对体育设施的概念界定为：公众从事体育活动时，所有必要的、物理的、地理的条件，其中包括场地、器材与设施的总称。它是体育部门固定资产的重要组成部分，是群众进行体育锻炼、运动员进行训练与竞赛的物质基础。

12.2　国外城市体育设施的基本类型

社区体育设施是开展社区体育活动的物质基础，同时也是社区建设和完善社区环境必不可少的方面，其规模和内容在一定程度上反映了城市居民的精神文明建设程度和大众健身水平。发达国家社区的体育配套设施类型丰富，活动多样。包括社区体育中心、户外游憩场地、社区体育俱乐部、学校体育设施在内的社区体育配套设施资源，大大提高了体育设施的使用率，并在很大程度上满足了其社区居民的体育需求。国外城市社区的体育设施按空间类型划分可分为社区户外运动空间(包括儿童专用场地、健身广场、散步道和专业型运动场地等)和社区室内运动场馆两大类型，居民可分别根据不同的活动项目和特定的基址特点选择不同的类型。相关规划者也可结合不同区域生活群体的要求设计分散型或集中型的场馆设施，满足多种健身休闲需要。

12.2.1　社区体育中心

社区体育中心是指在一定区域范围内开设的为满足社区居民参加健身娱乐活动的需求，方便灵活、用途多样、相对集中的室内外体育设施。在西方发达国家，社区体育中心是开展大众体育活动的主要载体。

以服务内容为标准，国外社区体育中心可分为兼营型和专营型两大基本类型。兼营型社区体育中心是指能够为社区提供医疗保健、出行购物、教育培训，综合性文化活动，兼营体育活动的综合性体育中心。专营型是专门向社区提供体育服务的体育中心，包括综合型和单项型。综合型社区体育中心是指能够开展多项体育活动，可满足社区居民多层次体育需求的综合性体育场馆，目前国外社区体育中心多数属于综合型。单向型体育中心比较少见，相对集中于规模较小的社区。

根据日本社区体育设施建设标准，1 万人左右的社区体育中心规模大概在 2000 平方米左右，3 万人的体育中心的规模大概控制在 3000～5000 平方米。在有限的建设规模下，为了能开展更多的体育活动，体育中心多以多功能运动大厅为主体。在英国，社区体育厅内部大小的设计以羽毛球场作为参照标准进行，一般内部场地的规模分为 4 个、6 个、8 个、9 个、12 个羽毛球场太小。体育厅除开展各种球类比赛外，还可以适应社区活动，如演出、集会等。社区体育中心的设计十分强调与社区及城市人文景观的相互融合，往往都被设计成为社区公园的一个部分，外形美观大方，给人一种愉悦的感受。除此之外，许多社区中心还包括户外设施，这些设施与公园融合成一个有机的整体，例如社区体育中心的健身路径都建在公园，泳池往往同时成为了公园的水上娱乐设施。

12.2.2　社区体育公园

社区体育公园是把体育健身场所和生态园林环境巧妙地融为一体，是大众体育锻炼、健身休闲的公共场所。体育公园的设立能够满足人们丰富文化生活，回归大自然的意愿，同时对社区环境、人文景观的建设具有重要意义。

西方国家高度重视户外运动资源的开发，尤其是美国。将体育设施建在公园在美国具有悠久的历史，其发源可追溯到19世纪末20世纪初的“美国休闲运动”。美国的公园系统分为小型公园、街区公园、社区公园、州公园和国家公园。州公园和国家公园一般远离聚居区，面积较大，主要提供更适合于大自然环境的户外体育活动，如野营、冬季运动、徒步旅行、划船、独木舟运动、游泳、冲浪、钓鱼、骑马等。州公园和国家公园每年分别约有7亿及1.76亿人次参加各种类型的户外体育活动。其他类型的公园则距离居住区较近。小型公园规模一般为0.4～16公顷，服务对象主要为老人和儿童。街区公园和社区公园相对服务半径大，服务人群广，致力于满足不同群体的需求，包括如高尔夫球场、网球场、游泳池、自行车与徒步旅行道路、儿童游戏场等，这些运动场地的面积分别占到公园总面积的80%～90%和60%～80%，使居民可以就地就近参加体育活动，十分方便。公园还特别注重对自然生态的尊重与保护，尽量不改变地形和自然环境，以大面积草坪和树木为主，自然意境十分突出，使人们在运动的同时还能欣赏到优美的景致。

12.3 国外社区体育设施建设规划和发展目标

发达国家十分重视社区体育设施建设的规划，根据社区的发展由政府牵头，协调各部门关系，共同制订体育设施建设的规划和发展目标，通常以立法的形式，加以确认和保障。

12.3.1 德国“黄金计划”——社区体育配套设施建设

德国为推动社区体育中心的建设，改善国内群众体育设施匮乏的窘境，原联邦德国于1960年颁布了“黄金计划”，并制订了德国社区体育配套设施的标准和规范。其主要目的是聚集社会各界的财力支持，为社会各个阶层建立体育设施。该计划施行后仅仅10年就使德国的社区体育设施建设程度有了大幅度的提高。此外，德国政府还针对社区体育人口结构及体育项目特点，提出了《发展社区专项体育设施计划》，设立了体育设施计划专项体育设施。经过“黄金计划”的贯彻和实施，德国社区体育设施的数量和质量有了飞快的提升，如表12-2所示。

表 12-2 实施"黄金计划"后德国社区体育设施的发展情况 （单位：个/m^2）

设施类型	1960年的设施数量（个）	1960年的设施面积（m^2）	1976年的设施数量（个）	1976年的设施面积（m^2）	1985年的设施数量（个）
社区体育中心	32800	12690万	55100	20730万	64700
儿童游乐场	18500	1200万	42800	5925万	58000
室内游泳池	730	11万	2980	75万	4100
室外游泳池	3030	320万	3580	470万	8600
网球场	5300	—	16000	—	29200
跑马场	—	—	—	—	4900
高尔夫球场	—	—	—	—	130
壁球馆	—	—	—	—	3050
滑冰馆	—	—	—	—	246
射击场馆	—	—	—	—	2389

12.3.2 日本的社区体育配套设施建设

日本在20世纪60年代初积极调整体育战略，大力发展社区体育发展计划。自1961年颁布《体育振兴法》以来，日本颁布的与体育场馆相关的法律法规基本上都是与建设社区体育配套设施有关的。日本的体育配套设施包括社区基本体育设施、户外体育设施和学校体育设施。1972年日本文部省体育局制定了《体育场馆建设十年规划》(1972～1982)，提出开展体育场馆配套建设，让更多的国民参与体育活动，并对不同人口规模的居住区和企业的体育场馆配套标准作了规定(见表12-3、表12-4)。同年，文部省体育局还出台了《关于普及振兴体育运动的基本计划》。

表 12-3 日本社区体育馆设施配套标准一览表

名称	规模(1万人)	规模(3万人)	规模(5万人)	规模(10万人)	备注
室外设施	1个 ($10000m^2$)	2个 ($10000m^2$)	3个 ($10000m^2$)	6个 ($10000m^2$)	棒球、垒球、足球、田径综合场地
	2个 ($1560m^2$)	4个 ($2200m^2$)	6个 ($2200m^2$)	10个 ($2840m^2$)	网球、排球场地

续表

名称	规模(1万人)	规模(3万人)	规模(5万人)	规模(10万人)	备注
室内设施	1个($720m^2$)	2个($720m^2$)	3个($720m^2$)	5个($720m^2$)	篮球、羽毛球、乒乓球场地
	1个($220m^2$)	1个($300m^2$)	1个($300m^2$)	1个($400m^2$)	柔道、剑道馆
	1个($400m^2$)	2个($400m^2$)	2个($400m^2$)	6个($400m^2$)	游泳池

计划重点提到了有关"设施的整合和充实、指导者的养成、资金的确保"等几个方面的问题，强调了以完善社会体育环境为核心，以社区体育设施建设为重点的发展社会体育的具体措施和标准。

1989年，日本文部省保健审议会发表了《关于面向21世纪体育振兴计划》的咨询报告书，计划从"改善体育设施利用率""大众体育事业的完善""竞技体育的振兴"等几个方面强调了今后开展终身体育环境建设的具体措施，进一步完善了社区体育设施的标准。20世纪90年代以后，受泡沫经济的影响，日本经济失去了往日的繁荣，降低了对群众体育的投入，这在很大程度上影响了竞技体育的发展速度。但是日本政府并没有减少对社区体育的资金投入，各级政府每年也要投入7000多亿日元用于社区体育各项事业的发展。同时为了适应社会的发展，1997年，日本文部省又提出了《关于保持增进健康教育和体育振兴方案》这一体育振兴策略，对人生各个时期的阶段特点、增进体力的运动方法和标准等作了具体的说明，把社区体育近一步引入了科学化、系统化的发展阶段。

表12-4　日本社区体育设施配套标准一览表

名称	设施功能	主要设施种类标准	主要附属设备	备注
社区设施	社区居民日常体育活动的就近设施，适用于体育俱乐部和体育节	多用途的运动广场($10000m^2$)；多用途球场($2200m^2$)；社区体育场($720m^2$)；柔剑剑道场($300m^2$)；游泳池($25m^2$、6～8泳道)	长凳、护球网、厕所、更衣室、夜间照明、洒水设备、娱乐室、健身室、会议室	1. 楼梯扶手要适合障碍者和老年者 2. 确保必要的空间照明和音响、更衣室

续表

名称	设施功能	主要设施种类标准	主要附属设备	备注
市、町、村设施	各种运动节、体育节、就近居民的日常体育活动	体育馆（3000m²）；柔道馆、剑道馆（400m²）；游泳池（50～250m²、8泳道）	娱乐室、保健咨询室、交流室、会议室、研修室、观众席、夜间照明	市、町、村建设主要综合体育馆，应为市民提供保健服务
都、道、府、县设施	全国规模运动会、全国体育运动会的选拔、培养运动员	综合竞技体育设施，要达到公用标准、研修设施和情报中心设施标准	观众席、交流室、娱乐室、研修室、夜间照明、保健咨询室、资料室、住宿设施	体育设施、文化设施、饮食设施要有机联系起来

12.3.3 美国的社区体育中心与户外游憩场地建设

美国于1980年由卫生部制定了《关于增强健康与预防疾病的国家目标》，强调开展大众体育活动的同时，对社区体育设施建设也作了出了具体的规定。美国的“健康国民（2000年）”规划（Healthy People 2000），对居住社区提出了明确的营建社区体育设施的要求及指标，并号召和鼓励所有政府部门与机构包括军事部门，无偿支持增进人民健康的活动。同年，美国国家健康中心又提出“AUU身体健康计划”，对社会各个阶层的体育锻炼提出了要求，并提出了体育设施配套要求。

美国的社区体育中心发展深受英国传统的影响。美国的社区体育中心依托一定人口规模的社区，多为多功能、多项目、多用途、简便实用、易于管理的室内外设施相结合的综合性体育场馆。在美国几乎所有的社区都有其社区体育中心。但是美国没有全国统一的社区体育中心建设标准，而是按照不同人口规模建设各自的社区体育中心。社区体育中心依照社区居民不同的兴趣爱好、年龄或者是特殊群体特点，开展丰富的室内外体育活动。有些体育中心还为本市的老年人免费提供晨练场所，并专门设计了适合老年人的锻炼项目。美国地方政府担负社区体育的行政管理职能，基层政府机构通常会设立公园与游憩委员会，再由该委员会指派几名职员去管理社区体育中心，管理社区的体育设施资源并组织居民的体育活动。社区体育中心的管理人员需要经常和社区居民代表以及相关社会组织所组成的社区咨询委员会进行沟通交流，定期调整社区体育中心的工作，更好地为居民提供体育服务。在美国社区体育设施体系中，公园和开放空间的体育设施占据重要地位。《健康公民 2000 年》中提到了至 2000 年美国社区居民可以拥有的社区体育设施面积，具体为每 1 万人拥有 1600 千米的自行车、健身路径，每 25000 人拥有一个公共游泳池，每 1000 人拥有约 16187 平方米的游憩公园。这些指标均已完成。在 1996 年，美国国家游憩公园协会为保护开放空间，发布了公园、休闲、开放空间和绿色通道指南，并颁布了公园、绿色通道和开放空间的分类指标和建设标准。除此之外，国家游憩与公园协会还推荐地方按照服务层次标准建设不同层次的公园，包括迷你公园、街区公园、社区公园和区域公园。美国的区域公园介于社区公园和街区公园之间，其场地标准要求在区域公园内需要有各种功能单位。表 12-5 列出了美国区域公园场地标准，该表适合一系列游憩与运动设施。

表 12-5　　美国区域公园场地标准

设施	面积(m^2)
游乐设备区(学前儿童)	1400
游乐设备区(大龄儿童)	1400
表面铺设的多功能球场	7100
网球中心	4000
游憩中心建筑	4000
体育运动场	40500
高级儿童中心	7700
户外自由区	8100
射箭场	3100
游泳池	4000
室外剧场	2000
滑冰场(人工)	4000
家庭野炊区	8100
户外教室区	4000
高尔夫球练习区	3100

续表

设施	面积(m^2)
路外停车	12100
风景区	24300
非指定区	13900
总计	152800

12.3.4　英国——科学的体育设施配套标准

英国的社区体育设施建设体系是以法律的形式规定的，既保证了城市体育资源的均衡配置、满足了人们户外活动的需求，又规定了具体的规模指标以便于操作实施。早在 20 世纪 80 年代中期，英国体育理事会制定了英国社区体育中心的基本标准(SASH)，具体要求是 25000 人规模的社区需要增设一个社区体育中心，并能够开展 10 余项体育活动项目，如网球、羽毛球、篮球、保龄球、5 人制足球、健身操、室内曲棍球、柔道、空手道、健身、舞蹈、网球、排球等。英国的标准社区体育中心包括两个层次，即乡村社区厅(Village and Community Hall)和社区体育厅(Communality Sport Hall)。乡村社区厅可以开展体育活动，不仅能够为社区居民提供服务，同时也能为社区里的学校提供服务。社区体育厅的作用主要体现在专门开展社区体育活动，其内部规模通常用羽毛球场地大小来衡量，一般为 4～12 个羽毛球场地不等。英国理事会对不同规模的社区体育厅的功能都进行了十分详细的规定。

表 12-6　　英国不同规模社区体育中心的功能设计一览表

体育设施	服务标准	负责机构
运动场	54000m^2/千人	国家运动场地协会
自留地	2000m^2/千人	村镇委员会
地区性室内体育中心	4 万～9 万人/座，每增加 50000 人加建 1 个，17m^2/千人	体育总局
地方性体育中心	约 23m^2/千人	体育总局
室内游泳池	约 5m^2/千人	体育总局

续表

体育设施	服务标准	负责机构
高尔夫球场	1个9洞单元/1.8万人	体育总局
	在2000年建700个18洞球场	高尔夫球发展部
儿童游乐场	6000m²/千人	国家运动场地协会

英国社区体育组织的体育活动内容比乡村社区体育厅更为丰富。据英国体育理事会2001年的调查，英国社区体育厅开展的体育活动达150多种，排在前3位的分别是羽毛球(24.4%)，健身、有氧运动和瑜伽(23.6%)和室内5人制足球。英国同时有针对地方体育设施的规范。在规范城市体育运动场地的人均占有量上，英国的国家运动场地起到了相当重要的作用。1992年颁布的“NFPA六英亩标准”为城市大众体育设施的发展奠定了法规基础，英国国家运动场协会推荐的户外活动场地标准为24300平方米/千人。

12.3.5 新加坡——体育社团的积极合作

新加坡的社区体育设施比较完善，几乎每一片居民楼(当地称为祖屋)都配有供居民散步的小公园、露天篮球场或是网球场，有些社区还配有“居民联络所”，其中都设有体育设施。“居民联络所”经常会开设一些体育课程，比如瑜伽班，太极拳班，以方便附近居民学习。在各个主要区域都有体育馆、露天游泳池等，这些公共体育设施的规划和建设都由政府统一管理，主管机构是体育理事会和社区发展及体育部。人们也可以在公共绿地上踢球。此外，还有许多健身俱乐部和会员制的社区体育中心，深受当地年轻人欢迎。

新加坡的社区体育中心是大众体育的基本组织载体，大多数基层体育俱乐部往往以社区体育中心作为开展体育活动的基地。1975年，由新加坡的体育理事会、教育部、国防部、园林署、康乐署和人民协会等15个部门联合制定实施了体育设施蓝图计划，决定在全新加坡修建15个社区体育中心，并规定20万人左右的居民区必须配有一个体育中心。其标准为一条跑道和一个运动场、一个游泳中心、户外健身站点、一个有氧运动影音室和办公室。多用途的室内体育馆可以开展羽毛球、排球、篮球、网球、乒乓球等活动。户外健身站包括类似公园环境中建立的慢跑和散步路径及太极拳、武术等健身点。其中，健身中心主要向居民提供设备齐全的主要包括降低体重与提高心肺功能设备的健身房；而有氧运动影音室向居民播放舞蹈以及有氧锻炼的影片和录像供居民学习。

在新加坡，许多地方体育协会、体育社团都设在社区体育中心内，体育协会、体育社团与社区体育中心共同安排俱乐部的活动。新加坡体育理事会每年都以 15 个社区体育中心为单位组织社区体育比赛，所有社区居民都有权参加。比赛分成不同年龄组，结果不完全依照比赛的结果来定，而是依据社区参加体育活动群体的广泛性来决定。此外，新加坡的各类社区体育中心、体育俱乐部经常开展针对社区居民的培训活动，以使社区居民能够形成健康的生活方式。社区体育中心开展的许多体育培训是免费的，其目的在于吸引更多人到社区体育中心参加活动。为了提高培训质量，新加坡许多社区体育中心都配备社会体育指导员和陪练员。社会体育指导员能够对参加健身活动的居民提供健身指导，也能够将新兴体育健身项目提供给居民。同时，社区体育中心也是开展国民体质监测的基地。新加坡体育理事会推行的“全国体能测试挑战奖”等体质检测项目主要是以社区体育中心为基地进行的。

12.4　我国社区体育场地与设施的建设标准

我国于 1995 年颁布的《体育法》和《全民健身计划纲要》中都曾经涉及社区体育的开展方式与组织机构的建立，并且《全民健身计划纲要》中还明确提出城市体育以社区体育作为工作重点，要充分发挥城市街道办事处的领导作用，积极发展社区体育这一新的社会体育组织形式。

体育设施的缺乏是制约我国大众体育发展的关键因素。我国社区体育发展尚处于初级阶段，从我国体育场地的分布情况来看，真正被城市社区居民所利用的体育设施是非常有限的。相比发达国家而言，我国体育场地和设施数量少，质量低，服务于社区的体育场地和设施则处于匮乏状态。中国只有 35%的社区居民利用较正规的体育场馆设施进行健身。

12.4.1　社区体育场地与设施的规模和数量

我国城市社区体育场地设施的规模主要根据城市居住区规划结构形式的不同分为三个层次，即居住区级、居住小区级和居住组团级。因此，在规划设计社区体育场地设施时也分为这三种层次，要以满足社区居民的基本体育需求为主导，充分尊重我国的国情，特别注意集约与节约用地，不盲目追求高标准。在指标的具体措施中，根据 2005 年 11 月 1 日国家体育总局、建设部和国土资源部共同颁布并开始实施的《城市社区体育设施建设用地指标》以及《中华人民共和国建材行业标准》对居住区级、居住小区级和居住组团级人口数量的要求，得出了居住区各级体育设施的规模，如表 12-7 所示。

表 12-7　　城市社区体育设施分级配建表

项目 \ 居住区分级	居住区	小区	组团
	30000～50000 m^2	10000～15000 m^2	—
篮球场	3 块	1 块	—
排球场	1 块	—	—
7 人制足球场	1 块	—	—
5 人制足球场	2 块	1 块	—
门球场	3 块	1 块	—
乒乓球台	16～20 个	6 个	—
羽毛球场	6 块	2 块	—
网球场	3 块	1 块	—
游泳池	3 个	1 个	—
滑冰场	1 块	—	—
室外综合健身场地	3 块	1 块	1 块
儿童游戏场	9 块	3 块	1 块
室外健身器材	3 组	1 组	1 组
60～100 米跑道	2 块	1 块	—
100～200 米跑道	1 块	—	—
棋牌桌	9 张	3 张	1 张
健身房	3 个	12 个	—
台球桌	6～8 张	2 张	—
社区体育指导中心	3 个	1 个	—
体质监测中心	3 个	1 个	—
教室与阅览室	3 个	1 个	—
器材储藏室	3 个	1 个	—
室外用地面积	18900～27800m^2	4300～6700m^2	650～950m^2
室内建筑面积	7700～10700m^2	2050～2900m^2	170～280m^2

12.4.2　城市社区体育场地与设施的建设类型与面积

为指导城市公共体育设施的建设，我国出台了《城市公共体育设施标准用地定额指标暂行规定》和《城市社区体育设施建设用地指标》两项规范。规范确定了体育设施服务的人口规模是设施用地指标和配件类型的依据。根据暂行规定，不同人口的城市建设不同级别的城市公共体育设施，以规模、用地面积和千人指标三项主要指标来确定体育设施的建设标准。社区指标亦是通过服务人口确定人均用地指标、人均建筑面积指标、体育设施类型和数量。

城市社区体育活动的基本项目包括篮球、排球、足球、门球、乒乓球、羽毛球、网球、游泳、轮滑、滑冰、武术、体育舞蹈、体操、儿童游戏、棋牌、台球、器械健身、长走（散步、健步走）、跑步等。少数民族地区应设置符合民族特点的城市社区体育项目，其面积指标可根据具体情况确定。需要开展其他体育项目的城市社区，可根据实际需要与活动特点确定面积规模。篮球场地可分为标准篮球场地与三人制篮球场地，其场地面积应符合表 12-8 的规定。

表 12-8　　篮球场地面积指标

项目	长度（m）	宽度（m）	边线缓冲距离（m）	端线缓冲距离（m）	场地面积（m^2）
标准篮球场地	28	15	1.5～5	1.5～2.5	560～730
三人制篮球场地	14	15	1.5～5	1.5～2.5	310～410

排球场地面积应符合表 12-9 的规定。

表 12-9　　排球场地面积指标

项目	长度（m）	宽度（m）	边线缓冲距离（m）	端线缓冲距离（m）	场地面积（m^2）
标准排球场地	18	9	1.5～2	3～6	290～390

足球场地可分为 11 人制足球场地、7 人制足球场地、5 人制足球场地，其场地面积应符合表 12-10 的规定。

表 12-10　　足球场地面积指标

项目	长度（m）	宽度（m）	缓冲距离（m）	场地面积（m^2）
11 人制足球场地	90～120	45～90	3～4	4 900～12 550
7 人制足球场地	60	35	1～2	2300～2500
5 人制足球场地	25～42	15～25	1～2	460～1340

除此之外，两项规范中还以具体图表的形式规定了门球、乒乓球、网球、羽毛球、游泳池等室内外项目的场地面积。武术、体育舞蹈、体操、儿童游戏等运动项目可合并使用一处室外综合健身场地，每处室外健身场地的面积不应小于400平方米，不得超过2000平方米。

城市社区体育的配套设施分为服务设施和管理设施两大类。服务设施包括更衣室、小型餐饮、器材租售等，其数量与所占面积也分别有具体规定。管理设施包括社区体育指导中心、社区体育俱乐部、体质监测中心、教室与阅览室、器材储藏室等，也根据城市社区体育设施用地规划规定了其用地面积范围。

12.5 我国社区体育设施

2005年开始实施的《城市社区体育设施建设用地指标》，完善了我国社区体育设施建设的具体功能、类型和规模标准。同时，我国对不同层级的社区体育设施用地作了详细规定，但其配套设施还未做具体定量的要求。

我国于1995年开始实施《全民健身计划纲要》，增加体育锻炼设施是该计划的一个重要内容。近年来，为了适应全民健身运动的发展，全国各地通过政府投资、体彩筹资、社会集资等各种方式新建了许多社区体育休闲健身设施，这其中包括大量的“全民健身园地”“健身路径”等工程。截至2003年年底，统计数据显示几年来体彩公益金在城市社区、公园、广场和乡镇农村援建了全民健身路径22261条。许多地方政府都把全民健身工程列为“为民办实事”的内容之一，各地体育行政部门利用本地体育彩票公益金进行了社区体育设施建设。短短几年的时间里，路径工程从城市社区发展到农村乡镇。从第四批路径工程开始，已经有少量建在农村乡镇，以后逐年增多。

第一批到第四批“健身路径”的建设模式大体相同，内容主要包括：

(1)在社区中建一处(或两处，总面积相同)1000平方米以上的室外体育场地，供群众开展晨练、健身操舞，扭秧歌等群体活动；

(2)健身项目包括：中国成年人体制测定器材，儿童综合活动器械，综合健身器械，门球、篮球、排球、羽毛球、乒乓球、综合健身、活动器械，一块以上球类或游泳、棋牌、健身、健美操等运动的场地设施，小篮板、排球、羽毛球、小足球场地和相应的设施。

第五、六批“健身路径”工程按四种模式进行建设：

(1)在城市社区和农村乡镇配建项目：至少配建一条健身路径及乒乓球台、小篮板等体育器材，铺设一条鹅卵石健身路，修建一处可供群众进行拳、操、舞活动的健身场地或是一个简易标准的进行球类、游泳等活动的体育场地或建筑面积在100平方米以上的室内健身设施。

(2)健身广场配建项目:在城市街心广场或具有一定规模的公共场所(该场所可供群众进行晨、晚间的健身活动)配建40件以上适合不同人群的健身器材,也可视情况铺设鹅卵石健身路。

(3)公园配建项目:在公园配建35件以上适合不同人群的健身器材以及室外乒乓球台、小篮板等体育健身器材和鹅卵石健身路等。

(4)城市社区中的"体育俱乐部""体育会所""邻里中心"这类较具规模的综合性场所附属的体育娱乐设施;

目前,发展较为迅速的是社区体育中心、社区体育俱乐部和社区体育会所等可满足社区多层次体育需求的体育设施。

12.6　我国社区体育设施建设与发展的未来

社区体育配套设施是开展社区体育活动的物质基础,同时也是社区完善建设和完善社区居住环境不可缺少的必要方面。发达国家的社区体育设施配套建设丰富,活动多样。包括社区体育中心、户外游憩场地、社区体育俱乐部、学校体育设施在内的社区体育配套设施资源,大大提高了体育设施的使用效率,并在很大程度上满足了社区居民的体育需求和精神需求。发达国家社区体育配套设施的发展得益于政府制定相关政策法规、大力建设并修缮社区体育设施和积极提供财政保障等措施,此外,还得益于社会组织、企业赞助和公众的支持。目前我国社区体育正处于备受关注与起步发展的阶段,政府在社区体育配套设施建设方面虽然也给予了财政和政策上的支持,但是现今我国社区体育设施仍然存在数量严重匮乏、设施类型稀缺、管理不善、破损严重等问题,不能满足社区居民的体育运动需要。

12.6.1　政府主导的社区体育配套设施资源建设

在美国,几乎所有的社区都有社区体育中心,但是美国没有全国统一的社区体育中心建设标准,而是由各社区按照不同人口规模建设各自的社区体育中心。社区中心依照居民不同的兴趣爱好、年龄或者是特殊群体特点,开展室内外丰富的体育活动。美国地方政府负责社区体育的行政管理职能,基层政府机构通常会设立公园与游憩委员会,再由该委员会指派几名职员去管理社区体育中心,管理社区的体育设施资源以及组织居民的体育活动。除此之外,美国地方政府大力支持体育私人俱乐部和公益型社会组织的发展，比如美国男青年协会、美国女青年协会等，这些组织的体育场地与设施都向俱乐部开放。公益事业型的组织还会无偿或低价向雇员或社会开放场地与设施资源。日本为了动员社会力量支持体育设施的建设，积极提高对社区体育配套设施的资助力度，通过建立"体育设施建设的低利贷款制度"对民间企业进行体育场馆建设给予一定的财政和金融支持。除了基本的社区体育配套设施之外，日本政府还在户外城市公园为社区居民建设社区体育设施，进一步扩展了日本社区居民的体育运动空间。由于经济高速发展导致的工业化和城市化带给人们很大的心理压力，日本很关注户外运动设施的建设和发展，斥巨资修建滑雪、高尔夫等大型户外互动区，用来推动日本户外运动的发展。结合世界主要发达国家社区体育配套设施的建设及发展思路，我国政府在出台一系列城市社区体育配套设施建设标准之余，要发挥政府的宏观调控手段，加大对城市社区体育配套设施建设的资金投入力度，鼓励民间投资，拓宽社区体育投资融资渠道。此外，还要进一步改进和完善城市社区体育设施的管理制度，做到城市社区体育设施有专人监管、有专人维护、有专人指导，逐步满足城市居民日益增进的体育运动需求。

12.6.2 开放我国大型体育场馆设施

大型体育场馆是我国体育事业发展的重要物质基础和体育产业的重要物质载体，它承载着运动竞技体育、运动训练和大众体育三大功能。改革开放以来，政府投入了大量资金，用于大型体育场馆设施的建设，使得我国大型体育场馆的数量急剧上升。但是，城市大型体育场馆投资规模大、资金回收周期长、利用不合理等特点严重制约了大型体育场馆的使用效率和相应的获益。与城市社区体育设施匮乏的现状相比，城市大型体育场馆的数量多、利用率低，形成了鲜明的反衬，恰好为解决我国城市社区体育设施不能满足居民体育需求的问题提供了重要的解决途径——加大开放大型体育场馆设施的力度，实现资源有效配置。目前，我国多数大型体育赛事场馆存在赛后零利用率、对外开放率低、资源浪费严重等问题。大型体育场馆是为大型体育活动而修建的，它的主要功能当然是开展体育活动和体育竞赛。当大型比赛结束后，留下了开展体育竞赛活动所必需的全套设备。随着全球各界对场馆利用研究的深入以及现代科技水平的提高，大型体育赛事场馆对外开放，为社区开展大众体育活动提供了得天独厚的优势，既提高了大型体育场馆的利用率，增加社会效益和经济效益，又能有效支持社区居民开展丰富多彩的体育活动，促进我国全民健身事业的积极发展。

12.6.3　开放学校体育设施

学校体育是学校教育的重要组成部分，学校体育设施是提高学校体育教学质量、促进学生身心健康发展、加强学校素质教育的有力物质保障。另外，学校体育也是我国体育事业的重要组成部分，同样肩负着提高国民素质、实现全民健身战略的重要任务。社会（社区）虽然缺乏体育场地等资源，却又具备政策倾斜和补贴资金等优势资源；而学校相对于社区来说拥有较多的体育师资、体育设施等资源。所以，如果学校将自己的闲置资源去为社区所用，与社区加强联系，形成资源共享，不仅可以提高学校现有资源的利用效率，还可以从社区获得更多体育乃至其他办学资源；而对于社区来说，学校体育设施的开放无疑会增加全民健身资源，为满足群众多样化的体育锻炼需求提供重要途径。可见，学校体育设施与社区全民健身资源实现优势互补具有重要的现实意义。为此，政府应进一步规范对学校体育设施资源向社会居民开放的管理力度，对向公众开放体育设施的学校给予支持，为向公众开放体育设施的学校办理有关责任保险，扩大各类体育设施的利用率、开放率，形成各类体育设施的合理布局。互为补充、面向大众的网络化布局，也是未来我国城市社区体育设施建设的一个重要方向。

12.6.4　健全社区体育俱乐部服务

社区体育俱乐部是面向社区全体居民进行服务的公益型社会组织，也是我国全民健身战略的目标之一。目前，我国的社区体育俱乐部建设才刚刚起步，与发达国家的社区体育发展相比还存在较大的差距。应借鉴美国、日本等国社区体育俱乐部建设较为成功、成熟的经验，进一步推广社区体育俱乐部建设，健全和完善社区体育俱乐部服务体系。我国当前的体育俱乐部建设正处于试点运行状态，存在资金来源短缺、俱乐部法人主体不明确、硬件设施配套不齐全等问题。为了促进我国社区体育建设的发展，社区体育俱乐部必须具有自我造血功能，通过收取会费、场地租赁、培训费以及开展相关的经营活动等方式开发资金链，并应积极寻求企业、社会赞助。美国为了解决社区体育建设巨大的资金缺口问题，在 20 世纪 90 年代就采用政府拨款结合政府担保债务的融资形式以及公私联合融资模式（PPP）和“建设—运营—移交”模式（BOT），以降低体育设施建设中政府的资金投入，加大社会投入。我国的社会体育资金中，政府投入占 34.90%，单位自筹占 53.90%，社会捐赠和体育彩票公益金仅占 1.02% 和 1.90%，这反映出我国社区体育资金来源的单一，进行融资发展迫在眉睫且潜力巨大。另外，还应实施法人制，明确俱乐部的主体地位，明确其权利和义务，以促进社区体育健身俱乐部的良性发展。在体育俱乐部的硬件设施配套方面，我国体育场馆应以综合型社区体育健身场馆建设为主，以开设多样化体育活动为目标，应具有球类馆、游泳池、功能健身房、网球场、游戏室、更衣室、会议室、阅览室等，并以法令、法规的形式规范社区体育健身俱乐部的场地、配套设施标准。社区体育健身俱乐部的服务对象为社区全体居民，在社区建设上应进行良好规划，划分出生活区、运动区、功能区等，可在各体育活动场所间设置健身路径、休闲娱乐区、儿童游乐场及生态公园等景观设施，以兼顾到社区锻炼的男、女、老、幼；并可在社区体育俱乐部中设置一卡通设备，会员持卡可使用任何体育设施进行活动、参加体育培训，并可享受健康咨询、健身项目指导、运动处方个性化制订、体育锻炼监督以及体力、体质免费测评等多项服务。利用多样化的服务、一条龙式的服务体系，一定可以吸引更多的社区居民参加到社区体育健身俱乐部中来。

第13章　老龄化体育与健康管理评价

13.1　成功老龄化评价标准研究

成功老龄化是指与人的年龄相关的身体功能无改变或改变甚微、尽管人的年事已高但认知功能良好、身心健康的一种状态。随着对健康的不同理解，国内外学者对成功老龄化的界定也在不断变化之中。最初，研究者仅从生物学模式或躯体健康方面提出，将65岁以上没有慢性病、基本能够日常生活（如吃饭、穿衣、洗澡等）及完成部分体力活动（如上下楼梯、搬东西、做家务等）、能自理且没有困难的老人定义为达到成功老龄化的老人。随后，受生理—心理—社会医学模式的影响，成功老龄化的界定进入了多元化时代。Rowe及Kahn率先提出SA（成功老龄化判别标准研究）经典的三维模型，此模型与世界卫生组织（WHO）提出的健康准则一致，主要从生理、心理、社会功能三个方面对SA现象进行评估。

此后有研究者认为，老年人的主观感受与健康或认知等客观测量指标一样重要，其中主观幸福感在主观感受中占了很大部分，应当将主观幸福感水平纳入成功老龄化的标准中。Richard采纳了上述观点，将主观幸福感作为成功老龄化的判别标准，因为幸福感强的老年人对生活满意度高。国外诸多研究者进一步提出成功老龄化判别应该包括老年人是否继续保持活力或生活幸福、健康及对生活满意。此后又有不少研究者从自评角度对SA进行判别：自评健康状况良好、生活自理、经济有保障、社会支持良好、持续关注社会发展并保持继续学习的能力、生活独立、参与社会生产活动、生活幸福。Depp和Jeste（2006）在对以往的SA判别标准进行总结分析时发现，排在前四位的是：生理功能（90%）、认知功能（45%）、生活满意度和主观幸福感（31%）、社会参与度（28%）。Pruchno等的研究则进一步指出，SA应该包括两种类型：主观上成功和客观上成功，二者间既相互独立又相互联系。

SA判别标准倾向于在采用多维指标的同时强调评估指标的可操作性。从便于操作的层面上，对以上维度的界定主要通过问卷及量表的形式进行评估。例如，对于生理功能的评估主要采用慢性病数量调查问卷、日常生活能力量表(Activities of Daily Living，ADL)，它们已被译成多种版本广泛使用，具有良好的信效度；对于认知功能的评估，主要采用简易精神状态量表(Mini-Mental State Examination score，MMSE)，它在欧美国家已作为老年痴呆普查的首选筛选工具而广泛应用。不同文化背景的不同研究者对MMSE分值的界定也不一致。研究表明，有的学者将MMSE得分≥24的老人规定为认知功能良好，有的则采用MMSE得分≥样本的中位数水平的标准。对于社会参与程度的评估主要采用社会活动调查问卷，多从参与活动的种类、频率及参与时间三个方面进行评估。主观幸福感是综合性的心理指标，多数学者都认同其由三个不同维度组成：积极情感、消极情感和生活满意度。对于老年人主观幸福感的评估大多采用纽芬兰纪念大学幸福度量表(MUNSH)。该量表主要适用于老年人群，且具有良好的内部一致性和最大的时间稳定性，已被许多国家广泛应用。多数研究者将"MUNSH得分≥样本中位数水平的老人"规定为主观幸福感良好。同时满足以上维度的即为SA，否则为非SA。

香港学者Chou和Chi在研究中将不同维度下量表或问卷的得分人为地划定为0～4五个等级，0代表功能最佳，4代表功能最差。每个维度评估结果为0等级的老年个体，即属于老龄化过程最为成功的一组老年人群。由表13-1可见，不同文化背景下不同研究者可能会采用不同的标准划分临界值，有些将量表或问卷得分样本的中数水平作为划分临界点；有些采用等级或里克特量表评估成功老龄化的趋势。

表13-1　SA评定标准及测量工具研究

学者	判别维度	测量工具	划分标准
Strawbrige WJ，Wallhagen MI	依据Rowe - Kahn SA三维模型，即身体功能、认知功能、心理健康状况、社会功能	疾病及其相关风险因素调查问卷、有无残疾调查问卷、日常基本生活能力量表(ADL，7项)、老年个体认知状况调查量表、DSM-IV手册、社会活动参与度调查问卷	无慢性病及患病风险低，躯体无残疾，ADL评价完全没有困难，认知功能完好，DSM-IV诊断无抑郁障碍，每月至少有一项社会活动，SA检出率为18.8%

续表

学者	判别维度	测量工具	划分标准
Gatz，Zarit	身体功能、认知功能、心理健康状况、社会功能、主观幸福感	从理论上论述，如果成功老龄化的操作性定义内容中少了主观幸福感维度，将会使评估效果不完整	
Kee-Lee Chou & Aris Chi	身体健康状况、认知状况、情感状况、社会参与度状况	日常基本生活能力量表、工具性生活能力量表、抑郁量表、老年个体认知状况调查表、社会活动参与度调查问卷	人为地将不同维度下量表或问卷得分定位为等级 0～4，0 代表功能最佳，4 代表功能最差，每个维度评估等级为 0 的个体为 SA 组
Margaret von Faber	身体功能、认知功能、心理健康状况、社会功能、幸福感	日常基本生活能力量表和工具性生活能力量表、社会活动花费时间问卷、简易智能量表、抑郁量表、幸福感量表	将每个维度中量表得分均在 33% 以上或以下的老年个体评估为 SA 组，SA 检出率为 10%
Song-Nang Jang	身体功能、认知功能、社会功能、幸福感	日常基本生活能力和工具性生活能力量表、慢性病数量调查问卷、韩国版简易智能量表、社会活动调查问卷、幸福感量表	将各项功能均位于中等水平以上的老年个体，即每个维度中量表得分高于或低于整个样本中数水平的老年个体评估为 SA 组，SA 组检出率为23.7%
Martina Kanning	身体功能、认知功能及心理健康状况、社会功能、幸福感	从理论上叙述了添加主观幸福感，从身体功能、认知功能及心理健康状况、社会功能、幸福感四个维度评估成功老龄化现象的必要性和全面性	

续表

学者	判别维度	测量工具	划分标准
Depp & Jeste	身体功能、认知功能、社会功能、生活满意度或主观幸福感	对以往 SA 的概念进行 meta 分析后发现，排在前四位的分别是：生理功能（90%）、认知功能（45%）、生活满意度和主观幸福感（31%）、社会参与度（28%）	
李春波	身体功能、认知功能、心理健康状况	日常生活能力量表（ADL，14 项）、抑郁及有无伤残问卷，中文版简易智能状态检查表（MMSE）、目前心境及情绪的自评问卷	MMSE 总分大于分界值 4 分，ADL 总分小于等于 15 分，目前心境及情绪的自我评价一般、好或极好，躯体无残疾，两次 SA 检出率在 50%左右
吴燕璟、王鲁宁	身体功能、认知功能、心理健康状况	日常生活能力量表（ADL，20 项）、躯体有无伤残问卷、中文版简易智能状态检查表（MMSE）、临床痴呆评定量表（CDR）、目前心境及情绪的自评问卷	采用与李春波类似的划分标准，ADL 小于等于 20 分，CDR 按照此量表本身的临界值进行划分，SA 检出率为 52%

13.2 社区体育公共服务体系评价

社区体育公共服务指标之间的整体结构是指标体系设计的核心问题。在构建社区体育公共服务体系时要使这一系统的所有指标组成一个相互协调的有机整体。社区体育公共服务水平指标体系应建立在大量社会评价理论、社区体育和社会指标体系的基础上。结合社区体育公共服务的构成要素和社区体育的功能特征，围绕社区体育发展目标和任务，借鉴已有的全国城市体育先进社区评价标准，影响社区体育公共服务的因素涉及了方方面面，有些指标的影响较小，甚至可以忽略。

13.2.1　组织管理评价指标

组织管理评价指标主要考虑政府在对社区体育进行管理的过程中是否到位，是否称职。这里主要包括管理机构设置、经费投入及规章制度。其中管理机构设置主要考虑政府是否专门配置了社区体育开展的管理机构，是否支持其他非营利性机构对社区体育的开展进行组织管理。此外，管理机构的人员配置也是要考虑的一个重要的方面，因为管理人员的数量和质量将直接影响社区体育活动的开展，要考虑是否有专人来负责社区体育活动的开展。经费投入情况主要是考虑在当前我国的政策体制下，政府在每年是否投入了充足的经费来保障社区体育活动的开展，是否有多种筹资渠道来获得开展社区体育活动的资金。规章制度的制定主要是考虑政府是否根据当地社区的实际情况制定了群众体育建设的政策法规。

13.2.2　体育基础设施评价指标

体育基础设施评价指标主要考虑政府是否为社区体育活动的开展提供了必要的物质支持。主要从社区体育活动开展的场地和体育设施两方面进行评价。场地方面要考虑数量和环境两方面因素，而体育设施主要考虑体育设施的数量和体育设施的新旧程度。在评价的整个过程中要考虑社区体育公共服务体系提供的场地和器材是否能够满足居民参与体育活动的需求，是否有专人对场地和体育设施进行安全维护。

13.2.3　体育服务人才体系评价指标

体育服务人才体系评价指标主要考虑体育人才体系是否能为社区体育活动的开展提供科学的指导。对于体育指导人员的数量值是否合理，可以通过体育专业指导人员的数量与社区总人口的比值进行衡量。社区体育指导人员的专业水平和服务意识是关系社区体育公共服务开展效果的重要因素，专业的体育指导人员能够保证社区体育活动开展取得良好的成果，而指导人员的服务意识将直接影响接受服务的社区居民的满意度。工作投入程度也是用来评价社区体育指导人员对所提供服务的重视程度的，如果政府能够加强对社区体育重要性的宣传和监督，体育技术指导人员就将更加投入地开展工作，因此这项指标也是评价政府社区体育公共服务体系运营效果的指标之一。

13.2.4 体育活动开展评价指标

体育活动开展评价指标主要考虑社区体育公共服务主管部门在开展的体育服务内容方面是否能够做到:将竞技性和非竞技性的体育活动有机融合;在具体内容方面是否能够做到平民化、生活化和趣味性,保证不同年龄层次、不同教育背景的社区居民都能找到适合自己的体育项目;在开展频率方面是否能够做到经常开展社区体育活动,保证只要居民有进行育健身的需求,就能够切实参与到社区体育的具体活动中。

13.2.5 信息服务评价指标

信息服务评价指标主要包括体育健身活动知识的定期宣传、社区体育文化氛围的塑造及社区居民健康档案三个指标。其中体育健身活动知识的定期宣传强调的是社区体育活动的组织者和管理者能够定期向社区居民宣传体育健身的重要性,激发社区群众参与体育活动的激情。文化氛围能够影响人们对体育的认识,改变人们的传统观念。良好的社区体育文化氛围需要政府和居民的共同努力,在这一过程中政府要促使人们主动、积极地参与到社区体育活动当中,在体育锻炼中不断提升自己的身体素质,同时营造一个健康的社区文化。社区居民健康档案主要评价社区体育管理者是否对社区居民的基本健康情况有所了解,是否可以根据社区居民的实际健康情况来开展有针对性的体育项目,从而使开展的项目能够适合社区居民参与。

13.3 老年人体质健康测试

13.3.1 老年人体适能测试(Senior Fitness Test, SFT)

SFT 是 Rikli 和 Jones 在 1999 年开发出来的老年人体质评价指标,他们将这一指标应用到了全国范围的老年人体质测试中。这一指标共包括了八项测试:反复坐起 30 秒(CS30),负屈伸前臂,坐姿触摸脚尖,摸背,步行 6 分钟,登台阶 2 分钟,站起行走约 2.84 米,体重指数(BMI)。这些测试内容可以评价老年人的上、下肢的肌力和柔韧素质以及耐力、灵敏素质和动态平衡能力,同时还可以评价老年人的身体形态,是一种较为全面的体质评价方法。SFT 中所包含的 CS30 是让受试者反复从椅子上站起坐下,根据 30 秒内完成的次数来评价受试者下肢肌力的一种测试方法。从椅子上站起、坐下是日常生活中的常见动作，它主要依靠膝关节的伸肌群作缩短收缩和拉长收缩来完成。当人的下肢肌力下降时，其在单位时间内能完成坐起动作的次数将减少，因此，该动作是评价下肢肌力的有效方法。2006 年，美国运动医学会正式将 CS 30 推荐为老年人下肢肌力的测试项目，并且制定了 60～89 岁的评价标准。

13.3.2　日本文部科学省的老年体质测试方法

日本文部科学省在每年进行的身体素质—运动能力调查中，在以 65～79 岁的老年人为对象进行测试时使用了六项指标：握力、仰卧起坐、坐位体前屈、单脚站立、6 分钟步行、跨越障碍行走。后两项是根据日常生活动作的特点而开发的测试内容，其中的跨越障碍行走，要求老年人在 10 米的区间行走时连续跨越 6 个 20 厘米高的障碍物，并记录行走的时间。这项测试既可测试老人下肢的灵敏素质，又可评价他们预防跌倒的能力。跌倒是老年人群中发生率较高的意外性伤害事故，它是影响老年人健康与生活质量的一个重要因素，因此这项测试具有较高的应用价值。

13.3.3　日常生活自理能力测试(ADL)

生活自理能力是对老年人独立生活的能力，是影响老年人生活质量的决定性环节，是健康评价的重要尺度。日常生活活动能力量表(WHO-ADL 量表)的测定内容包括日常生活自理功能(ADL)和社会服务设施利用功能(IADL)两大类，通过各自的六个子项来反映老年人生活自理能力的强弱。ADL 包括人们在每日生活中，为了照料自己的衣、食、住、行，保持个人卫生整洁和进行独立的社区活动所必需的一系列的基本活动，即人们为了维持生存及适应环境而每天必须反复进行的、最基本的、最具有共性的活动，主要包括控制小便、吃饭、穿衣、室内活动、上厕所、洗澡等六项反映老年人日常生活的完成必需事务的能力。ADL 项目间存在着一定的等级差别，代表着老年人自我照料功能水平的不同阶段。IADL 包括修剪脚趾甲、做饭、理财、上下楼、乘车外出、外出购物等六项内容，反映老年人从事日常生活活动的能力。

老年人的自理能力与家庭和社会所能提供的方便设施有很强的相关性。如果社会支持能力和水平不同，评价内容应作相应的思路调整。部分评估量表在测量老年人的 IADL 时，选取了开车、洗衣、料理家务等指标。考虑到我国的经济文化背景和绝大部分老年人的现实情况，我们认为开车这项指标目前不适合用于我国老年人。按照我国的传统家庭分工习惯，男性老人较少从事诸如洗衣等家务劳动，因而这些指标对男性老人也失去了敏感性。因此，在选择 IADL 指标时，不但要考虑到社会经济文化背景和社会支持水平的不同，也应考虑到评价主体的差异，需要选择一些普适性的指标。

13.4 健康及健康相关行为的测量与评价

传统医学模式下，健康评价只是从躯体健康这一角度来考虑，没有涉及健康的心理和社会方面。早在1948年WHO成立之初，其《宪章》中就指出健康不仅是没有病和不虚弱，而且是身体、心理、社会功能三方面的完满状态。由此，我们可以清楚地看到，健康应该包括生理健康、心理健康以及良好的社会适应。而这一定义也引起了医疗、卫生、社会学等研究领域专家的注意，并使他们着手从包括生理、心理及社会状况等维度全面评价人群的健康状况。

在综合国内外大量健康评价量表的基础上，考虑到老年人健康的特殊性，我们将此次老年人健康的评价维度划分为五个，分别为：躯体机能维度、生活自理功能维度、情绪性格维度、认知记忆功能维度和社会适应维度。躯体机能和生活自理功能两个维度可以综合反映人的生理健康状况，评价老年人的机体功能、疾病、医疗需求、日常生活自理能力状况；情绪性格和记忆认知功能两个维度可以反映人的心理健康状况，评价老年人的心理状态、情绪控制、应激能力及对事物的认知记忆能力。

健康评价指标一般有客观指标和主观指标之分。客观指标是指用来反映所研究的社会现象中客观存在的事物及其状况的指标，这里指度量人群健康的直接医学指标（如发病率、患病率、死亡率、预期寿命等）和影响健康的间接社会指标（如社会、经济、医疗、卫生、环境等发展水平指标），这些指标稳定性较好，易于测量和比较研究。主观指标是指人们对客观事物的感受、愿望、评价和态度等方面的社会指标，这里是个体或人群对自身健康状况的主观感受和主观评价，其评定的概括性强。主观指标和客观指标之间既有密切的联系，又存在一定的区别。相同客观状况下，不同个体的主观感受可能大相径庭，而主观感受相似的人，其所处的客观状态可能也相去甚远，存在着主客观不统一的现象。

人的健康状态所涵盖的内容远比选择的客观指标丰富，既包括生理方面，也包括心理方面和社会适应方面。如果我们选择有限的客观指标来评价健康状况，显然会丢失一定的信息。因此，北京大学社会学教授卢淑华(2007)通过研究发现，尽管客观指标是产生主观评价之本，但从局部来看，人们产生满意度的直接原因是主观评价指标，因为它对客观指标进行了很好的概括和综合。我们对老年人健康状况的评价是对其生理、心理健康和社会适应程度所处的某种状态的综合评价，由当事人根据自身感受作出的判断才是最能反映真实状况的判断。尽管影响老年人健康的外界因素包括社会、经济、医疗、科技、环境等多方面，但我们评价的目标并非是这些引起健康状况变化的原因，而是这些原因所导致的结果，这种结果在不同个体间是具有可比性的。

13.4.1　健康测量

"健康美国人 2010"战略规划阐明的健康的决定因素为：生物学、行为方式、社会环境、自然环境、政策和干预。这些决定因素不仅在很大程度上决定了个人的健康状态，也决定着家庭、社区乃至整个社会的健康状态。个体生物学特征是一个相对宽泛的概念，除遗传因素外，还包括性别、年龄或个人体质，它是决定个体健康状态的关键因素。尽管目前我们还不能确定遗传因素在多大程度上影响着慢性病和传染病的发病风险，但是值得肯定的是某些种族群体的得病风险确实高于其他人群。个体行为受个体知识水平、社会规范、自觉风险或障碍等内部和外部因素的影响。社会环境对个体健康的影响受到社会结构、社会支持等多方面的影响。一般而言，得到社会支持的社区具有更积极的健康状态。社会环境包含在社会人口学变量中，例如教育和收入。自然环境也是一个重要的类别，水和空气质量是最常见的环境变量，另一个重要的变量是地理位置，例如农村或城区。最后是公共卫生体系的政策和干预，其中干预可以针对特定人群或在个别社区中实施。

"健康美国人 2020"规划提出：我们的挑战和机遇是避免可预防疾病的发生。美国卫生及公众服务部门(Department of Health and Human Services, DHHS)明确了 2020 年的目标：①追求高质量生活、延长寿命，远离疾病、伤残和早逝；②实现卫生公平，消除不平等，提高所有人的健康水平；③创建良好的社会和自然环境以促进人类健康；④促进所有生命阶段的生活质量、健康发展和健康行为。"健康美国人 2020"规划包含了近 600 个健康目标和超过 1300 个提高人类健康的方法，重申了正在进行中的 42 个主题，并在它的基础上增加了老年人、生活质量、健康社会决定因素等 13 个新的主题。

最常见的个体健康评价指标是死亡期望寿命和发病率。"健康美国人 2010"规划提出了 10 个测量个体健康的指标：体育锻炼、超重和肥胖、吸烟、药物滥用、性行为、心理健康、伤害和暴力、环境质量、免疫和获得卫生保健的机会。这些指标是评估和指导公共卫生政策、社区干预、个人行为以及科学研究的参考点。

13.4.2 健康危险因素及评价

健康危险因素指能够增加个体患病或死亡几率的因素。它包括人类生物学因素、环境因素(自然环境和社会环境)、个人行为因素和卫生保健因素。四类因素中行为因素最为活跃,为个人可控因素。环境中的有害物质和卫生服务因素常通过人自身的行为这个中介来作用于人体。通过个体行为可以加强、减少或避免自身对环境中有害物质的暴露,接受、利用或排斥卫生保健服务的行为也同样影响个人健康。

目前,疾病治疗仍然占用了绝大多数卫生资源。然而,了解危险因素对健康的损害才是预防疾病的关键。某一疾病可能有多个致病危险因素,且多个危险因素联合作用会明显加大患病风险,这意味着针对这些风险需要采取多种干预措施。最近的一项有 77782 人参与的前瞻性队列研究发现,曾经吸烟、肥胖、缺乏体育锻炼和饮食结构不健康的34～59 岁女性患病致死的风险是没有以上危险因素的女性的 4 倍。另外,大部分危险因素与一种以上疾病相关联,因此有针对性降低这些危险因素可以减少多种疾病的致病概率。例如戒烟可降低肺癌、脑卒中和慢性呼吸系统疾病等疾病的患病和死亡率。

随着医疗水平的提高、传染病防御措施的实施以及人口老龄化的发展,对人类健康威胁最大的疾病类型由传染性疾病转向了慢性非传染性疾病。同样,主要的健康危险因素也在发生着转变,即由导致传染性疾病危险因素(传统危险因素)转变为导致慢性病的危险因素(新兴危险因素)。导致慢性病的危险因素有营养不良、不安全性行为、不安全饮用水等。导致慢性病的新兴危险因素指吸烟、饮酒、缺乏体育锻炼、超重和肥胖以及蔬菜水果摄入不足等。2004 年,WHO 指出全球导致死亡的五大主要危险因素是高血压、吸烟、高血脂、缺乏体育锻炼以及超重和肥胖。而除以上主要危险因素外,吸烟和蔬菜、水果摄入不足也是导致中等收入国家中人口死亡的主要危险因素。许多疾病是由多个危险因素引起的,如心血管疾病死亡人口中的 61%是由吸烟、酗酒、高血压、肥胖、高胆固醇、高血脂、蔬菜水果摄入不足和缺乏体育锻炼造成的,75%的缺血性心脏病(全球首位死因)是由以上 8 大危险因素诱发的。据统计,超过 84%的全球疾病负担由这些主要危险因素造成,减少接触此类危险因素将有望增加全球人口总期望寿命约五年。另外,癌症的发病率也随着新兴危险因素的增加而增加,全球 71%的肺癌是由吸烟造成的,吸烟也是全球癌症死亡的首要原因。因此,深入研究各危险因素对健康的影响和制订有效的疾病预防策略非常重要。

健康危险因素评价(Health Risk Appraisal,HRA)是利用数理统计预测等理论方法量化研究健康危险因素与疾病发生率或死亡率之间关系的一门技术,根据作用对象范围不同分为个体健康评价和群体健康评价。HRA 是疾病预测和健康管理的重要环节，它借助问卷搜集被评价者的生活方式和危险因素等信息，然后将健康危险因素转换成危险得分，通过危险得分预测个体死亡及患一种或几种疾病的风险。自健康危险评价的概念提出后，国内外学者做了大量的相关研究，尤其是进入 21 世纪后，随着人类生活水平的提高和慢性病发病率的提升，越来越多的学者开始关注 HRA。2008 年，著名的弗雷明汉心脏病研究团体提出心血管疾病（冠心病、中风、周动脉硬化或心脏衰竭）预测模型，模型中纳入的变量包含年龄及总胆固醇、高密度脂蛋白、收缩压、高血压、吸烟和糖尿病情况。我国也在积极研究各慢性病的预测模型，如脑血管疾病、脑卒中等。群体健康风险评估是根据个体评价结果将某一人群分为健康组、危险组和一般组。根据各组人口所占比例确定所分析人群的危险程度，并根据各组人群的特征（年龄、性别、文化程度、职业、婚姻状态等）分析危险因素属性，针对不同人群进行不同的健康教育。如对于健康组要介绍健康维护相关知识，而对于一般组和危险组则需进行生活方式管理、甚至疾病管理方面的健康教育。

13.4.3　健康促进行为的测量

根据 Pender 等（2005）的研究，健康的生活行为由两个部分组成：健康保护行为和健康促进行为。保护行为与降低危险因素和预防相关，而健康促进行为则是一种更积极主动地提高个人健康水平的方法。许多研究关注对特定人群的健康促进行为的测量，如青少年、妇女、乡村居民、老人等。这些研究表明，健康行为的正确评估将有助于促进健康生活。青少年正处在健康促进行为的形成期，大学生阶段是重要的过渡期，大部分学生面临生活方式的转变和形成阶段，因此对这部分人群的研究至关重要。2003 年，Chen 等（2003）提出青少年健康促进量表（Adolescent Health Promotion Scale，AHP），并以台湾在校生为样本测试量表的信度和效度。结果表明，AHP 在台湾青少年中具有良好的结构效度和信度。可用于评价青少年的健康促进行为。Wang 等（2009）则通过研究证实 AHP 是一个可用于测量我国大学生健康促进行为的信度、效度可靠的工具。一项对美国中西部 5 个避难所中 137 个无家可归的女性的调查研究显示，调查对象的体育锻炼和营养行为得分最低，而自我实现得分最高。最近，一项以北卡罗莱纳中部避难所中无家可归的女性为样本的研究显示了类似的行为模式。这些结论说明可以通过相应的研究帮助社区构建和实施特定人群的健康促进项目。健康促进生活方式量表（Health-promoting Lifestyles Profile，HPLP）是用于测量健康促进行为的工具。1987 年，Walker 等（1987）首次提出 HPLP 量表，它包含 48 个条目，采用 Likert-4 分量表法计分，得分越高表明采取的健康促进行为方式频次越多。HPLP 由六个子维度构成：自我实现(Self-Actualization, SA,13 个条目)、健康责任(Health Responsibility, HR, 10 个条目)、运动(Exercise,5 个条目)、人际支持(Interpersonal Support, IS, 7 个条目)、营养(Nutrition, N, 6 个条目)、压力管理(Stress Management, SM, 7 个条目)。这六个子维度均来自于健康促进模型(Health Promotion Model, HPM)。该理论框架是整合了心理、行为影响因素、生物科学和公共卫生等因素在内的一个可解释模型。此框架将健康促进生活方式定义为：一个多维度模型，致力于维持和提高健康水平，包括自我实现和实现自我。HPLP 从多个角度测量健康行为，最初主要用于美国白人、中产阶级，后来用于美国黑人等弱势群体。由于此量表几乎涉及所有行为生活习惯，可以用来描述各种健康促进生活行为习惯和行为间的关联性，也可用来测量健康促进干预效果，因此被广泛用于不同人群。1990 年，HPLP 被翻译成西班牙语，并被证明有足够的信度和效度。由于一个人对健康的信仰受到文化、社会背景、健康或疾病的经历以及是否参与健康促进项目等的影响，因此健康促进行为测量工具会随文化背景的不同而改变。1998 年，Haddad 等报道阿拉伯版本的 HPLP 的信度和效度高于西班牙版。1996 年，HPLP 被翻译成中文(繁体)用于台湾人群，30 个人的重测信度 r 为 0.84。利用主成分分析斜交转轴法进行因子分析，删除 6 个因子载荷小于 0.4 的条目得到 42 条目量表，修正后量表为 6 因子结构，能解释健康促进行为 52.8%的变异。总量表的内部一致性为 0.93。繁体中文版 HPLP 已用于 122 个台湾产后妇女、129 例红斑狼疮门诊患者、42 例女性高级护理专业学生。

健康促进生活方式量表-II(Health-Promoting Health Profile-II, HPLP-II)是 HPLP 的修订版本。健康促进量表修订的基本原理是：进一步加强内容的有效性并确保与当前科学状态保持一致，修订后的 HPLP-II 保留了原始 HPLP 的 31 个条目，增加或大幅修改了 21 个条目，生成了包含 52 个条目的量表。修订后的量表仍然包含六个子维度：健康责任(HR,9 个条目)、体育运动(Physical Activity, PA,8 个条目)、营养(N,9 个条目)、精神成长(Spiritual Growth, SG,9 个条目)、人际关系(Interpersonal Relations, IR,9 个条目)和压力管理(SM,8 个条目)。其中三个子维度被重新命名，它们分别是运动(Exercise)被重命名为体育运动(PA)、自我实现(SA)被重命名为精神成长(SG)、人际支持(IS)被重命名为人际关系(IR)。很多研究采用 HPLP-II 作为测量工具评估生活方式的改变，探讨不同文化背景对健康行为的影响，因此它被翻译成西班牙语、土耳其语、繁体中文等多种语言。西班牙版 HPLP-II 三周量表的重测信度为 0.89，内部一致性 α 系数为 0.94。土耳其版 HPLP-II 两周量表的重测信度为 0.95，内部一致性 α 系数为 0.92。近年来，台湾一些学者通过重新翻译并修订 HPLP-II 提出了信度、效度较高的量表。Meihan(2011)等报道了 HPLP-II 在台湾中年妇女人群中的应用，发现第 50 项条目的因子载荷较小，删除后模型拟合结果更好，总量表内部一致性 α 系数可达到 0.95。Teng 等(2010)检验中文版 HPLP-II(HPLP-II Chinese，HPLP-IIC)的信度和效度，删除量表中的 22 个条目后，认为 30 条 HPLP-IIC 没有减弱 HPLP-IIC 测量台湾人群健康促进行为的能力。修订后的量表支持五维度结构，能解释健康促进行为中 53%的变异。

HPLP 和 HPLP-II 均广泛用于健康促进行为的测量。中文(繁体)版健康促进生活方式量表(HPLP Chinese，HPLP-C)是基于 HPLP-II 量表修订得到的，它包含 40 个条目和 6 个子维度，总量表在成年人群样本(18 岁～65 岁)中表现出的内容一致性 α 系数达 0.92。此量表在老年人群中的应用及心理测量学特征未见报道。

13.4.4　健康调查简表

随着人类疾病谱的转变和寿命的延长，与健康相关的生活质量成为评估人类健康的统计指标。越来越多的临床医生和决策者认识到了它的重要性，有关生活质量的研究迅速发展。许多与健康相关的生活质量量表先后被提出。其中，健康调查简表(The Medical Outcomes Study 36-item Short-Form Health Survey，SF-36)具有优秀的心理学测量特征，被广泛用于一般人群健康状况的测量和临床效果研究。1992 年，Ware 等(1992)首次提出 SF-36，并被选作国际生命质量评价(International Quality of Life Assessment，IQOLA)项目的测评工具。目前，SF-36 健康调查简表已被翻译成多国语言，探讨 SF-36 量表在不同文化间的可行性对于理解跨文化间的健康状况是非常重要的。2003 年，浙江大学的李鲁等将SF-36翻译成中文，并用于中国人群，发现中文版 SF-36 健康状况测量简表有足够的信度和效度，且其心理学特征类似于美国人群样本的测试结果。

SF-36 健康调查简表由 36 个条目、八个子维度构成。它的目的是利用多维健康概念测量健康状况及其随时间的变化，适用人群为 14 岁以上的成年人。除问卷中一个测量健康转变的条目外，剩下的 35 个条目分属与健康相关的八个维度或领域。它们分别是：生理功能(Physical Functioning，PF，10 个条目)、生理职能(Role-Physical，RP，4 个条目)、情感职能(Role-Emotional，RE，3 个条目)、活力(Vitality，VT，4 个条目)、心理健康(Mental Health，MH，5 个条目)、社交功能(Social Functioning，SF，2 个条目)、躯体疼痛(Bodily Pain，BP，2 个条目)、总体健康(General Health，GH，5 个条目)。这八个维度又可聚合成两个相互独立的综合测量维度：躯体维度综合(Physical Component Summary，PCS)和心理维度综合(Mental Component Summary，MCS)，得分越高表明测试对象越健康。

国内的中文版SF-36健康调查简表被广泛用于临床疗效的评价，同时也用于测量疾病的严重程度以及慢性病人群的疾病负担，还用于比较不同医疗体系的人群健康状况等，如测量高血压、胃食管反流等慢性病的情况。Wang等(2009,2011)验证了中文版SF-36量表的信度、效度等量表考核指标。他们的研究显示SF-36具有足够的信度与效度，适用于人群健康状况的测量和临床研究。尽管对SF-36的相关研究已有很多报道，但其在老年人群中的应用报道极少。而老年人群作为一个特殊群体，其极高的慢性病患病率严重影响其生活质量，因此，SF-36量表在老年人群中的慢性病应用研究、性能测试(信度、效度)及常模制定是一个值得关注的重要课题。

13.4.5 健康体检

健康体检是以健康为中心的身体检查，是发现健康危险因素并进行危险因素干预的有效方法。健康体检的概念可以追溯到19世纪中叶由Horace Dobell提出的年度体检。从历史上看，年度检查被定义为全身的、无针对性的一般性检查以及全面的多项观察和实验室筛查。第二次世界大战后，年度体检的概念被普遍接受，大多数人认为年度体检是必需的。美国作为健康体检的引领者，经历了从单一的年度体检向个性化、周期性健康体检(Periodic Health Evaluation, PHE)的转变。PHE根据病人的年龄、性别和致病危险因素以及实验室检查结果量身定制的周期性纵向跟踪体检，评价病人的整体健康和可预防疾病的危险因素，这与“个性医疗”的理念是相通的。PHE与年度体检的区别在于其包含了适宜的临床预防服务和实验室检查。虽然不同的研究机构对PHE的定义有所不同，但是用于定义的核心要素均包括临床病史、体格检查和危险因素评估。这些核心元素在各研究中的具体构成不同。各类研究中最常被评价的危险因素是吸烟、酗酒、药物滥用和饮食结构，涉及最少的危险因素是钙和叶酸的摄入量。67%的研究中提到了体格检查，但是没有确定的项目。健康体检的目的是促进患者与家庭的健康，发现早期、无明显症状和无临床症状的疾病，针对患者面临的疾病风险进行健康教育，教育患者如何恰当使用医疗卫生服务系统，明确疾病的早期干预时机以及改善公共健康状况等。自健康体检理念提出后，各种各样与体检有关的机构和组织相继出现，但各国对健康体检的理解和侧重点不尽相同。加拿大是提倡以预防性体检为主的国家之一，日本和我国台湾地区是开展慢性病早期发现与筛查的国家和地区，而中国则是开展综合性健康体检的代表性国家之一。

我国的健康体检活动起步较晚，至今仍处于初级阶段，目前多以年度体检和筛查疾病为主。2009年，卫生部出台了中国健康体检项目目录，它包含14个大类、59 个子类和 10 个备选项。健康体检通过收集体检者的人口学特征、家族史、生活方式、疾病史等信息，并进行必要的体格检查、实验室检查来进行健康危险因素评价、健康教育和检后咨询服务等工作。大样本体检数据的研究是进行群体健康评价、量化分析主要健康危险因素对慢性病的影响以及常见疾病患病趋势的主要信息来源。目前，我国大部分体检机构已经建立了健康体检数据库，积累了大量的体检信息。如何从这部分数据中提取有价值的信息并用于健康指导和公共卫生服务，是亟待解决的问题。

第14章　老年体育与健康管理的发展态势

14.1　社区老年运动与健康管理系统

随着生活水平的不断提高，人们越发关注自身健康。如何满足人们日益增长的健康需求，提高预防疾病和自我保健的能力，是我们未来持续关注的问题。现代人经常看到的“运动缺乏综合征”与不良的生活方式密切相关。健康管理就是运用现代信息技术和医疗技术，在健康保健、医疗的科学基础上建立的一套完善、周密和个性化的服务程序，通过维护健康、促进健康等方式帮助健康人群、亚健康人群及疾病人群建立有序健康的生活方式，降低风险状态，远离疾病。因此，定期对自身和家人进行主动的健康管理，自然成为人们高度重视的议题。针对这一问题，应开发研制运动与健康管理系统，采用计算机进行系统化测试、评估，统计分析并制定各种运动、营养、心理、行为处方并进行综合管理，从而达到科学健身、预防疾病、增强体质、提高生活质量的实效。

社区老年运动与健康管理系统指标依据国际、国内权威组织机构制定的各类综合健康测试量表，包括日本(新体力测定)、美国(AAHPEI)和欧洲共同体(Euro Fit)的体力测定标准及国家体育总局颁布的国民体质测定标准、中国食物成分营养标准等，编制建立了运动与健康管理以及各类运动、营养、心理、生活方式干预处方及运动与健康教育百科知识综合管理咨询系统。运动与健康管理系统包括八个功能模块：第一类为健康管理档案(既往病史、实验室检测、影像检测、综合干预)；第二类为国民体质测定标准评分(老年评分系统)；第三类为营养处方、运动处方；第四类为健康心理测评(自信力、应激度、压力感、抑郁症、SCL90、心理健康状况测试等)；第五类为人体活动能量测定(国际体力ADL能量测试、增减体重法、常见体育运动项目能量消耗量标准及计算法)；第六类为保健学应用(健康知识、生物学年龄、脑老化、心理衰老、衰老综合、寿命变量因素、生命质量、疾病危险度的预测、急救学、护理学、药物学、诊断学等);第七类为人体测量学(人体测量学生理生化标准手册、常用体育测量评价应用软件、普通人体育锻炼标准评分、健身方法与手段等);第八类为身体成分(疾病运动、营养处方,健身房各类处方,办公、社区及家庭健身房系统等)。

14.2　老龄化健康市场

健康市场(健康体检中心、健康咨询科技发展公司、健康体检与健康管理软件技术开发公司、健康管理公司等)服务机构的现状表明,中国的老龄健康市场尚处于雏形阶段。我国老年人的整体购买力正在不断提高,消费观念开始转变,对老年用品市场的需求越来越大。

老年人的需求正随着社会进步和文明程度的不断提高而不断细分和扩大,并且随着社会化和市场化的养老观念、消费观念的不断更新,老年人的需求层次也越来越高,他们不再仅限于基本的需求,还将追求个人发展和享受方面的需要。另一方面,老年人的身体状况、消费习惯、兴趣爱好与其他群体有明显不同,这决定了他们在衣食住行、咨询、文化娱乐等各方面的消费都有独特的需求,这都无疑是老龄产业发展的强大驱动力。而投资者对老龄市场这一不断攀升的发展前景认识不足,无论是针对产品的设计研发还是生产销售都存在着认识上的误区。企业一般认为老年人对价格过于敏感,老年产品利润低,老年产业属于微利行业,因而不敢进入。而由于老年人多为理智型消费者,其消费行为不易受到广告宣传等诱导性因素的影响,加上企业缺乏对老年群体的内部结构、需求层次的深入调查和恰当的营销策略,因而在投资老龄产业时,其产品和服务大都模式雷同、缺乏特色,难以提供真正满足老龄市场需求的产品和服务,难以获利。虽然老龄市场的需求量巨大且具有微利性,但老龄产业的市场性与企业追求利润并不冲突。只要企业在做好市场调研和市场分析工作的基础上,能够提供真正适合老龄市场多层次需求的产品和服务,其利润空间也是十分可观的。

根据老年健康市场的属性将老龄产业细化分类,可将其分为非竞争性行业和竞争性行业。老龄产业的非竞争性行业,如老年社会保障、老年公益服务设施建设、特困老年救助等,不以营利为目的,而是偏重于社会利益,具有公共性和外部性特征,因此政府应负责提供供给。而以盈利性为主的竞争性行业则由市场提供供给。因此政府应制定相应政策,发挥引导和推动作用,形成一套以政府间接调控为指导,以市场机制为主要资源配置手段的老龄产业管理体制和运行机制，重点培育、引导和完善竞争性行业的需求市场，给予相关企业必要的财政投入、税收优惠、费用减免和其他特殊照顾，以扶持当前弱质的老龄产业。

老年健康产业可与其他产业不断紧密结合，如信息技术、物流等，充分发挥老年健康产业联动效应。国家应不断增加资金投入，加大研发力度，促进老年健康产业与生命科学、信息技术、新材料、新能源以及生物制药等产业的有机结合，不断研发新产品，以促进老年健康产业的发展与兼并重组，促进其规模化和集群化发展。

14.3 老龄化物联网健康管理

物联网(The Internet of Things)是“物物相连的互联网”。通过射频识别(RFID)、红外感应器、全球定位系统等信息传感设备，按约定的协议，可以把任何物体与互联网相连接，进行信息交换和通信，以实现对物体的智能化识别、定位、跟踪、监控和管理。如东南大学移动通信国家重点实验室研制推出了基于物联网技术的智能健康监护系统，可以实时采集人体的身体参数；益体康科技公司致力于发展新型数字医疗健康终端设备及整体解决方案，推出的系列硬件产品及整合方案已成为构建健康物联网应用的重要组成部分。

医药卫生类信息系统的发展较快，包括医院信息系统、临床信息系统、护理信息系统、城镇居民卫生保健信息系统、医疗养老保险信息系统等。在老龄化社会到来之际，传统的医疗服务程序已经不能满足现实的要求。建设好的医药卫生信息系统，首先必须改善原有的医疗服务程序。由于有效劳动力快速减少、社会总体赡养能力严重不足，病人承受不起到医院就诊的昂贵费用(物质上和人力上的双重费用)。由于医院数量和覆盖面积的不足，医务人员上门服务也很难实现。这就要求医疗卫生的主管部门将过于集中的医疗卫生资源重新布局，运用物联网技术大量增加服务网点，使得老龄化社会条件下，人们能够享受到方便快捷的医疗服务，从而解决有效劳动力和社会赡养力不足的问题。

智能医药箱由传感器、无线通信、RFID 阅读器、控制系统、人机交互等模块和箱体部分组成。传感器模块提供可用于测量体温、心率、血压的常规传感器，还可根据需要选配其他专用传感器。无线通信模块用于将传感器模块采集的体征信息传送到医院或社区护理中心，它减少了老人去医院检查耗费的体力开销和经济支出。老人在医院就诊后，医生所开的每一种药品均会被配上一个 RFID 标签，标签中除了记录药品名称信息外，还记录药品用法用量和服用时间，并将检测体征和下次复诊的时间要求等医嘱信息也记录到一个专门的

RFID 标签中。老人回家后，将 RFID 标签和药品放入智能医药箱中，RFID 阅读器可以读取并存储 RFlD 标签中的信息。每到医生要求的服药或检测时间，智能医药箱就会发出语音通知，同时人机交互屏幕上也会显示要服用的药品名称、用法用量或检测体征项目的信息。老人拿取药品后，可再由 RFID 阅读器读取药品所附的 RFlD 标签，如果拿错药，则给予提醒。

远程看护系统是借助无线网络摄像机和传感器建立的，它可以解决子女和社区不能及时了解老人状况的难题。远程看护系统包括网络摄像机、各种无线传感器、报警系统、控制系统和客户端等组成部分。网络摄像机安放在老人居住场所的合适地点。网络摄像机可以支持单向或者双向语音和视频交互，也可以设置隐私保护区域。系统可以连接检测烟雾、红外线、煤气、一氧化碳、温度等信号的传感器。摄像机和传感器采用无线连接方式与控制系统进行通信，减少了传统的有线监控方式在线路施工方面的困难。控制器将现场采集的视频图像、语音信息及其他数据经过数字压缩后，进行本地存储并通过网络进行传输。子女和社区服务人员通过身份验证之后，就可以在任何地点通过客户端(网络浏览器)了解老人当前的生活和居所状况。当发生盗窃、煤气泄漏、火灾等安全事故时，报警系统可以与警方报警系统联动，及时发出报警信号。

智能食品采购系统由智能冰箱、智能米桶和超市采供系统等子系统构成。年迈体弱的老年人在日常生活中进行采购食品时，偶尔会遇到困难。构建智能食品采购系统，有助于为老人解决生活中的这一难题。智能冰箱内置了 RFID 阅读器、处理器和触摸显示器等部件。RFID 阅读器读取放入冰箱的食品的 RFID 标签，获知其名称、数量和保质期，并显示在显示器上。智能冰箱根据冰箱中所存食品的信息，以内置的菜谱和营养学知识为分析基础，推荐合理的食品搭配，老人也可通过触摸显示器查询食品的烹饪方法。智能米桶带有防蛀和防霉功能，不仅可以根据老人的需要自动计量出米，还可以自动称出米桶中剩余大米的总量。当食品的数量不足时，智能冰箱和智能米桶可根据老人需要自动向超市采供系统发出采购信息，超市供货人员主动将食品送到老人家中。

14.4　老龄体育与休闲市场

全民健身的一个重要目标就是推动老年人强身健体、康复防病、消遣娱乐，进而使老年人延年益寿，幸福安康。体育是老龄化社会提高国民健康基础、缓解医疗支出压力的重要调节器。在老年体育消费的逐渐兴起和不断发展过程中，形成了不同的消费群体。老年人体育消费是老年人追求健康、文明、乐观的生活方式的体现，是现代都市老年生活消费中重要的组成部分。

老年体育市场是体育产业的一部分，发展老年体育产业必须以体育市场为基本流通渠道、遵循市场经济规律、发挥市场的作用，对各类有关资源进行优化配置，真正实现以市场机制来运作老年体育事业。在市场经济的条件下，产业的发展首先取决于市场发展的走向。认真考察老年体育消费市场的基本走向，寻找老年人体育消费市场存在的问题，探索改革发展对策，积极培育和建立一个统一开放、竞争有序、规范健全、发展完善的老年人体育消费市场，有利于丰富老年人的体育生活，实现健康老龄化社会；促进老年体育产业发展，推动银发经济形成；推进老年人体育消费市场发展，实现商业价值和老年健身；促使体育企业制订相应的营销组合策略，增强企业竞争力；有利于政府管理部门制定相关政策，提高管理服务水平。

老年体育的开展能促进体育消费水平的提高。体育商品市场包括劳务市场和物质产品市场。老年体育的发展对体育物质产品市场的消费起着很大的推进作用。随着物质生活水平的提高，老年人在体育方面的消费也逐渐提高，在体育物质消费水平方面也呈现高层次的现象。一方面大部分老年人有一定的经济基础，愿意花钱去购买自己喜爱的运动器材和运动服装等商品；另一方面，儿女们为了满足自己父母的身体娱乐需要，也会为他们花费一定的资金购买运动器材。老年体育的发展，是推动体育消费的一股潜在力量，它对运动服装和运动器材，特别是体育保健药品等行业的发展起着积极的推进作用，还能够增加社会就业机会，减轻社会劳动就业的压力。

老年体育健身活动正在强有力地推动着大众体育事业的蓬勃发展。据《中国社会体育现状调查结果报告》统计，中国体育人口中占比例最高的为年龄在71～75岁的老人，占该年龄段总人数的46.1%。随着今后我国老龄化程度日趋严重，老年人口进一步增长，老年人在大众体育中的份额将会更大，成为大众体育主流人群。全社会良好的体育健身氛围对老年大众体育的发展会起到重要的作用，老年体育健身活动将对各个年龄群体的体育健身活动起一定的示范作用。老年休闲生活具有独有的特征与社会价值。在西方休闲学者的研究中，首先关注到的是老年休闲生活的具体问题，如在几代人共同参与的活动中哪些休闲方式会更受老年人的欢迎，老年游憩中心设置的密度多少为宜，老年志愿者参与哪些活动更好，老年人如何通过休闲活动参与社会，在哪里能找到安全的停车场，退休社团组织如何安排老年人的休闲活动，如何设置休闲场所的休息室和饮水处以使老年人得到便利，公园管理如何适应老年人的休闲需要，游乐园应发生什么变化，哪些休闲活动将步入低谷，而哪些则会更受欢迎等。

在未来的几十年，我国人口老龄化的速度将越来越快，老年休闲的问题将日益突出。如何认识休闲在老年阶段的价值？老年人通过什么获得价值？老年人群体对促进人文文化发展、调整社会人际关系能做出什么贡献？这也许是理论层面需要解决的问题。但在实践层面也有许多问题亟待思考。政府以人为本的管理理念在面向老龄人口的服务中如何得到切实的体现，针对老年人的文化政策、教育体系、公共服务设施及老年人参与社会的平台要如何搭建，老年人休闲度假产品与市场的开拓，这些都值得我们认真对待。同样，如何从西方老年休闲学的研究成果中获得有益的经验与启示，也值得我们认真探索。毫无疑问，老年休闲应作为一个重要问题尽快纳入中国各级政府和组织的议程，老年休闲问题也应当成为休闲学和老年学研究的重点课题。

14.5　机构养老服务管理

在我国，家庭的养老功能正在逐渐衰退。随着老龄化进程的进一步加快，会有更多的老年人需要得到生活照料和医疗保健服务。为了解决这两个问题之间的矛盾，建立适量的养老院、护理院等养老机构，设法满足那些生活无法自理且家庭成员无法为其提供照料、护理服务的老年人，是完全有必要的。从我国目前的情况来看，养老机构主要有养老院、老年公寓、托老所、老年护理院、敬老院等。机构养老是指依靠国家资助、亲人资助或老年人自助，将老人集中在专门为其提供综合性服务的机构中养老的模式。与传统的家庭养老及社区养老相比，机构养老既可以分担家庭养老的功能，又能为不同身体状况的老年人提供个性化服务。

机构养老由于其服务的专业化受到一部分老年人的青睐，特别是那些生活无法自理、需要长期照料的高龄老人。然而养老机构普遍存在着收费偏高、缺少精神慰藉等缺点，且养老机构有限的床位供给无法满足快速增长的老年人口。

国务院办公厅在社会养老服务体系建设规划（2011～2015 年）中将机构养老定位从“补充”上升为“支撑”，凸显了其在我国养老服务体系中的地位。2000 年，国务院办公厅转发了民政部等 11 部门的《关于加快实现社会福利社会化的意见》通知，提出“从长远和全局出发，广泛动员和依靠社会力量，大力推进社会福利社会化，加快社会福利事业的发展”。2005～2012 年，我国福利机构中的老年及残疾人床位数从 158.1 万张增加到了 416.5 万张，每千名老年人的养老床位数从 10.97 张增加到了 21.48 张。但与中国老龄事业发展“十二五”规划提出的全国每千名老年人拥有养老床位数 30 张的目标相比仍存在差距。在人口老龄化趋势日益严峻的同时，老年人的高龄、失能和空巢化现象加剧，失能老年人口从2012年的3600万增长到了2013年的3750万。老年人慢性病患病数和空巢老年人口数也突破了1亿大关。由于计划生育国策的推行，一对夫妇在供养四位老人时还抚养一个孩子的“四二一”家庭结构日趋普遍化，居家养老负担加重，这使得机构养老成为一种重要的选择。

“十二五”时期，国家积极推进医疗与养老相结合，推动医养融合发展，强调在养老服务中加强医疗卫生服务支撑。为迎接21世纪的挑战，WHO指出21世纪医学发展趋势已由“以治病为目的对高科技的无限追求”转向了“预防疾病与损伤，维持和提高公众健康水平”。养老机构应适应现代医学发展的客观要求，以老年人的健康为中心，努力为老年人谋福祉，为实现健康老龄化贡献力量。

14.6 发展第三产业的老年人力资源

国内关于老年人力资源开发的研究已经有一定的成果。学者们主要从人口学、经济学、社会学等宏观视角对老年人力资源开发的必要性和可行性进行了分析，但是对组织情境中老年人力资源开发的关注则相对缺乏，并且已有研究多是定性分析，缺乏实证研究。组织是老年人力资源最直接的运用和开发主体，组织如何更好地对老年人力资源进行运用和管理关系到老年人力资源开发和利用的直接效果。事实上，目前很多组织已存在各种返聘员工，且面临着如何进行有效管理的困境。而对组织情境中老年人力资源开发理论研究的不足，在某种程度上已经阻碍了组织对老年人力资源的有效开发和运用。2013年，《中共中央关于全面深化改革若干重大问题的决定》曾提出，要积极应对人口老龄化，加快建立社会养老服务体系，发展老年服务产业；要用一种更加积极和具有建设性的态度来认识老龄社会。老年人力资源开发则是其中的核心问题，并成为解决其他人口老龄化问题的基础和条件。

第三产业的发展要为满足人的更高水平的物质生产需求提供便利和支持，要为人们的更高水平的生活方式提供产业化支撑，要为人们不断提升生产生活方式提供能够实现可持续发展的科技与环境支撑以及组织和管理保障。第三产业的发展有其内在的客观发展规律。纵观国内外第三产业发展的历史变迁，可以将第三产业发展的规律简要概括如下：首先，生产的产业化是顺应生产的规模化、产品的商品化、交换的市场化以及管理的专业化等方面的要求产生和发展起来的。产业发展的高级形态是服务（包括生产性服务业和生活性服务业）的产业化。其次，各类产业发展的出发点和落脚点在于满足人的需要。再次，不同产业满足人的不同层次的需要。随着三次产业的不断发展，第三产业更多地侧重服务于人的全面发展，包括人的教育、医疗、社会保障和生活服务等方面。最后，三次产业的发展并不是孤立的，而是相互补充、相互支撑。特别是第三产业的发展不能脱离第一、二产业的发展实际而盲目发展。

第三产业的兴旺发达是现代文明社会的一个重要特征，它是最能容纳劳动力的产业，也是最能吸收老年劳动者的产业。发达国家把兴办第三产业作为解决就业问题的重要手段，认为其对老年人就业具有积极而现实的意义。据前面的统计资料分析，我国老年在业人口主要集中在第一、二产业，第三产业所占的比重很低，这与我国老年在业人口的市、镇、县分布有关系。在农村，老年人只要身体许可，一般均参加劳动。这种"自然就业"状况极大地限制了老年在业人口的产业结构转移，使其在第三产业所占比重的变化极为缓慢。我国第三产业的发展为集中在第一产业的老年在业人口向第三产业转移提供了可能。随着经济的发展及城市化水平的提高，会有越来越多的农村老年人口在第三产业就业。第三产业的发展也为城镇老年人口再就业提供了更为广阔的前景。目前，城镇老年人口再就业还具有很大的潜力。发展适合老年人的第三产业，诸如餐饮、服务、环卫、传达、仓储、保管、停车场等，是促进城镇老年人口就业和老年人力资源开发的有效而直接的途径。

国外鼓励老年人参与社会活动。如英国老人除了参加志愿性慈善机构外，不少人退休后还开创新事业，如办咖啡馆、小饭店或者做企业顾问、开办咨询公司等。美国最新的潮流之一就是退休一族重新投入劳动大军，有些社区的失业率出现了负增长。老板们已渐渐开始发现年龄大的员工是一笔惊人的宝贵资产。

14.7　老年护理与健康服务业

我国目前的老年照料形式主要有五种，分别为护理院照料、养老院照料、居家养老、家庭养老、家庭病床照料。护理院是集疾病预防、治疗、照料和临终关怀为一体的照料机构，在随时为老年人提供医疗救护和临终关怀的同时，可以配合向他们提供日常的康复治疗、生活照顾、健身娱乐等服务，适合重度不能自理且患病正在接受治疗的老人。养老院不具备复杂的医疗服务设施，只为老年人提供简单的医疗照料和全方位的日常生活照料，适合无病或不需要复杂医疗照料，且无家人照护的重度不能自理老人。居家养老以家庭为核心，以社区为依托，为居住在家的老年人解决日常生活困难，包括门诊服务和日托服务两种形式，前者由经过专业训练的服务人员上门提供照料务，后者则是老人白天到社区老年服务中心接受照料，晚上回家的照料方式。居家养老适合处于轻、中度不能自理状态，无家人照护，无病或所患病种和严重程度不需要医疗照料的老人。家庭养老是传统的照料手段，其关键是家人能够提供照料，适合处于轻、中度不能自理状态，无病或者所患病种和严重程度不需要医疗照料的老人。家庭病床主要提供医疗护理，由医疗机构向需要照料的老人提供上门服务，适合处于轻、中度不能自理状态，有病需要治疗的老人，主要作为其他照料手段的补充。

我国广大农村地区特别是中西部欠发达地区的卫生资源相对短缺，医疗机构和医护人员的数量和质量都远不能满足老年人日益增长的医疗和保健需求，2013 年出台的《国务院关于加快发展养老服务业的若干意见》提出，要统筹利用各种资源促进养老服务与医疗、家政、保险、教育、健身、旅游等相关行业的互动发展，探索医疗机构与养老机构合作的新模式。医疗机构、社区卫生服务机构应当为老年人建立健康档案，建立社区医院与老年人家庭医疗契约服务关系，开展上门诊视、健康查体、保健咨询等服务。有些学者在研究中发现，农村老年人的健康服务需求没有得到合理满足。健康服务是农村老年人首要的保障需求，政府和社会应在多方面采取措施，建立健全农村老年健康服务体系。老年健康服务问题需要从立法保障及资金有效管理、创新社区服务方式、建立疾病综合认知观、支持公私合营产业等方面进行宏观的政策考量。

社区是老年人的主要活动地区，因此应在社区专门开展针对老年人的健康服务，建立系统、完善的社区服务体系，实现老年人社区第一服务站的目标，为老年人提供日常生活及医疗卫生等方面的服务，提高老年人的生活质量；建立社区医疗和社区护理方面的专门服务机构，形成具有一定规模的社区医疗、护理体系，提供如常见病防治、定期体检、健康咨询、卫生保健等服务，以满足老年人日常生活的需要。政府应高度关注老年健康服务的需求问题，重视养老保健工作，对社区投入足够的卫生资源和医疗支持，保障社区服务顺利有效地开展。

14.8 老年运动与健康管理跨学科研究

科学学科发展的主要标志是学科创新及新学科的创建。现代科学学科体系中，跨学科迅猛发展，其中跨学科研究法起着十分重要的作用。体育已涉及社会教育、经济、文化、生物等各个领域，体育与其他学科的交融会更为密切。新学科不断涌现，体育学逐步由过去的单学科发展成为多学科的知识体系，其研究领域的广泛性和解决问题的复杂性已成为现代体育研究的显著特征。而在体育研究中人们深深认识到，单靠个人的力量或仅靠单一学科在短时间难以攻克复杂的体育科学难题，而唯有通过跨科学研究，组织跨学科研究团队，才最有可能攻克大的跨学科问题。

根据联合国对健康的定义，器官健全、运动协调、膳食平衡、心态积极是人类健康的四大主要指标。这四大指标组成的健康体系通过健康周期与健康产业进行物质与能量交换，并转移和创造了健康存量，产生了各种形态的福利效应。医疗、康复护理、保健与预防、完全健康四个发展阶段的“健康周期”和相应的医疗产业、非医疗产业、健康管理产业以及生命科学产业可以适应不同群体的消费需求，维持或改善人的健康状况。

西方主流经济学派利用“成本效益”方法研究健康投资，认为健康干预会预先产生花费，但这些花费能节约将来大量的医疗保健资金。在发达国家，利用科技手段提高健康投资效益是一种明显趋势，这种趋势与生命科学发展的轨迹趋于一致。鉴于此，美国科学院于 2004 年底专门成立了由相关著名社会和自然科学家组成的评估社会经济、行为和遗传因素的交互作用对健康影响的委员会，以加强健康领域的社会和自然学科的交叉研究。目前国内外学术界对于健康问题的研究正逐步从医学、生物学和健康学等自然科学向经济学等人文社会科学方向拓展，形成了人类健康领域的跨学科研究框架。

14.9　老年运动与健康管理人才的培养

在许多经济发达国家，老龄工作已成为一种职业。从事老龄工作的人员需要接受系统的长期教育或短期的职业培训与教育。各类大学、学院和社区性大专学校均开设了各种有关老龄工作的课程，以开展从短期培训班、职业培训班教育到系统的大学生和研究生教育。在老年健康服务人才培训方面，起步较早的是美国。20 世纪 70 年代前后，美国的各类大学、学院就在本科生中开设老年学课程，紧接着研究生班、研讨班、培训班等也大量涌现。至 1976 年，美国开展老年健康服务专业的学校有 1275 所，其中 27%为大学，29% 为四年制学院，33%为社区大专学院，其余为函授或职业学校。经过近 40 年的发展，美国以大学教育为主，以培训、函授等方式为辅的老年服务人才培养体系已趋向成熟，与养老相关的学科门类逐步完善，该学科的硕士、博士等高端人才的培养力度也大大增强。此外，在法国、挪威、日本等国家，与老龄人相关的工作也是一种重要的职业，从事该职业的工作人员必须全面接受系统教育和培训训练。为了满足社会对老龄工作职业培训的需求，各类院校相继开设了与老年健康服务相关的课程和专业，并且通过短期培训、实践操作、职业训练、继续教育以及大学里的必修和选修课程和本科生、研究生的学位教育等方式开展了老年健康教育。

老年体育与健康管理人才体系正面临很多问题。首先,缺乏老年体育与健康管理人才培养体系。据估算,我国老年照护的潜在市场需求将超过4500亿元,对直接养老服务岗位的潜在需求会超过500万个,间接养老服务岗位的潜在需求则难以计量。然而我国的养老与老年健康服务人才的培养规模和现状不足以满足人口老龄化发展趋势下提出的需求,至今尚未构建起老年健康服务专业的独立完善体系。我国开设养老与老年健康服务专业的院校数量少,规模小,不足以满足养老服务业的发展需要。目前我国开设养老健康服务专业的学校大多为中等职业学校和高职院校(其中有25所中等职业院校、32所高职院校,年招生数仅为2500人左右),初中及以下文化程度的在职养老服务人员占所有在职养老服务人员总数的2/3左右,仅有5万人左右考取了《养老护理员职业资格证书》,与之相对的是市场潜在的约1000万人的需求。

第二,养老与老年健康服务人才的培养层次单一,内涵范围有限,尚未形成科学的有针对性的人才培养格局。除了个别职业院校设有老年服务、老年管理、照护、康复治疗、家政服务等养老服务专业外,更高层次的教育体系中均未设置老年健康的相关专业。而与老年健康有关的老年医学的研究生教育虽然起步较早(20世纪80年代开始授予老年学教育学位),但该学科至今尚未独立,基本挂靠在其他学科名下,比如医学和人口学、社会学等。高层次的人才培养机构、科学研究基地更是稀缺,这些都制约了人才培养和师资队伍的建设。

第三,养老与老年健康服务人才的质量参差不齐,难以适应养老服务纷繁复杂的工作。目前,我国对养老与老年健康服务人才的培养普遍存在职业定位不明确的现象,缺乏对养老服务人才的统一认识,且培养方向不明确,国家还未制订统一的人才培养目标与大纲,没有统一的教材和参考书籍。另外,还存在办学条件不完善,实践基地缺乏,高素质专业教师较少,"双师型"教师缺乏的问题,且开设养老服务专业的院校面临着"招生难培养难、就业难"的难题。

在应对策略方面,首先,老年健康体育与健康管理人才的培养和专业设置应坚持立足老年健康基本需求,理论与技能相结合、预防与干预相结合、产业理论与管理知识相结合,以培养全方位、多层次、复合型人才。可在各个高校设置老年运动健身、体育休闲、老年康复护理、老年人身体健康管理、老年健康产业等专业,为各级养老机构及从事老年健康工作的管理部门(民政部门、老龄委、事业单位、社区等部门)和致力于老年健康的企业提供专业人才。其次,在老年基础护理人员的培养上应坚持实行专业化、职业化和志愿者相结合的原则,加大老年健康服务队伍的建设力度,将护理人员分为专业护理以及业余护理人员两大类,针对专业护理人员开展职业认证和职业培训,加强专业度、技能、耐心以及体力的培训，教授基本护理技能、医学和心理学知识，规范护理人员准入和证书等级划分制度，确保满足老人的护理需求；业余护理人员应以志愿者为主，应对他们采取机构岗前培训，教授一些基础护理技能和知识，为享有低保且家庭困难老人的提供免费或者低收费服务。

参考文献

期刊论文

[1][法]格扎维埃·范登·布朗德:《欧洲老龄化问题对策述评——迈向积极的老年人口就业政策》,周愚编译,《经济社会体制比较》2007年第1期。

[2][英]格里·斯托克:《作为理论的治理:五个论点》,华夏风译,《国际社会科学杂志(中文版)》1999年第2期。

[3][英]格里·斯托克:《作为理论的治理:五个论点》,华夏风译,《国际社会科学杂志》(中文版)1999年第2期。

[4][美]格兰诺维特:《经济行为与社会结构:嵌入性问题》,《社会学研究》2008年第4期。

[5]毕红星:《我国城市公共体育设施规划布局研究》,《成都体育学院学报》2012年第4期。

[6]毕伟华、王晓春:《山东省城市老年体育消费市场现状分析及对策研究》,《山东体育学院学报》2007年第5期。

[7]蔡昉:《中国经济面临的转折及其对发展和改革的挑战》,《中国社会科学》2007年第3期。

[8]蔡志霞:《陕西省城镇老年人体育消费调查及其对策研究》,《陕西理工学院学报》2009年第2期。

[9]曹吉鸣、缪莉莉:《我国设施管理的实施现状和制约因素分析》,《建筑经济》2008年第3期。

[10]曹江:《浅谈日本健康管理——访日见闻之二》,《中国农村卫生事业管理》1994年第6期。

[11]陈春涛、程茂金:《社区卫生服务信息系统之健康档案研究》,《中国全科医生》2001年第5期。

[12]陈聪、冯玉林、施惠昌:《Zigbee和WiFi的干扰和共存》,《计算机工程与设计》2006年第18期。

[13]陈劲甫、吴剑秋:《银发族海外旅游动机与市场区隔之研究》,《旅游管理研究》2005

年第 1 期。

[14]陈立周:《当代西方社会福利理论的演变及其本质——兼论对中国社会福利实践的启示》,《辽宁大学学报》(哲学社会科学版)2011 年第 2 期。

[15]陈敏:《欧洲移民政策困境的原因探析》,《法制与社会》2007 年第 4 期。

[16]陈培汉、宋志华、焦亚洲:《"以房养老"新模式的探析》,《现代农业科学》2008 第 4 期。

[17]陈文贤:《推行合作医疗中的几个技术问题》,《中国卫生政策》1997 年第 10 期。

[18]陈玉忠:《论休闲体育与体育休闲》,《上海体育学院学报》2010 年第 1 期。

[19]陈振明、薛澜:《中国公共管理理论研究的重点领域和主题》,《中国社会科学》2007 年第 3 期。

[20]池慧:《处于发展关键时期的我国医疗器械产业》,《中国医疗器械信息》2010 年第 1 期。

[21]褚波、李刚、刘海鹏:《城市社区体育设施技术要求(标准介绍)》,《中国标准化》2007 年第 4 期。

[22]崔红威:《低龄老年人口特征及其人力资源开发潜力研究》,《河北大学学报(哲学社会科学版)》2011 年第 2 期。

[23]崔丽娟、徐硕、王小慧:《老年人的养老观念与养老模式》,《中国老年学杂志》2000 年第 1 期。

[24]刁在茂等:《中国体育健身俱乐部发展概况之研究》,《北京体育大学学报》2002 年第 6 期。

[25]丁盼盼:《福建省老年人力资源开发研究——基于老年教育角度》,福建农林大学硕士学位论文,2012 年。

[26]窦玉沛:《中国应对老龄化的新政策》,《中国社会工作》2011 年第 10 期。

[27]杜雪平等:《西城区银龄老年公寓现住老人基本情况调查》,《中国全科医学》2006 年第 9 期。

[28]封进:《公平与效率的交替和协调——中国养老保险制度的再分配效应》,《世界经济文汇》2004 年第 1 期。

[29]付淳宁:《农村社会养老保险问题研究》,《经济纵横》2009 年第 8 期。

[30]高力翔、王雪峰:《南京市城区老年人体育生活影响因素的因子分析》,《南京体育学院学报》2005 年第 1 期。

[31]高力翔等:《我国市民社会对非营利性体育组织发展的影响》,《天津体育学院学报》2007 年第 5 期。

[32]高丽敏:《国外应对人口老龄化的政策实践及对我国的启示:基于医疗保障视角的分析》,《中国卫生经济》2009 年第 4 期。

[33]高岩、李玲:《机构养老服务研究文献综述》,《劳动保障世界》2011 年第 7 期。

[34]桂世勋:《合理调整养老机构的功能结构》,《华东师范大学学报》2001 年第 4 期。

[35]郭清:《公众健康管理及实施》,《中国科学院院刊》2009 年第 6 期。

[36]郭庆旺:《中国传统文化信念、人力资本积累与家庭养老保障机制》,《经济研究》2007年第8期。

[37]郭小玲、裴磊磊、张岩波:《潜在类别模型及数据模拟分析》,《数理医药学杂志》2009年第6期。

[38]海雁等:《应用老年综合评估结果探讨积极老化的内涵》,《中华健康管理学杂志》2013年第7期。

[39]何立新:《我国城镇养老保险制度改革的收入分配效应》,《经济研究》2007年第3期。

[40]何平平:《经济增长、人口老龄化与医疗费用增长》,《财经理论与实践》2006年第2期。

[41]何启安、孙明娟:《鲁西南地区城镇老年人体育消费现状调查及对策研究》,《体育科技文献通报》2007年第10期。

[42]洪哲:《关于社会养老保险合理定位的若干思考》,《保险研究》2007年第4期。

[43]侯志阳:《困境与出路:管窥居家养老》,《市场与人口分析》2005年第4期。

[44]胡精超:《家用保健康复器械在我国的发展现状》,《中国民康医学》2011年第23期。

[45]胡小明、张军献、夏兰:《休闲娱乐理论与体育俱乐部的发展》,《体育学刊》2005年第2期。

[46]黄成礼:《社会中为老年人口提供健康照顾的形式及展望》,《中国初级卫生保健》2005年第1期。

[47]黄莉、孙义良:《从中西文化的深层结构审视中国体育文化》,《体育科学》2008年第2期。

[48]江英、胡蓉:《借鉴美国健康管理理念 完善离退休干部保健模式》,《解放军医院管理杂志》2009年第4期。

[49]姜向群、杜鹏:《中国人口老龄化对经济可持续发展影响的分析》,《市场与人口分析》2000年第2期。

[50]金彩红:《芬兰健康管理模式的经验》,《中国健康资源》2007年第6期。

[51]金晶晶、王旭、杨丹:《基于体震信号的心率测量方法》,《东北大学学报(自然科学版)》2009年第2期。

[52]金易:《人口老龄化背景下中国老年人力资源开发研究》,吉林大学博士学位论文,2012年。

[53]黎建飞、侯海军:《构建我国老年护理保险制度研究》,《保险研究》2009年第11期。

[54]李春波、张明园、张新凯:《成功老龄的初步研究:判别标准及其相关因素》,《中国老年学杂志》2000年第2期。

[55]李丹、许鑫、薛素萍:《唐山地区老年公寓入住老人现状调查》,《华北煤炭医学院学报》2008年第5期。

[56]李丰祥、宋杰:《基于WSR思想的城市社区体育空间建设研究》,《体育科学》2006年第6期。

[57]李洪心:《中国人口老龄化与可持续发展的可计算一般均衡分析》,《科技管理研究》2005 年第 1 期。

[58]李辉:《长春市城乡人口老龄化与老年社会保障问题研究》,《人口学刊》2006 年第 4 期。

[59]李季:《以房养老 4 种方式》,《大众理财》2008 年第 9 期。

[60]李娟、吴振云、韩布新:《老年心理健康量表(城市版)的编制》,《中国心理卫生杂志》2009 年第 9 期。

[61]李培林等:《当代西方社会的非营利组织——美国、加拿大非营利组织考察报告》,《河北学刊》2006 年第 2 期。

[62]李萍:《老龄服务:美国、日本、瑞典三国的实践经验与启示》,《攀登》2011 年第 3 期。

[63]李锐、李新建、王振果:《健康档案在社区糖尿病人群筛查及管理中应用的可行性研究》,《中国公共卫生管理》2002 年第 3 期。

[64]李熠熠:《关系与信任: 乡村民间组织生长成因分析》,《法治与社会发展》2004 年第 5 期。

[65]李仲生:《欧盟人口老龄化与劳动力不足》,《西北人口》2011 年第 5 期。

[66]立涛、黄波、孙冀芳:《家用医疗器械促销模式研究》,《合作经济与科技》2010 年第 6 期。

[67]梁思雨、朱琳琳、杨光:《老龄化背景下城镇老年人体育消费研究述评》,《体育科学研究》2013 年第 2 期。

[68]林朝晖、林琴:《城市老年人体育消费行为研究》,《吉林体育学院学报》2009 年第 6 期。

[69]刘超、卢泰宏、宋梅:《中国老年消费者购物决策风格的实证研究》,《商业经济与管理》2007 年第 2 期。

[70]刘海波、吴晨:《健康档案对慢性病管理的作用》,《中国实用乡村医生杂志》2005 年第 8 期。

[71]卢慧芳、王惠珍、高钰琳:《养老机构老年人分级护理差异性分析》,《护理学杂志》2007 年第 1 期。

[72]卢淑华、韦鲁英:《生活质量主客观指标作业机制研究》,《中国社会科学》2006 年第 1 期。

[73]陆宗芳、罗玲红:《公共治理视角下的中国体育事业发展模式》,《北京体育大学学报》2009 年第 10 期。

[74]骆宏、张欣:《94 例某疗养院老年人老龄化状况与主观幸福感关系研究》,《中国健康教育》2013 年第 8 期。

[75]骆永民:《公共卫生支出、健康人力资本与经济增长》,《南方经济》2011 年第 4 期。

[76]马静波:《基于 IrDA 标准的红外无线数字通信及应用》,《信息技术》2005 年第 3 期。

[77]孟治强:《UWB 脉冲无线传输技术探析》,《电脑知识与技术》2006 年第 17 期。

[78]穆光宗:《“欧洲老了”“美国年轻”》,《世界知识》2002 年第 24 期。

[79]穆光宗:《公寓养老和在家养老:两种模式的简要比较》,《市场与人口分析》1998 年第 4 期。

[80]穆光宗:《我国机构养老发展的困境与对策》,《华中师范大学学报(人文社会科学版)》2012 年第 2 期。

[81]潘静静、程承坪:《中国低龄老年人力资源开发研究》,《当代经济管理》2013 年第 3 期。

[82]裴磊磊等:《抑郁症单核苷酸多态性(SNPs)分布特征的潜在类别分析》,《中国卫生统计》2010 年第 1 期。

[83]彭秀健:《中国人口老龄化的宏观经济后果——应用一般均衡分析》,《人口研究》2006 年第 4 期。

[84]钱军程等:《新型农村合作医疗制度试点对农民卫生服务利用的影响研究》,《中国卫生统计》2008 年第 5 期。

[85]钱文军:《社区体育场地设施规划建设的研究》,《武汉体育学院学报》2007 年第 3 期。

[86]钱英、王丽凤:《定期健康体检对中老年人生活质量的影响》,《中国实用医药》2011 年第 8 期。

[87]任海等:《我国城市社区体育的概念、构成要素及组织特征——对我国城市社区体育的探讨之一》,《体育与科学》1998 年第 2 期。

[88]任立山、骆宏:《成功老龄化判别标准研究进展》,《中华健康管理学杂志》2013 年第 4 期。

[89]任立山等:《成功老龄化多维度评估量表的编制及信效度检验》,《中国实用护理杂志》2014 年第 29 期。

[90]尚长风:《破解农村养老保险困境的创新制度及评价》,《财政研究》2007 年第 9 期。

[91]宋杰、吴波、任保国:《对当前社区体育设施配置若干问题的思考》,《体育与科学》2007 年第 2 期。

[92]宋强、祁岩:《日本老年人力资源开发实践及启示》,《中国人力资源开发》2013 年第 19 期。

[93]宋岳涛等:《数字化老年疾病防控体系的建立》,《中国现代医生》2008 年第 9 期。

[94]孙革、王安利:《两种不同健身方式对男性老年人智能生理年龄的影响》,《北京体育大学学报》2008 年第 10 期。

[95]孙莉、张艾莉、赵岚:《从群体健康危险因素评价结果看健康工作的地位》,《中华健康管理学杂志》2008 年第 4 期。

[96]孙倩倩、王双:《老年综合评估的临床应用及研究进展》,《中国老年学杂志》2012 年第 2 期。

[97]孙涛:《农村社会养老保险运行模式构建及创新研究》,《农业经济问题》2007 年第 1 期。

[98]陶裕仿:《工业设计在提升康复器材企业竞争力中的作用》,《中国康复医学杂志》

2010 年第 3 期。

[99]汪一鸣、汤际澜、楚英兰:《英国地方公共体育设施管理发展现状及启示》,《西安体育学院学报》2012 年第 4 期。

[100]汪沅:《对社会养老保险制度城乡统筹的认识和思考》,《哈尔滨工业大学学报》2008 年第 4 期。

[101]王斌:《老年服务业的发展和社区养老服务》,《社会福利》2004 年第 5 期。

[102]王德文:《人口低生育率阶段的劳动力供求变化与中国经济增长率》,《中国人口科学》2007 年第 1 期。

[103]王东、秦伟:《关于养老影响因素研究的文献综述》,《西北人口》2003 年第 2 期。

[104]王刚:《人口老龄化对居民储蓄的影响分析——以北京市为例》,《经济问题探索》2006 年第 9 期。

[105]王冠、赵颖:《养老机构的种类配置与发展》,《中国社会工作》2011 年第 6 期。

[106]王金营、付秀彬:《考虑人口年龄结构变动的中国消费函数计量分析——兼论中国人口老龄化对消费的影响》,《人口研究》2006 年第 1 期。

[107]王金营、蔺丽莉:《中国人口劳动参与率与未来劳动力供给分析》,《人口学刊》2006 年第 4 期。

[108]王凯珍、李骁天:《我国城市学校体育设施开放现状及影响因素研究》,《北京体育大学学报》2011 年第 7 期。

[109]王乔君:《浙江省城镇居民体育消费行为层级性特征性研究》,《中国体育科技》2007 年第 5 期。

[110]王晓迪、郭清:《中医治未病与健康管理发展趋势探析》,《健康研究》2012 年第 4 期。

[111]王晓露、尚志强:《美国城市社区体育的组织、发展模式及其启示》,《中国体育科技》2005 年第 1 期。

[112]韦懿芸等:《中文版 SF——36 在社区老年人生存质量评价中的应用》,《中南大学学报(医学版)》2006 年第 2 期。

[113]魏华颖:《浅析深圳老年人力资源的开发和利用》,《特区经济》2012 年第 9 期。

[114]魏勇刚、苏小玲:《消费者心理账户中的心理效应研究》,《消费经济》2005 年第 4 期。

[115]闻健:《对〈关于促进健康服务业发展的若干意见〉的问答(之二)》,《老同志之友》2014 年第 3 期。

[116]邬民乐:《劳动生产率增长与人口老龄化的应对研究》,复旦大学博士学位论文,2008 年。

[117]吴海盛、江巍:《中青年农民养老模式选择意愿的实证分析——以江苏省为例》,《中国农村经济》2008 年第 11 期。

[118]吴来苏:《构建具有中国特色的养老方式——推进以家庭养老为主、社区养老为支撑的养老方式》,《长沙民政职业技术学院学报》2005 年第 3 期。

[119]吴燕璟、王鲁宁:《高龄老人认知功能的初步研究》,《中国老年学杂志》2006 年第 9 期。

[120]肖焕禹:《休闲体育的演进、价值及其未来发展取向》,《上海体育学院学报》2010 年第 1 期。

[121]肖林、巫兰英:《对我国体育社团双重管理体制的分析》,《体育文化导刊》2008 年第 2 期。

[122]肖林鹏:《论我国公共体育服务供给的基本问题》,《体育文化导刊》2008 年第 1 期。

[123]谢海燕等:《应用老年综合评估结果探讨积极老化的内涵》,《中华健康管理学杂志》2013 年第 7 期。

[124]熊军:《老龄化对经济的影响及其对策》,《武汉科技大学学报(社会科学版)》2000 年第 4 期。

[125]徐林玲:《居家养老的现状及发展》,《法制与社会》2009 年第 6 期。

[126]徐志文、侯军歧:《农村养老新出路——农村社区养老模式的提出与分析》,《安徽农业科学》2005 年第 7 期。

[127]许建、徐婵:《南宁市兴宁区离退休中老年人体育消费现状调查》,《体育科技(广西)》2004 年第 2 期。

[128]闫富松、赵军辉、李秀萍:《ZigBee 技术及其应用》,《广东通信技术》2006 年第 4 期。

[129]杨翠迎:《中国农村养老保障何去何从》,《商业研究》2005 年第 8 期。

[130]杨翠迎:《中国社会保障制度的城乡差异及统筹改革思路》,《浙江大学学报》2004 年第 5 期。

[131]杨光等:《身体活动量对老年医疗费的影响》,《上海体育学院学报》2010 年第 1 期。

[132]杨龙菊、连丞龙:《社区体育设施规划的供求平衡体系:英格兰模式与借鉴》,《国际城市规划》2013 年第 2 期。

[133]杨团、李振刚、石远成:《融入社区健康服务的中国农村老年人照护服务研究》,《湖南社会科学》2009 年第 1 期。

[134]杨伟国:《人口老龄化挑战欧洲就业》,《求是》2005 年第 13 期。

[135]杨晓奇:《基于人口老龄化视角下的产业结构调整》,《老龄科学研究》2013 年第 5 期。

[136]杨宜勇:《全国统一的社保转续办法研究和建议》,《中国劳动保障》2009 年第 4 期。

[137]姚志洪:《电子健康管理》,《中国医疗器械信息》2006 年第 11 期。

[138]尤黎明:《试论老年照护体系的构建》,《中国护理管理》2004 年第 1 期。

[139]于文谦:《日本综合性社区体育俱乐部的发展》,《体育学刊》2007 年第 7 期。

[140]俞林等:《非营利性组织在体育公共服务中的作用》,《体育科研》2008 年第 2 期。

[141]喻陆:《现代健康管理体制的现状及展望》,《中华现代医院管理杂志》2004 年第 10 期。

[142]原新:《欧盟人口转变与十目之比较》,《人口季刊》2001 年第 2 期。

[143]臧少敏:《老龄健康管理与服务人才发展战略布局的思考》,《老龄科学研究》2013

年第 7 期。

[144]翟德华、陶立群:《老龄产业若干理论问题研究》,《市场与人口分析(增刊)》2005 年第 1 期。

[145]张车伟:《人口老龄化的经济后果及其战略对策》,《湖南社会科学》2006 年第 4 期。

[146]张大超、李敏:《我国公共体育设施发展水平评价指标体系研究》,《体育科学》2013 年第 4 期。

[147]张继可、杨莉、王宇等:《"个体化健康管理"探讨》,《中国卫生事业管理》2000 年第 3 期。

[148]张杰伟:《我国城镇知识型老年人力资源开发策略研究》,湖南师范大学硕士学位论文,2009 年。

[149]张开金等:《居民健康档案软件开发与应用探讨》,《中国全科医生杂志》2000 年第 5 期。

[150]张蕾、郑晓英:《老年体育与人口健康》,《体育与科学》2006 年第 2 期。

[151]张莉清、潘锁生:《日本的社区老年服务》,《当代世界》2007 年第 10 期。

[152]张倩:《论如何实现老有所为——从人力资本视角研究老年人力资源开发》,《劳动保障世界》2012 年第 10 期。

[153]张善余、彭际作、俞路:《总量开始减少的欧洲人口形势分析》,《欧洲研究》2005 年第 2 期。

[154]张维伦:《农村低龄老年人力资源开发探析》,《重庆与世界》2015 年第 4 期。

[155]张文君等:《上海城市老年公寓的现状调查与展望》,《中国老年学杂志》2002 年第 5 期。

[156]张晓文:《中国社区养老保障的探索与实践》,《辽宁经济》2008 年第 2 期。

[157]张秀芳、钟玉英:《老年照料问题的挑战与对策》,《老年人口》2003 年第 3 期。

[158]张戌凡:《老年人力资源开发的结构动因、困境及消解路径》,《南京师范大学学报(社会科学版)》2011 年第 6 期。

[159]张元良、邓华、杜晶:《GPS 车辆定位系统监控软件的关键技术分析与设计》,《计算技术与自动化》2003 年第 1 期。

[160]张媛:《人口老龄化对医疗保险的影响》,《中国卫生经济》2006 年第 4 期。

[161]张再生、邵辉:《老年健康产业发展的思路与对策——基于战略性新兴产业视角》,《中国卫生政策研究》2014 年第 3 期。

[162]赵志香、徐中华、徐敏:《门球运动对男性老年人体质水平的影响》,《体育与科学》2009 年第 3 期。

[163]郑皓怀、钱锋:《国外社区体育设施的发展建设初探》,《建筑学报》2008 年第 1 期。

[164]郑伟、孙祁祥:《中国养老保险制度变迁的经济效应》,《经济研究》2003 年第 10 期。

[165]郑小霞:《美国老年人健康保健计划介绍》,《中国全科医学》2006 年第 11 期。

[166]郑之良:《可持续发展背景下我国老年人力资源开发研究》,《人口与经济》2011 年第 1 期。

[167]郑志强、陶长琪、冷毅:《大型体育设施供给 PPP 模式的合作博弈分析》,《体育科学》2011 年第 5 期。

[168]中国美国商会:《对医疗设备、器械和卫生保健行业现状的分析与建议》,《中国医疗设备》2009 年第 6 期。

[169]钟海波:《以房养老模式探讨》,《合作经济与科技》2008 年第 9 期。

[170]周炳坤等:《远程多心电监护系统通信协议的研究》,《计算机工程》2008 年第 18 期。

[171]周绍斌:《老年人的精神需求及其社会政策意义》,《市场与人口分析》2005 年第 6 期。

[172]周奕军:《对开展休闲娱乐体育活动的初步探讨》,《体育文史》2000 年第 4 期。

[173]周玉彬等:《基于 CDMA 的患者无线远程监护系统的研制》,《医疗卫生装备》2008 年第 10 期。

[174]朱佳俊、郑建国、盛杰:《基于模糊综合评判的 ERP 项目风险管理》,《统计与决策》2006 年第 9 期。

[175]邹益民,孔庆庆:《欧美国家老年公寓的成功经验对我国的启示》,《商业研究》2008 年第 3 期。

学术专著

[1][美]埃里克·阿若德等:《消费者行为学 中国版》(第二版),李中进译,电子工业出版社 2007 年版。

[2][美]达尔默·D·霍斯金斯等:《21 世纪初的社会保障》,侯宝琴译,中国劳动社会保障出版社 2004 年版。

[3][美]戴维·奥斯本、特德·盖布勒:《改革政府:企业家精神如何改革着公共部门》,周敦仁译,上海译文出版社 2006 年版。

[4][美]凯瑟琳·麦金尼斯·迪特里克:《老年社会工作生理、心理及社会方面的评估与干预》,隋玉杰译,中国人民大学出版社 2008 年版。

[5][美]谢尔比·D·亨特,《市场营销理论基础:市场营销的一般理论》,陈启杰等译,上海财经大学出版社 2006 年版。

[6][英]安东尼·吉登斯:《超越左与右——激进政治的未来》,李惠斌、杨雪冬译,社会科学文献出版社 2000 年版。

[7]曾庆敏:《老年人权益保障与社会发展》,社会科学文献出版社 2008 年版。

[8]陈林祥:《体育市场营销》,人民体育出版社 2004 年版。

[9]陈露晓:《老年人退休心理调整》,中国社会出版社 2009 年版。

[10]陈启杰:《市场调研与预测》,上海财经大学出版社 2004 年版。

[11]陈雪萍、姚蕴伍、杜丽萍:《养老机构老年护理服务规范和评价标准》,浙江大学出版社 2011 年版。

[12]丁纯:《世界主要医疗保障制度模式绩效比较》,复旦大学出版社 2009 年版。

[13]董红亚:《中国社会养老服务体系建设研究》,中国社会科学出版社 2011 年版。

[14]董志勇:《行为经济学》,北京大学出版社 2005 年版。

[15]龚维斌:《中国社会保障体制比较》,国家行政学院出版社 2008 年版。

[16]郭平、陈刚:《2006 年中国城乡老年人口状况追踪调查数据分析》,中国社会出版社 2009 年版。

[17]郭清:《健康管理学概论》,人民卫生出版社 2011 年版。

[18]郭清:《老年健康管理师实务培训》,中国社会出版社 2014 年版。

[19]国家体育总局:《城市社区体育设施建设用地指标》,中国计划出版社 2005 年版。

[20]国家统计局:《2010 年中国人口统计年鉴》,中国统计出版社 2011 年版。

[21]国家统计局:《中国统计年鉴 2013》,中国统计出版社 2013 年版。

[22]贺京同:《行为经济学与中国经济行为》,中国财政经济出版社 2006 年版。

[23]侯岩:《中国城市社区服务体系建设研究报告》,中国经济出版社 2009 年版。

[24]黄建始:《2008 中国健康管理相关机构现状调查报告》(2007～2008),中国协和医科大学出版社 2009 年版。

[25]江立华、沈洁:《中国城市社区福利》,社会科学文献出版社 2008 年版。

[26]姜亚芳、余丽君:《健康评估》,协和医科大学出版社 2006 年版。

[27]乐国安:《社会心理学》,南开大学出版社 2003 年版。

[28]李兵,张恺悌:《中外老龄政策与实践》,中国社会出版社 2010 年版。

[29]李鲁:《社会医学》,人民卫生出版社 2007 年版。

[30]李伟、孔伟:《老龄工作手册——政府应对人口老龄化的职责和方略》,中国社会出版社 2008 年版。

[31]李文仲、段朝玉:《ZigBee 无线网络技术入门与实战》,北京航空航天大学出版社 2007 年版。

[32]刘金华:《中国养老模式选择研究:基于老年生活质量视角》,西南财经大学出版社 2011 年版。

[33]刘勇:《体育市场调查与分析》,高等教育出版社 2004 年版。

[34]卢海元:《走进城市:农民工的社会保障》,经济管理出版社 2004 年版。

[35]卢泰宏:《中国消费者行为报告》,中国社会科学出版社 2004 年版。

[36]陆卫忠、刘文亮:《C++ Builder 6 程序设计教程》(第 2 版),科学出版社 2009 年版。

[37]马晓强、雷钰:《欧洲一体化与欧盟国家社会政策》,中国社会科学出版社 2008 年版。

[38]民政部全国老龄办养老服务体系建设领导小组办公室:《全国养老服务基本情况汇编》,中国社会出版社 2010 年版。

[39]牛文光:《美国社会保障制度的发展》,中国劳动社会保障出版社 2004 年版。

[40]潘晨光:《中国人才发展报告 2010 年》,社会科学文献出版社 2010 年版。

[41]全国老龄工作委员会办公室、中国老龄协会:《中国老龄工作年鉴(1982~2002)》,华龄出版社 2004 年版。

[42]任苒、黄志强:《中国医疗保障制度发展框架与策略》,经济科学出版社 2009 年版。

[43]史忠良:《产业经济学(第二版)》,经济管理出版社 2005 年版。

[44]宋世斌:《中国老龄化的世纪之困》,经济管理出版社 2010 年版。

[45]台恩普、陶立群:《促进老龄产业发展的机制和政策研究》,科学出版社 2009 年版。

[46]陶立群:《促进老龄产业发展的机制和政策研究》,科学出版社 2009 年版。

[47]田雪原、王金营、周广庆:《老龄化——从"人口盈利"到"人口亏损"》,中国经济出版社 2006 年版。

[48]王莉莉、郭平:《日本老年社会保障制度》,中国社会出版社 2009 年版。

[49]王振耀:《社会福利和慈善事业》,中国社会出版社 2009 年版。

[50]吴玉韶:《中国老龄事业发展报告(2013)》,社会科学文献出版社 2013 年版。

[51]杨翠迎:《农村基本养老保险制度理论与政策研究》,浙江大学出版社 2007 年版。

[52]杨中新:《中国人口老龄化与区域产业结构调整研究》,社会科学文献出版社 2005 年版。

[53]姚建平:《消费认同》,社会科学文献出版社 2006 年版。

[54]于燕燕:《中国社区发展报告(2008-2009)》,社会科学文献出版社 2009 年版。

[55]袁志刚:《养老保险经济学》,上海人民出版社 2005 年版。

[56]詹成付:《加强和改进社区服务工作读本》,中国社会出版社 2007 年版。

[57]张恺悌、郭平:《美国养老》,中国社会出版社 2010 年版。

[58]张恺悌、李兵:《中国老龄政策研究》,中国社会出版社 2009 年版。

[59]张良礼:《应对人口老龄化:社会化养老服务体系构建及规划》,社会科学文献出版社 2006 年版。

[60]张文范:《用社会化、产业化的新机制积极推进老龄产业的发展》,华龄出版社 2001 年版。

[61]张中华:《中国特色养老之路的思考与实践》,天津人民出版社 2012 年版。

[62]郑功成:《中国社会保障制度变迁与评估》,中国人民大学出版社 2002 年版。

[63]中国群众体育调查课题组:《中国群众体育现状调查与研究》,北京体育大学出版社 2005 年版。

[64]中华人民共和国国家体育总局:《城市社区体育设施建设用地指标》,中国计划出版社 2005 年版。

[65]中华人民共和国建设部、中华人民共和国国家质量监督检验检疫总局:《城镇老年人设施规划规范》,中国计划出版社 2007 年版。

[66]中华人民共和国民政部:《中国民政统计年鉴 2011》,中国统计出版社 2011 年版。

[67]中华人民共和国卫生部:《2010 年中国卫生统计年鉴》,协和医科大学出版社 2010 年版。

[68]周三多、陈传明、鲁明泓:《管理学——原理与方法》,复旦大学出版社 2009 年版。

学位论文

[1]陈谊娜:《老龄化背景下中国养老保险研究》,天津大学博士学位论文,2012 年。

[2]胡耀祺:《"以房养老"需求的影响因素分析——基于美国经验的启示》,复旦大学硕士学位论文,2008 年。

[3]黄玉珍:《社会阶层分化与多元化群众体育服务体系研究》,湖南师范大学硕士学位论文,2010 年。

[4]金东勇:《ZigBee 技术在智能家居控制系统中的应用研究》,太原理工大学硕士学位论文,2008 年。

[5]路依婷:《上海市居家养老服务评估指标体系的构建》,上海交通大学硕士学位论文,2007 年。

[6]潘虹:《基于传统文化背景下我国养老模式的选择》,西北大学硕士学位论文,2007 年。

[7]斯雯:《老年人对社会照顾方式的偏好与养老服务体系的建构》,浙江大学硕士学位论文,2005 年。

[8]谭樱芳:《建立与完善城市老年人社区照顾体系研究》,华中科技大学硕士学位论文,2005 年。

[9]谭咏风:《老年人日常活动对成功老龄化的影响》,华东师范大学博士学位论文,2011 年。

[10]王考:《人口老龄化背景下广州市社区老年公共服务设施配套研究》,中山大学硕士学位论文,2008 年。

[11]谢正阳:《全面建设小康社会目标中的苏南地区全民健身体系研究》,苏州大学博士学位论文,2010 年。

[12]阴玺:《心电远程监护系统的数据库系统设计与数据压缩算法研究》,重庆大学硕士学位论文,2007 年。

[13]章芸芸:《农村地区老年人日常生活照料及影响因素研究》,华中科技大学硕士学位论文,2007 年。

[14]朱师钧:《杭州老龄人口生活质量研究》,华中师范大学硕士学位论文,2008 年。

外文文献

[1]Adema, Y. et al. The international spillover effects of pensions under population ageing. *Journal of Population Economics*, 2008, 21: 933-959.

[2]Ahrentzen, S. On their own tuff: Community design and active aging in a naturally occurring retirement community. *Journal of Housing for the Elderly*, 2010, 24: 267-290.

[3]Akira, Y. Ageing and public capital accumulation. *International Tax Public Finance*, 2008, (15): 582-598.

[4]Andrew, Q. Healthy aging in cities. *Journal of Urban Health: Bulletin of the New York Academy of Medicine*, 2008, 85(2): 151-153.

[5]Andrews, E. *The changing profile of pensions in America*. Washington, D. C.: Employee Benefit Research Institute, 1985.

[6]Angelelli, J. Promising models for transforming long term care. *The Gerontologist*, 2006, 46: 428-430.

[7]Arana, J. E., Leon, C. J. & Hanemann, M. W. Emotions and decision rules in discrete choice experiments for valuing health care programmers for the elderly. *Journal of Health Economics*, 2008: 753-769.

[8]Asimakopulos, A. & Weldon, J. C. On the theory of government pension plans. *Canadian Journal of Economics*, 1968, 12: 699-717.

[9]Au, D. W. H., Crossley, T. F. & Schellhorn, M. The effect of health changes and long-term health on the work activity of older Canadians. *Health Economics*, 2005, 14(10): 999-1018.

[10]Barghchi, M., Omar, D. & Aman, M. S. Sport facility in urban areas: Trends and development considerations. *Pertanika Journal of Social Science Human*, 2010, 18(2): 427-435.

[11]Baumgartner, J., Hofer, H., Kaniovski, S., Schuh, U. & Url, T. Employment and growth in an aging society: A simulation study for Austria. *Empirica*, 2006, 33: 19-33.

[12]Bhattacharya, J. A positive theory of the income redistributive focus of social

security. *SSRN Working Paper*, 2003, 6, No. 419360.

[13]Bijak, J. et al. Population and labor force projections for 27 European countries, 2002-2052: Impact of international migration on population ageing. *Europe Journal of Population*, 2007, 23: 1-31.

[14]Blair, T. & Minkler, M. Participatory action research with older adults: Key principles in practice. *Gerontologist*, 2009, 49: 651-662.

[15] Blau, D. M., LaGrange, A. & Gilleskie, D. B. The role of retiree health insurance in the employment behavior of older men. *International Economic Review*, 2008, 49(2): 475-514.

[16] Bodie, Zvi. Pension as retirement income insurance. *Journal of Economic Literature*, 1990, 5: 28-49.

[17]Bolin, K., Lindgren, B. & Lundborg, P. Informal and formal care among single-living elderly in Europe. *Health Economics*, 2008, 17: 393-409.

[18]Bonsang, E. Does informal care from children to their elderly parents substitute for formal care in Europe? *Journal of Health Economics*, 2009, 28: 143-154.

[19]Boris, E & Klein, J. Organizing home care: Low-waged workers in the welfare state. *Politics and Society*, 2006, 34: 81-108.

[20]Broer, D. P. Growth and welfare distribution in an ageing society: An applied general equilibrium analysis for the Netherlands. *De Economist*, 2001, 149: 81-114.

[21] Brookhart, M., Schneeweiss, S. & Rothman, K. J. Variable selection for propensity score models. *American Journal of Epidemiology*, 2006, 63(1): 1149-1156.

[22]Brunow, S. & Hirte, G. Age structure and regional economic growth. *Jahrbuch fiir Regionalwissenschaft*, 2006, 26: 3-23.

[23] Casado, B. L. Sense of need for financial support and respite services among informal caregivers of older Americans. *Journal of Human Behavior in the Social Environment*, 2008, 18(3): 269-287.

[24]Case, A. & Menendez, A. Does money empower the elderly? Evidence from the Agincourt Demographic Surveillance Site, South Africa. *Public Health*, 2007, 35: 157-164.

[25]Chang, K. H. The healer or the druggist: Effects of two health care policies in Taiwan on elderly patients' choice between physician and pharmacist services. *International Journal of Health Care Finance and Economics*, 2009, 9(2):137-152.

[26]Chaudhuri, A. Spillover impacts of a reproductive health program on elderly women in rural Bangladesh. *Journal of Family and Economic Issues*, 2009, 30: 113-125.

[27]Chen, F. & Short, S. E. Household context and subjective well-being among the oldest old in China. *Journal of Family Issues*, 2008, 29(10): 1379-1403.

[28]Chen, Kaiji et al. The Japanese saving rate between 1960 and 2000: Productivity, policy changes, and demographics. *Economic Theory*, 2007, 32: 87-104.

[29]Chen, L. W., Yip, W., Chang, M. C., Lin, H. S., Lee, S. D., Chui, W. L. & Lin, Y. H. The effects of Taiwan's national health insurance on access and health status of the elderly. *Health Economics*, 2007, 16: 223-242.

[30]Chen, M. Y., Wang, E. K., Yang, R. J. & Liou, Y. M. Adolescent health promotion scale: Development and psychometric testing. *Public Health Nurs*, 2003, 20(2): 104-110.

[31]Chodzko-Zajko, W. J., David, N., Proctor, W. et al. Exercise and physical activity for older adults. *Medicine and Science in Sports and Exercise*, 2009: 1511-1528.

[32]Chong. Promoting the psychosocial health of the elderly—The role of social workers. *Social Work in Health Care*, 2007, 44: 91-109.

[33]Chung, K., Yang, D. & Lee, J. Minority elderly and timely hospice care: Caregiver status. *International Journal of Public Policy*, 2007, 2: 169-185.

[34]Coalman, M. Enrich the lives of older adults through civic engagement. *The Journal on Active Aging*, 2008: 42-45.

[35]Coe, N. B. & Houtven, C. H. V. Caring for Mom and neglecting yourself? The health effects of caring for an elderly parent. *Health Economics*, 2009, 16: 991-1010.

[36]Coleman, B. J. European models of long-term care in the home and community. *International Journal of Health Service*, 1995, 25(3): 455-474.

[37]Coronado, J. L., Don, F. & Thomas, G. Distributional impacts of proposed changes to the social security system. *NBER Working Paper*, 1999.

[38]Dae-Seok, Lee. New concept of healthcare parameter analysis on sensor node for ubiquitous healthcare system. *Convergence Information Technology*, 2007: 1775-1780.

[39]Dan, L. Study on the strategy of young retirees' human resource development. *Proceedings of the* 2013 *International Academic Workshop on Social Science*, 2013: 182-185.

[40]Davidoff, T. Home equity commitment and long-term care insurance demand. *Journal of Public Economics*, 2010, 94: 44-49.

[41]DeNavas-Walt, C., Proctor, B. D. & Smith, J. C. *Income, Poverty & Health Insurance Coverage in the U. S.*: 2009. Washington, D. C.: U. S. Census Bureau U. S. Department of Commerce, 2010.

[42]Depp, C. A. & Jeste, D. V. Definitions and predictors of successful aging: A comprehensive review of larger quantitative studies. *Am J Geriatr Psychiatry*, 2006, 14: 6-20.

[43]Doh-Khul Kim & Hyungsoo Kim. Aging and savings in Korea: A time-series approach. *International Advances in Economic Research*, 2006, 12: 374-381.

[44]Don, F. & Brent, M. Income redistribution from social security. *The American Enterprise Institute for Public Policy Research. Washington, D. C.*, 2005, 7: 185-194.

[45]Duggan, J. E., Robert, G. & John, S. G. Returns paid to early social security cohorts. *Contemporary Policy Issues*, 1993, 12.

[46]Faber, M., Wiel, A. B., Exel, E. et al. Successful aging in the oldest old: Who can be characterized as successful aged? *Arch Intern Med*, 2001, 161(21): 2694-2700.

[47] Feldstein, M. Tax policy and international capital flows. *Review of World Economics*, 1994, 130(4): 675-697.

[48]Fernández Villaverde, J. & Krueger, D. Consumption over the life cycle: Facts from consumer expenditure survey data. *The Review of Economics and Statistics*, 2007, 89: 253-265.

[49]Gatz, M. & Zarit, S. H. A good old age: Paradox or possibility. In V. L. Bengtson & K. W. Schaie (eds.), *Handbook of Theories of Aging*. Springer, 1999: 396-441.

[50]Gaymu, J., Ekamper, P. & Beets, J. Who will be caring for Europe's dependent elders in 2030? *Population*, 2007, 62: 675-706.

[51]Gong, W. Chinese consumer behavior: A cultural framework and implications. *Journal of Academy of Business*, 2003, 9: 373-380.

[52]Gottardi, P. Social security and risk sharing. *Center for Economics Studies and Info Institute for Economic Research Working Paper*, 2006, 12: 1705.

[53]Grabowski, D. C. & Mitchell, S. L. Family oversight and the quality of nursing home care for residents with advanced dementia. *Medical Care*, 2009, 47(5): 568-574.

[54]Greb, S., Focke, A., Hessel, F. & Wasem, J. Financial incentives for disease management programmes and integrated care in German social health insurance. *Health Policy*, 2006, 78: 295-305.

[55]Green, C. A. Unexpected impact of health on the labor supply of the oldest Americans. *Journal of Labor Research*, 2006, 27: 361-379.

[56]Grimard, F., Laszlo, S & Lim, W. Health, aging and childhood socio-economic conditions in Mexico. *Journal of Health Economics*, 2010, 29(5): 630-640.

[57]Gu, D., Dupre, M. E. & Liu, G. Characteristics of the institutionalized and community-residing oldest-old in China. *Social Science and Medicine*, 2007, 64: 871-883.

[58]Guest, R. S. Population aging, capital mobility and optimal saving. *Journal of Policy Modeling*, 2006, 28: 89-102.

[59]Gustman, A. & Thomas, S. How effective is redistribution under the social security benefit formula? *NBER Working Paper*, 2000, 3: 75-97.

[60]Hartmann. H. Women, the recession, and the stimulus package. *Dissent*, 2009, 56(4): 42-47.

[61] Healthcare Commission, Audit Commission & Commission for Social Care Inspection. Living well in later life: A review of progress against the National Service

Framework for older people. *Audit and Inspection*, 2006.

[62]Heinrich, S., Luppa, M., Matschinger, H., Angermeyer, M., Steffi, G. & Konig, H. H. Service utilization and health-care costs in the advanced elderly. *Value in Health*, 2008, 11(4): 611-620.

[63]Hill, C. & Lynn, L. E. Governance and public management, an introduction. *Journal of Policy Analysis and Management*, 2004, 23(1): 3-11.

[64]Holian, M. J. Outsourcing in US cities, ambulances and elderly voters. *Public Choice*, 2009, 141(3): 421-445.

[65]Holzmann, R. The World Bank approach to pension reform. *International Social Security Review*, 2000, 1: 234-267.

[66]Howes, C. Who will care for the women? *Journal of Women Politics and Policy*, 2009, 30: 248-271.

[67]Hurlbut, J. M, Robbins, L. K. & Hoke, M. M. Correlations between spirituality and health-promoting behaviors among sheltered homeless women. *Journal of Community Health Nursing*, 2011, 28(2): 81-91.

[68]Iskhakov, F. Structural dynamic model of retirement with latent health indicator. *Econometrics Journal*, 2010, 13(3): 126-161.

[69]Jin, L. & Christakis, N. A. Investigating the mechanism of marital mortality reduction: The transition to widowhood and quality of health care. *Demography*, 2009, 46: 605-625.

[70]Johnson, K. & Wilson, K. *Current Economic Status of Older Adults in the United States*. Washington, D. C.: National Council on Aging.

[71]Kalwij, A. S. & Vermeulen, F. Labour force participation of the elderly in Europe: The importance of being healthy. *IZA Discussion Paper*, 2005: 1887.

[72]Kanning, M. & Schlicht, W. A bio-psycho-social model of successful aging as shown through the variable physical activity. *Eur Rev Aging Phys Act*, 2008, 5: 79-87.

[73]Kee-Lee Chou & Aris Chi. Successful ageing among the young-old, old-old, and oldest old Chinese. *Ageing and Human Development*, 2002, 54(1): 1-14.

[74]Kwok, O. M., Underhill, A. T., Berry, J. W., Luo, W., Elliott, T. R. & Yoon, M. Analyzing longitudinal data with multilevel models: An example with individuals living with lower extremity intra-articular fractures. *Rehabilitation Psychology*, 2008, 53(3): 370-386.

[75]Lacomba, J. A. & Lagos, F. Reinforcing the link between contributions and pensions: The effect of the population aging. *International Advances in Economic Research*, 2006, 12: 530-539.

[76]Lai, D., Tong, H., Zeng, Q. & Xu, W. The factor structure of a Chinese Geriatric Depression Scale-SF: Use with alone elderly Chinese in Shanghai, China.

International Journal of Geriatric Psychiatry, 2010, 25(5): 503-510.

[77]Lakdawalla & Philipson. The rise in old-age longevity and the market for long-term care. *American Economic Review*, 2002, 92: 295-306.

[78]Lander, S. M., Brazill, A. L. & Ladrigan, P. M. In train situational relocation: Effects on residents' behavior and psychosocial functioning. *Journal of Gerontological Nursing*, 1997, 23(4): 35-41.

[79]Lee, J. & Kim, H. A. Longitudinal analysis of the impact of health shocks on the wealth of elders. *Journal of Population Economics*, 2008, 21: 217-230.

[80]Lee, J. S. The unmet needs of the elderly with diabetes in home health care. *Social Work in Health Care*, 2007, 45(3): 1-17.

[81]Leibfritz, W. & Roeger, W. The effects of aging on labor markets and economic growth. *Journal of Population Economics*, 2007, 12: 34-63.

[82]Leimer, D. R. Historical redistribution under the social security disability insurance program. *Social Security Bulletin*, 1998, 4: 3-19.

[83]Li, L. W., Zhang, J. & Liang, J. Health among the oldest-old in China: Which living arrangements make a difference? *Social Science and Medicine*, 2009, 68: 220-227.

[84]Lim, J. Y. The effect of patient's asymmetric information problem on elderly use of medical care. *Applied Economics*, 2007, 39(16): 2133-2142.

[85]Liua, Y., Talora, P. & Shiblia. Sport equity: Benchmarking the performance of English public sport facilities. *Europe Management Quarterly*, 2009, 9(1): 3-21.

[86]Manthorpe, J., Iliffe, S., Clough, R., Cornes, M., Bright, L. & Moriarty, J. Elderly people's perspectives on health and well-being in rural communities in England: Findings from the evaluation of the national service framework for older people. *Health and Social Care in the Community*, 2008, 16(5): 460-468.

[87] McGarry, K. Health and retirement: Do changes in health affect retirement expectations? *Journal of Human Resources*, 2004, 39(3): 624-648.

[88]Meihan, L. & Chung-Ngok, W. Validation of the psychometric properties of the health-promoting lifestyle profile in a sample of Taiwanese women. *Quality of Life Research*, 2011, 20(4): 523-528.

[89]Merton, R. C. *On the Role of Social Security as a Means for Efficient Risk-Bearing in an Economy Where Human Capital is Not Tradeable*. Financial Aspects of the US Pension System, University of Chicago, 1983.

[90]Meyer, C. W. & Wolff, N. L. Intercohort and intracohort redistribution under old age insurance. *Public Finance Quarterly*, 1987, 7: 259-281.

[91]Michaud, P. C. & Soest, A. Health and wealth of elderly couples: Causality tests using dynamic panel data models. *Journal of Health Economics*, 2008, 27(5): 1312-1325.

[92]Miyazawa, K. Incentives and product variety in an aging economy. *International*

Tax and Public Finance，2001，8：595-607.

[93]Modigliani，F. The saving puzzle and the life cycle hypothesis. *Journal of Economic Literature*，1966，2(1)：145-170.

[94]Mulligan，C. B.，Xavier，X. & Salai，M. Social security in theory and practice (II)：Efficiency theories. *Department of Economics Working Paper*，1999，4：385-389.

[95]Munkin，M. K. & Trivedi，P. K. Disentangling incentives effects of insurance coverage from adverse selection in the case of drug expenditure：A finite mixture approach. *Health Economics*，2010，19(9)：1093-1108.

[96] Muntuer，P.，Gu，D.，Wu，X. et al. Factors associated with hypertension awareness，treatment，and control in a representative sample of the Chinese Population. *Hypertension*，2004，43(3)：578-585.

[97] Mîndrilă，D. Maximum likelihood (ML) and diagonally weighted least squares (DWLS) estimation procedures：A comparison of estimation bias with ordinal and multivariate non-normal data. *Int J Digital Soc*，2010，1：93-102.

[98]Ono，T. & Maeda，Y. Is aging harmful to the environment? *Environmental and Resource Economics*，2001，20：113-127.

[99] Ono，T. Unemployment dynamics in an OLG economy with public pensions. *Economic Theory*，2007，33：549-577.

[100]Pavelka，B. J.，Suomi，K. & Tietavainen，H. Equal opportunity in the field of sport—An investigation of history，environmental factory，facility network and organizational circumstances in cross-country skiing and canoeing in Finland. *Physical Culture Sport Study Research*，2009，5：220-228.

[101]Pender，N. J.，Murdaugh，C. L. & Parsons，M. A. *Health Promotion in Nursing Practice*. 5th ed. Upper Saddle River，NJ：Prentice Hall，2005.

[102]Peterson，P. G. *Gray Dawn：How the Coming Age Wave Will Transform America and the World*. New York：Random House，1999.

[103]Profeta，P. Aging and retirement：Evidence across countries. *International Tax and Public Finance*，2002，9：665-672.

[104]Pruchno，R. A.，Wilson-Genderson，M.，Rose，M. et al. Successful aging：Early influences and contemporary characteristics. *Gerontologist*，2010，50：821-833.

[105]Puska，V. E. & Laatikainen，T. *The North Karelia Project：From North Karelia to National Action*. Helsinki：Helsinki University Printing House，2011.

[106]Rana，A. K. M.，Wahlin，A. S.，Ahmed，S. M.，Kabir，Z. N. et al. The impact of health education in managing self-reported arthritis-related illness among elderly persons in rural Bangladesh. *Health Education Research*，2008，23(1)：94-105.

[107]Richard，M.，Lemer，M.，Ann Easterhrooks et al. *Handbook of Psychology：Developmental Psychology* (Vol. 6). New York：Wiley，2003.

[108]Rittner, B. & Kirk, A. Health-care and public transportation use by poor and frail elderly people. *Natl Assoc Social Workers*, *Social Work*, 1995, 40(3): 365-373.

[109] Rowena, A. et al. Social security, social welfare and the aging population. *Journal of Population Economics*, 1999, 12: 607-623.

[110] Scarborough, P., Allender, S., Rayner, M. & Goldacre, M. An index of unhealthy lifestyle is associated with coronary heart disease mortality rates for small areas in England after adjustment for deprivation. *Health & Place*, 2011, 17(2): 691-695.

[111]Shimasawa, M. & Hosoyama, H. Economic implications of an aging population: The case of five Asian economies. *ESRI Discussion Paper Series*, 2004, 117: 35-38.

[112]Shoemaker, S. Segmenting the mature market: 10 years later. *Journal of Travel Research*, 2000, 39(1): 11-26.

[113] Stevenson, N., Mesbah, M., Boashash, B. et al. A joint time-frequency empirical mode decomposition for nonstationary signal separation: 9th international symposium signal processing and its applications. *Sharjah: IEEE*, 2007: 1-4.

[114]Strawbridge, W. J., Wallhagen, M. I. & Cohen, R. D. Successful aging and well-being: Self-rated compared with Rowe and Kahn. *Gerontologist*, 2002, 42(6): 727-733.

[115]Szmigin, I. & Carrigan, M. Leisure and tourism services and innovator. *The Service Industries Journal*, 2001, 121(3): 113-129.

[116]Teng, H. L, Yen, M. & Fetzer, S. Health promotion lifestyle profile-II: Chinese version short form. *Journal of Advanced Nursing*, 2010, 66(8): 1864-1873.

[117]U. S. Cereus Bureau. *The Next Four Decades*: *The Elder Population in the United States* 2010-2050. Washington, D. C.: U. S. Department of Commerce, 2010.

[118] U. S. Department of Health and Human Services. *Healthy People* 2010: *Understanding and Improving Health*. Washington, D. C.: U. S. Government Printing Office, 2000.

[119] UK Department of Health. Choosing health: Making healthier choices easier. Executive summary. *Department of Health*, 2004.

[120]UK Department of Health. Health, work and wellbeing-caring for our future: A strategy for the health and wellbeing of working age people. *Department of Health*, 2005, 10.

[121]UK Department of Health. Independence, well-being and choice: Our vision for the future of social care for adults in England. *Department of Health*, 2005.

[122]Ulf-G. Gerdtham et al. The ageing of society, health services provision and taxes. *Journal of Population Economics*, 2005, 18: 519-537.

[123]United Nations Department of Economic and Social Affairs. Population division. *World Population Ageing*, 2009.

[124] Wakabayashi, M. The retirement consumption puzzle in Japan. *Journal of*

Population Economics, 2008, 21: 983-1005.

[125]Walker, S. N., Sechrist, K. R. & Pender, N. J. The health-promoting lifestyle profile: Development and psychometric characteristics. *Nursing Research*, 1987, 36(2): 76-81.

[126]Wang, D., Ou, C. Q., Chen, M. Y. & Duan, N. Health-promoting lifestyles of university students in mainland China. *BMC Public Health*, 2009, 9: 379.

[127]Wang, W., Umans, J. G., Lee, E. T., Howard, B. V. et al. Comparison of estimated glomerular filtration rates and albuminuria in predicting risk of coronary heart disease in a population with high prevalence of diabetes mellitus and renal disease. *The American Journal of Cardiology*, 2011, 107(3): 399-405.

[128]Ware J. E., Jr. & Sherbourne, C. D. The MOS 36-item short-form health survey (SF-36): I. Conceptual framework and item selection. *Medical Care*, 1992, 30(6): 473-483.

[129]Whall, A. L., Coiling, K. B., Kolanowski, A. et al. Factors associated with aggressive behavior among nursing home residents with dementia. *Gerontologist*, 2008, 48(6): 721-731.

[130]Wildasin, D. E. The marginal cost of public funds with an aging population. *Journal of Population Economics*, 1991, 4: 111-135.

[131]Zhang, S. C., Wei, C. N., Fukumoto, K., Harada, K., Ueda, K., Minamoto, K. & Ueda, A. A comparative study of health-promoting lifestyles in agricultural and non-agricultural workers in Japan. *Environmental Health and Preventive Medicine*, 2011, 16(2): 80-89.

[132]Zhou, Z., Gao, J., Xue, Q., Yang, X. & Yan, J. Effects of rural mutual health care on outpatient service utilization in Chinese village medical institutions: Evidence from panel data. *Health Economics*, 2009, 18: 1.

名词解释(按章题)

1.社区能力(Community Capacity):通过非正式的社会过程和有组织的行动的方式来运作的存在于某个特定社区之内,能够被用于解决集体问题以及改善或维系社区福祉的人力资本、组织资源及社会资本的集合。

2.社区意识(Sense of Community):社区成员之间的联结程度及对环境相互依存的认知。

3.社区成员间的承诺水平(Commitment):特定的个人、团体或组织愿意为社区所发生的事件承担责任。

4.解决问题的能力(Ability to Solve Problem):特定的个人、团体或组织愿意为社区所发生的事件承担责任,并转化为行为的能力。

5.资源获取 (Access to Resources):对社区资产、外部经济资源、人力资源、物质资源和政治资源的取得。

6.健康老龄化 (Healthy Aging,HA):老龄化社会中,绝大多数老年人处于生理、心理和社会功能的健康状态,使社会发展不受过度人口老龄化的影响。

7.积极老龄化(Active Aging):人在老年时为了提高生活质量,使健康、参与和保障的机会尽可能达到最佳的过程。

8.成功老龄化 (Successful Aging,SA):在老龄化过程中,外在因素只起中性作用甚至抵消内在老龄化进程的作用,而老年人在认知功能、躯体功能、精神状态等方面的功能没有下降或只下降很少的老龄化状态。

9.产出性老龄化(Productive Aging,PA):在老龄化过程中,老年人参与有报酬的或无报酬的商品生产或服务供给活动的老龄化状态。

10.体育管理:体育管理是综合运用社会科学、自然科学和技术科学的原理和方法,系统地研究体育领域中的管理活动及其基本规律的科学。

11.组织效能:组织实现预定目标的实际结果,主要包括群体生产的产量(数量、质量、速度、顾客满意度等)、群体对其成员的影响、提高组织工作能力三方面。

12.组织文化:指组织在长期实践活动中所形成的,为组织成员普遍认可和遵循的具有本组织特色观念、团体意识、行为规范和思维模式的总和。

13.传统健康管理:运用管理学理论和方法,在提高社会健康意识、改善人群健康行为、提高个体生活质量的过程中有计划、有组织的系统活动。

14.现代健康管理:以不同健康状况的人群的健康需求为导向,向人们提供专业的健康咨询和指导服务,继而针对各种健康危险因素进行系统干预和管理的过程。

15.非营利组织(Non-Profit Organization,NPO):不以营利为目的的向社会提供服务的组织。它是介于政府组织、营利组织之间的一切社会组织,又称"第三部门"。凡具有组织性、非营利性、自治性、民间性和志愿性等五个特征的组织即为非营利组织。

16.公共物品:具有非排他性和非竞争性的物品即为公共物品,可分为纯公共物品和准公共物品,具有完全的非竞争性和非排他性的物品即为纯公共物品。

17.非排他性:当某个人在消费公共物品时,即使他人不愿意为使用公共物品支付费用,也不可能排除他人消费这一公共物品或者将他人排除在使用公共物品所产生的利益之外。

18.非竞争性:指个人对公共物品的消费不影响他人同时消费该物品。

19.福利多元主义理论:主张政府不再是社会福利的唯一提供者,社会福利可以由公共部门、营利组织、非营利组织、家庭和社区共同负担。

20.社会嵌入理论:所有的人都并非孤立的,而是嵌入在特定的社会结构以及关系网络之中,能够从中得到各种社会支持和社会资源。

21.需要层次理论:需要理论认为一个社会(或社区)的首要责任是要满足其成员的基本生存需要,包括生理的、社会的、情绪的和精神等方面的需要。

22.象征性相互理论:在老龄化的进程中,环境、个体及其环境个体的相互作用对老年人具有重要的影响作用。

23.社区照顾:指整合全部社会资源,运用正规照顾和非正规照顾网络,为需要照顾人士在家庭或者社区中提供全面照顾,使其过正常人的生活。

24.社区内的照顾:需要照顾者在社区内的小型服务机构或者住所中,获得专业工作人员的照顾。

25.活动理论:研究作为发展过程的不同形式的人类实践的哲学框架,包括相互联系的个体层面与社会层面,并指出人类与环境客体之间的关系由文化内涵、工具和符号中介联系。

26.老年次文化理论:老人由于身心、社交等各个方面能力的衰退,在适应环境方面和年轻人相比有更多的困难。老人参与老年次文化需视老人团体的聚合程度、该团体与整个社会的接触的实质及程度以及老人对文化的抵触等因素而定。

27. 自组织理论:主要研究复杂自组织系统(生命系统、社会系统)的形成和发展机制问题,即在一定条件下,系统是如何自动地由无序走向有序,由低级有序走向高级有序的。

28. 体育消费:指人们用于体育活动及相关方面的消费。

29. 保健品:治疗身体亚健康疾病的食品、药品、化妆品和器械等的总称。

30. 保健食品:具有特定保健功能或者以补充维生素、矿物质为目的的食品。

31. 老龄产业(Aging Industry):在社会总需求中,以满足老龄人口特殊需求为目的,能够提供养老服务设施、日常生活用品和服务的新兴产业体系。

32. 老龄体育产业(Elderly Sports Industry):为满足老年人口在体育以及健康方面的需求而形成的一系列与体育相关的主体产业以及相关产业。

33. 老年养老产业(Pension Industry):以满足老年人的高层次生活、文化需求为目标,由企业、社会组织和个人根据市场需求提供的专门针对老年人的产品和服务的集合。

34. 老年人力资源(Elderly Human Resources):指 60 岁及以上人口中具有一定劳动能力,并有愿望继续工作的老年人口。

35. 家庭资源(Family Resource):每一个家庭所具有的人力与物力的总和。

36. 家庭责任(Family Responsibility):基于自身作为家庭成员而应该为家庭的维系和发展所尽的职责。

37. 社会保障:指国家通过立法,积极动员社会各方面资源,保证无收入、低收入以及遭受各种意外灾害的公民能够维持生存,保障劳动者在年老、失业、患病、工伤、生育时的基本生活不受影响。

38. 三支柱体系:第一支柱是公共支柱;第二支柱是强制性的、完全积累的由私人管理的支柱;自愿的职业年金或个人储蓄计划将构成第三支柱。

39. 全国社会保障基金账户:指全国社会保障基金理事会负责管理的由国有股减持划入资金及股权资产、中央财政拨入资金、经国务院批准以其他方式筹集的资金及其投资收益形成的由中央政府集中管理的社会保障基金。

40. 社会统筹基金账户:用人单位为职工缴纳的保险费中,扣除个人账户后的其余部分。社会统筹基金属于全体参保人员,由社会保险经办机构集中管理,统一调剂使用。

41. 企业年金:企业及其职工在依法参加基本养老保险的基础上,依据国家政策和本企业经济状况建立的、旨在提高职工退休后生活水平、对国家基本养老保险进行重要补充的一种养老保险形式。

42. 社会安全保险(Social Security):这种保险主要针对65岁或以上、已经没有社会收入的老人,由政府为其提供基本生活保障。

43. 长期护理(Long Term Care):包括疗养院护理(Nursing Home Care)、协助性护理(Assisted Living)、退休社团的持续护理(Continuing Care Retirement Communities)和家庭健康护理服务(Home Health Care Services)。

44. 医疗照顾保险(Medicare):美国联邦政府所主持的全国性与强制性社会医疗保险制度。

45. 住院保险(HI,也叫作"Part A"):Part A是一个典型的社会保险计划,用于支付投保人给付期内的住院费用,还可支付其他机构如收容所、专业护理设施(Skilled Nursing Facility,SNF)等为被保险人提供相关服务的费用。

46. 补充医疗保险(SMI,也称作"Part B"):Part B为自愿性参加项目,其资金主要来源于单个被保险人所缴纳的保险费、投资收益和政府财政拨款,其中政府承担主要的责任。

47. 贫民医疗计划(Medicaid):这是联邦政府保险为低收入家庭以及资产有限的人设置的医疗保险计划。

48. 蓝十字和蓝盾:"帝国蓝十字和蓝盾"是美国蓝十字和蓝盾协会下的一个有多年历史的保险计划,也是帮助老年人的一个较理想的险种。

49. 牛津医疗保险(Oxford Health Plans):成立于1984年的美国牛津医疗保险公司在美国东部的同类公司中极为成功。"牛津特惠老人保险计划"也是65岁以上的老年人的一种特殊的保险种类。

50. 时间序列分析(Time Series Analysis):一种统计动态数据的方法,该方法以随机过程理论和数理统计学方法为基础,研究随机数据序列所遵从的统计规律,目的是解决实际问题。

51. 截面数据分析(Cross-section Data Analysis):根据在同一时间(时期或时点)截面上反映一个总体的一批(或全部)个体的同一特征变量的观测值所作的统计分析。

52. 世代交叠模型 (Over Lapping Generation Models, OLG or OG):它针对货币经济理论缺乏微观基础这一缺陷,从货币的价值储藏职能出发,研究人们为什么要持有货币(没有内在价值)、货币在何种条件下具有正价值(价格),并在此基础(即所谓"微观基础")上建立货币分析的理论模型。

53. 可计算一般均衡模型:在一般均衡条件下模拟人口老龄化与经济发展的关系,为各种养老金改革方案提供了一个灵活的数量分析工具。

54. 人口抚养比:指社会中非劳动力人口数量同劳动年龄人口数量的比率,体现劳动力供养非劳动力人口的负担。

55. 地理信息系统(Geographic Information System 或 Geo-Information System,GIS):又称为"地学信息系统",它是一种特定的十分重要的空间信息系统。

56. 居家养老管理平台:针对民政部门及相关社区服务机构创建居家养老服务体系、创建中国特色养老服务模式的需求而开发的一套完整的信息化应用系统。

57. 社区体育管理(Community Sports Management):在街道范围内,由街道党工委、街道办事处主导的,社区体育职能部门、社区单位和社区居民积极参与的区域性、全方位的自我体育服务和自我体育管理。

58. 体育设施 (Sports Facilities):用于体育比赛、训练、教学以及群众健身活动的各种场地、场馆、建筑物、固定设施等。

59. 社区体育中心 (Community Sports Center):在一定区域范围内建设的为满足社区居民参加体育健身活动的需求的多用途、相对集中的室内、外体育设施。

60. 体育公园 (Sports Park):以突出开展体育活动为主的公园,并具有较多的体育活动场地及符合技术标准的设施。

61. 日常生活自理功能(Activities of Daily Living,ADL):指人们为独立生活而每天必须反复进行的、最基本的、具有共同性的身体动作群,即进行衣、食、住、行、个人卫生等的基本动作和技巧。

62. 健康危险因素(Health Risk Factors):能使疾病或死亡发生的可能性增加的因素,或者是能使健康不良后果发生的概率增加的因素,包括环境、生物、社会、经济、心理、行为等因素。

63. 健康危险因素评价(Health Risk Appraisal,HRA):研究危险因素与慢性病发病率及死亡率之间数量关系及其规律性的一种技术方法。

64. 物联网(The Internet of Things,IOT):通过各种传感技术及通讯手段,将任何物体与互联网相连接,以进行远程监视、自动报警、控制、诊断和维护,进而实现"管理、控制、营运"一体化的一种网络。

65. 机构养老(Institutional Pension):以社会机构为养老地,依靠国家资助、亲人资助或老年人自助,由养老机构提供养老照料服务的养老模式。